多彩生活篇

尚德琪 主编

甘肃文化出版社

和谐甘肃读本丛书编委会

主　　任：张余胜　袁爱华

委　　员：李玉政　汪晓军　玄承东　罗和平　卢旺存
　　　　　　梁　辉　邢　玮　尚德琪　李贵世　苟保平
　　　　　　陈　华　梁发芾　牛彦君　谢志娟　宋振峰
　　　　　　李天伦　谢国西　车满宝　管卫中　王　奕
　　　　　　温雅莉

总 主 编：张余胜　玄承东

总 策 划：谢国西　管卫中

执行主编：谢国西　管卫中

执行编辑：原彦平

序

张余胜

  和谐,是通贯五千年的中华文化基因,是起自华夏文明源头的价值追求。我国传统文化中"和"的理念由来已久,它推崇宇宙自然的和谐、人与自然的和谐、人与人的和谐以及人自身的和谐。主张"和而不同",认为事物总是在千差万别中相依共存,和睦相处。"和"的思想作为中国古代哲学、政治理念的核心范畴之一,经过五千年历史长河的大浪淘沙,逐步演化成了中华民族追求的理想境界,积淀成了民族文化的精髓和价值目标,锻造了中国文化的基本精神。它数千年生生不息,历久而弥新,在中华文明发展史上一直发挥着维系社会稳定、促进社会进步、推动社会发展的重要作用。

  和谐,是流淌于大漠戈壁的古老清泉,是回响于陇原山间水际的灵动乐符。甘肃作为中华文明十分重要的发祥地之一,有史以来发展进步的每一步都浸润着和谐的清风细雨。从旧石器时代的文化遗存到伏羲女娲的古老传说,从周先祖的崛起到横扫六合一统华夏的大秦帝国,从张骞凿空西域到丝路文明的兴盛,从魏晋南北朝的短暂纷乱一直到隋唐帝国的繁荣,河陇大地逐步发展成为中国政治经济文化发展水平在某个时段的翘楚,丝路两侧沃野千里,胡商蕃客穿行如织,史载其时"天下称富庶者无如陇右"。宋元以降,甘肃因国家政治经济中心东移南迁而成僻壤,加之兵燹迭起,天灾频仍,至近代已异常凋敝衰败,以致左公慨叹"陇中苦瘠甲于天下"。尽管如此,这片土地却用和谐的乳汁滋育了中华56个儿女之中的46个,它们之间数千年的融合繁衍与和睦共生,为中华民族多元一体格局的最终确立作出了不可磨灭的贡献。

  60年沧海桑田,30载创新发展,新中国的建立和改革开放基本国策的确立,为古老的甘肃翻开了新的历史纪元,从新中国第一个油田——玉门油田的建设到现代完整工业体系的建立以及国家重要的能源、原材料基地地位的确立,从"两弹一星"撼动世界到神舟飞船遨游太空,从"一方水土养活不了一方人"到现代产业化农业的遍地开花,从追求温饱这一维持生命最基本的需求到精神文化生活水平的日新月异,驼铃古道正在闪现璀璨光芒,千里陇原正在焕发勃勃生机。

《和谐甘肃读本》丛书是甘肃建设和谐社会的见证之作。丛书分《勤政民本篇》、《法治保障篇》、《千秋名范篇》、《孝亲睦邻篇》、《仁爱慈助篇》、《诚信行世篇》、《多彩生活篇》、《惠民隆业篇》、《山川和美篇》、《科学发展篇》10个分册,近300万言。各分册主编多为资深记者,文章分别以记者的眼光如实记录了甘肃60年来,特别是改革开放以来在政治改革、经济建设、法制建设、生态环境保护、社会保障、文化建设以及传统优良道德恢复等方面取得的重大成就,生动展示了今日陇上生气勃勃、活力四射的面貌,和陇原人民焕然一新的精神风貌。它既是2600万甘肃人民在省委、省政府的领导下扎扎实实践行科学发展观的见证,也以丛书形式保存了一份鲜活的史料。丛书即将付梓之时,恰值新中国60周年华诞庆典之际,谨以此为献礼,祝愿祖国繁荣昌盛。

谨以为序。

二〇〇九年九月

目 录

有一种品格叫文化

留守方言 　　　　　　　　　　　　　　　　　　徐爱龙　3
"驴"行天下 　　　　　　　　　　　　　　徐爱龙　秦　娜　12
走进傩戏村 　　　　　　　　　　　　　　　　　　张　琳　20
档案的故事 　　　　　　　　　　　　　　　　　　张　琳　29
53岁的小学生 　　　　　　　　　　　　　　　　　杨　恒　37
为民间艺术活着 　　　　　　　　　　　　　　　　牛庆国　45
墨香农家院 　　　　　　　　　　　　　　李晓君　谢志娟　54
心中的皮影 　　　　　　　　　　　　　　卢吉平　严存义　61
那一抹绚烂的民俗 　　　　　　　　宋振峰　谢志娟　先朝阳　70

有一种生活叫艰辛

梦游都市 　　　　　　　　　　　　　　　　　　　吴梦寒　81
给自己打工 　　　　　　　　　　　　　　　　　　秦　娜　89
走出乡村 　　　　　　　　　　　　　　　　　　　张　琳　97
我的夜晚有多长 　　　　　　　　　　　　　　　　徐爱龙　105
我离城市有多远 　　　　　　　　　　　　　　　　梁发芾　108
打"洋工"的农民 　　　　　　　　　　　　　　　　白育庆　111

有一种事业叫追求

一粒种子	杨 恒 宋振峰	121
爱心接力	梁发芾	130
走在自己的大路上	李晓君	138
村官·大学生	叶 海 李欣瑶 李满福	148
过一种善的生活	徐爱龙	156
行走在湿地上	韦小红 张 琳	164
宁县人在神户	尚德琪	172
非洲有多远	杨世智	182

有一种健康叫不屈

半个老师和一所学校	先朝阳	193
用真诚创造完美	秦 娜 王琰田	201
心灵的力量	赵俊华	209
在文学的路上	先朝阳	217
后 记		225

有一种品格叫文化

食味品茶品文抄

留守方言

徐爱龙

"一座城市的方言,展示了这座城市的特点。这座城市的本土笑星,又是市民生活的典型代表。"对于兰州来说,提起方言艺术,人们会很自然的将目光投向张保和、王海。

张保和:"本土艺术要勇敢地走出来"

黄河水哗啦啦地流,
水中的鱼儿是自在地游。
古老的水车吱呀呀地转,
两岸的风光实在好看。
炳灵寺的雕塑谁不称赞?
兴隆山的游人常年不断
……

许多人对兰州最初的了解,是通过张保和的这首快板《夸兰州》开始的。

张保和是西北地区著名的快板表演艺术家。他创作、表演的兰州快板诙谐幽默,妙趣横生,脍炙人口。他的快板以浓郁的西北地方特色得到了群众的喜爱,也受到了许多学者专家的关注,有人甚至称之为"张保和现象"。有学者这样表述:张保和的兰州快板是一朵新开的艺术奇葩。其方言上的成功运用主要表现在四个方面:押韵坚持在合辙的基础上四声分押;念准个别高频词的兰州特殊读音;善于准确运用兰州方言常用词与熟语;充分体现兰州方言的语法特点。

现任武警总部文工团艺术指导、中国曲艺家协会理事的张保和，继续保持着创作的热情，近日由他创作并表演的当代民谣《你知不知道》，是以陕西快板的形式阐释"八荣八耻"的主旋律，迅速被全国百家电视台抢播，短短几十天内，已在兰州、西安、银川等地传唱开来。

11月18日下午，记者在北京民族园"保和艺术工作室"见到了张保和。一身军装的他依旧保持着西北人的风格。

记者：您在兰州待了18年，在西北生活了46年，在逐渐树立起"西北笑星"形象之时，却选择了进京。很多人对此表示不理解，您当时是抱着什么样的想法？

张保和：走出来是必须的。只有走出来，你才能将本土的艺术展示给更多的人去看，让更多的人去关注。有很多演员的功底要比我强，造诣要比我深，但是现在说陕西快板的，包括说兰州快板的，在外界能够让别人知道的很少。为什么我的快板能够让别人知道？就是因为我没有放弃媒体这样一个平台。搞艺术的一定要重视媒体，否则的话，你演100场也不如在中央电视台露一小面。如果你上的是一个大型晚会，那种影响要比你零零星星地演出影响大多了，当然这并不意味着我们可以忽视平时的基层演出。

我常说，一个演员也好，一个作家也好，如果不在西北待是一种遗憾；如果待在西北，把这里的文化宣传不出去，介绍不出去是更大的一种遗憾；所以当时我就选择了离开兰州，并不是不爱这里，而是要选择一个更好的平台，更有力地宣传西部，歌颂西部，让更多的人来热爱这个地方。

记者：很多人说起兰州快板会首先想起您，您可谓是用兰州方言说快板的第一人，现在还记得刚开始用兰州方言创作快板的情景吗？

张保和：刚开始说了几年段子，虽然很受欢迎，可毕竟是别人的模式和本子。我知道艺术不可能不模仿，但要有一个提升，就要有所突破。牛肉面是兰州的特色，那我的特色在哪里呢？有一次外出办事，走到农民巷时，遇到两位家庭主妇发生口角，我正准备推车子要走，忽然几句兰州方言飘进我的耳朵里，多生动的语言啊！这不就是自己想要的东西吗？我当时喜出望外。方言本来就不好学，要学得原汁原味就更难。此后，我一有空就进茶馆，钻小巷，跟人家"喧"。喧着喧着就"喧"出门道了，段子也"喧"出来了。

拿着自己的兰州方言快板第一次见观众，我心里直打鼓，自己拿不准这样的方言演出能不能被接受，能不能被观众听懂。演出时心情是很忐忑的，一上台先用陕西快板来了一段，大家笑得前仰后合，这个时候我又忽然变成一口地道的兰州话，台下静了一会儿，突然发出潮水般的掌声和笑声，战士们笑得直不起腰。我知道自己成功了，当时那个高兴啊，真是一种享受，感觉自己的判断没有失误，自己的辛勤努力有了收获。

记者： 很多人说您是从黄土地走出来的，厚重的黄土地滋养了您的艺术生命。那么在整个艺术创作中，兰州占有一个什么样的地位和分量？

张保和： 兰州让我更加明白了"越是民族的东西就越是世界的"。为什么兰州快板能够给人那么深刻的印象，那么受观众欢迎呢？就是因为它本土的特色所决定的，这坚定了我要把兰州快板继续搞下去的决心，要把方言快板推广到全国人民都能够接受。

兰州是一个很有文化的城市，藏龙卧虎，有好多非常优秀的文学文艺方面的、有真知灼见的人才，我从这些优秀人才身上得到的帮助实在是太大了。我的作品经常是在大家伙儿一块聊天的时候，有一个什么样的事，有一个什么样的段子，有一个什么样有趣的话，他们就告诉我，然后我就吸纳到我的快板中。

艺术上是在西北成长起来的，做人上也在那里打下了坚实的基础，西北人的那种朴实，那种厚道，让我受益无穷。还有就是能够让我吃苦，因为西北很艰苦，尤其西北的部队比其他地方更艰苦，有的地方海拔5000多米，有的在戈壁滩上，荒无人烟。我在兰州军区战斗艺术歌舞团生活的那十几年，几乎跑遍了西北所有的边防哨所。如果你到那些地方去走走，看看战士们的生活，就感觉没有什么苦是不能吃的。

记者： 您现在的作品以什么形式居多，都创作了些什么作品，有没有想过再回兰州制作一部作品？

张保和： 以陕西快板居多，因为观众比较多，大多数观众比较熟悉，容易听得懂。自从20世纪90年代初出了第二盘磁带后，已经15年过去了，基本再没有出过专辑，到北京以后一直打算要出，但是由于忙于演出，还搞一些行政工作，事比较多，没有抽出时间，我想以后要出专辑就以CD的形式出，制作成"张保和快板集锦"，有以前一些作品的回顾，并收录现在的一些新作品。

最近创作了一首当代民谣《你知不知道》，我准备做成一个系列，这其中的第一部叫"荣辱篇"，第二部叫"奥运篇"，奥运篇的初稿已经拿出来了，正在广泛征求意见，加紧修改。第三部叫"和谐篇"，其中上篇是《我为孩子说句话》，下篇是《我为父母说句话》。《我为孩子说句话》计划和甘肃有关单位合作。

记者： 我想不同的环境会给一个人的艺术创作带来或多或少的影响，来北京后创作的内容与在兰州时相比较有着什么样的变化？

张保和： 以前我说兰州快板也好，陕西快板也好，都只是说一些风趣的、幽默诙谐一点的。来北京后创作的几个作品都是和改革创新紧密联系起来的，反映了一些重大的题材，作品在文学品位上有了一定的提高，《万里寻亲》、《雪落无声》都是非常动情的，不是让你哄堂大笑，而是让你感动得潸然泪下。

记者： 您觉得自己能够走出来被更多的观众所喜爱，优势在哪里？

张保和： 对于我们本土的艺术来说，一是一定要往外闯，二是闯的时候一定要创新。否则好多晚会不敢用你，因为它那么大的舞台，人家都是几个人几十个人，有的上百个人才能铺满舞台，你一个说方言快板的，一个人在上面单打独斗演的话，导演不敢用。要用的话也是把你搁在犄角旮旯里面，得不到别人的重视。我们就是要创新，就是要跟上时代。我在快板的创新上可能还是比较超前的，当别人还没有意识到的时候，或者别人还没有着手的时候，我就已经把音乐有机地结合在我的快板里面了。当别人还在一个人或几个人说快板的时候，我就尝试着几个人十几个人或者更多的人来跟我配合着一块说。最典型的是1996年的《夸延安》，有12个男孩子12个女孩子和我一起上去说，那就要比你一个人演出的时候有感染力，给人的视觉冲击力也要强许多。

记者： 走出来这么多年，经历更加丰富了，视野也开阔了许多，现在回头去看，您对兰州本土艺术有一个什么样的思考？

张保和： 兰州有好多艺术作品是特别优秀的，有些在全国甚至是在世界上都是有名的。比如《丝路花雨》、《大梦敦煌》都是叫得非常响的。由于兰州深厚的文化积淀，形成了良好的基础，培育了一批很优秀的人才。

当然也有局限性，比如我说兰州快板，兰州话就不能说得太土，不然会影响观众，在兰州的外地人都听着费劲，对北京人来说，根本就不可能听懂。用方言演出是要经过一些改造的，比如我创作的"二姨系列"基本用的就是"京兰"话，就是说的是普通话的内容，用的是兰州腔。这种形式更能让听众接受。包括我后来用宁夏话说快板，也是在往普通话上靠。当然你说也可以，不过你要把它用普通话或其他方式解释清楚。在电视上我们看到东北方言表演比较多，这是因为东北那块的方言和西北的方言也不太一样，东北的更接近普通话，能接受的观众更多一些。

再一个，可能还是大部分人比较保守，害怕人才流失，害怕外界的侵入，其实这大可不必，我们就是希望我们能走出去的走出去，能请进来的请进来，总的一个目的是提高我们整体的文艺水平，使之繁荣昌盛。对于我们本地的优秀文艺人才，我们应该多多爱护和支持。

最关键的是，要充分发挥我们兰州本地人才的作用，大力推广我们的文化，把它介绍出去。每当我看到家乡的艺术，家乡的艺术团体能够不断地走出来，就觉得非常高兴。你只有走出来才能让人知道，你只有走出来才能了解外面的世界有多精彩，把外界的一些营养再带回去。演出要互动，其实这种交流也要互动，这样才能互相激励，互相刺激，最终使本土的文艺达到一种提升。

王海："方言艺术只是一碟小菜"

王海在他的民谣《兰州老街》里，为我们展现了一幅老兰州悠闲恬淡的生活场景：

我自尕就长在兰州城，
有一条老街叫双城门，
尕尕的院子几家子人，
巷口子的老汉卖花盆，
隔壁的妈妈那姓冯，
那做的酿皮子馋死人，
隔壁的阿舅是个饶人，
那的故事我不听都不成，
院子里种着些海拉花，
一年四季唏不唠红，
树上那有一窝老雀儿，
叽叽喳喳得吵死人……

在许多人的印象中仿佛是一夜之间，王海的方言段子响遍了兰州市的大街小巷。

王海以他诙谐幽默的手法，运用兰州方言俚语，在《轻飘飘的生活》、《兰州往事》、《兰州老街》等段子里，为这些生活艰难的下层人物素描画像，总是充斥着一种无以言说的亲切。

这几年除了在相声和快板民谣中运用兰州方言外，如今的王海在尝试着用方言创作各种形式的作品。由王海担当主演的情景喜剧《快乐兰州》至今热播；

在2006年CCTV全国相声电视大赛中，王海以自己的相声作品《征婚》赢得了优秀奖。在兰州，谈兰州方言艺术，王海也许更有发言权。

记者： 在兰州方言艺术这条路上张保和已经走得很远了，你觉得自己还能出新吗？

王海： 艺术的生命就是要有特点，我们行里叫"一招鲜，吃遍天"，就是说你嚼人家剩下的馒头是永远没有滋味的，你学别人学得再像，那也是别人的，我很讨厌现在有些人把模仿当作职业来做。我当时也试了好多形式，也想了好多办法去创作。当时有个契机就是张保和从团里调走后，他趟出来的这条康庄大道已然平坦宽阔，但是却空无一人，没有人想到在这条大道上尽情地去驰骋。我觉得我的同行懒惰了，觉得张保和已演过了，就没有想着在这方面再去努力一下，前进一步。

我当时就想去试着做一下兰州方言的东西，由于张保和和我是两个年代的人，我们所受的教育，所经历的人生都是两个概念，所以我不用刻意地去规避他，创作出来就能和他不一样。我出的第一张专辑，也是音乐快板，你把我的《乡音》、《兰州往事》与张保和的快板放在一块听，你就能听出区别来，我更注重节奏。传统快板中一般都是有各种人物的，我的快板中没有人物，而是一种杂谈，直接表达自己对人对事的看法，所以我们定位为音乐民谣，R&B的东西多了，时尚的音乐元素多了，那时候我的碟可以放在随身听里去蹦迪，曲艺演员一般不招小孩喜欢，歌星招小孩，可是我的东西小孩子也喜欢。

记者： 兰州方言配音曾火极一时，好像当时你也给电影《虎口脱险》配过音？

王海： 《虎口脱险》是我最喜欢的一部经典电影，给几代人带来过笑声，它用比较残酷的战争题材来拍喜剧是开先河的，再一个它网罗了一大批可以称得上是大师级的演员。我们看了上海话配音的这部片子之后，觉得是那样的棒。当时就在想这里头有许多特定的情节，特定的语言，如果使用兰州话来反映也许会更好，在不动原意的前提下，兰州方言能够表达出另外的意思来，起码能让兰州人看得亲切，有很强的语言穿透性，能说到你的心眼里去，所以就试着做了。这只是练习小品，不算是创作。

记者： 你怎么看兰州方言配音这件事？

王海： 方言配音现在全国各地都做滥了，《猫和老鼠》、《米老鼠和唐老鸭》，甚至卓别林的无声片也被人拿来配方言。我们做完《虎口脱险》之后，很多人来找我们继续做他的，我坚决不做了，这叫见好就收，什么东西都不能做滥了。

我认为方言配音关键是主题要健康向上，这也是最低标准。语言艺术是直接传达信息的一种形式，语言的引导形式非常强，语言绝对不能低俗了。在我的音乐民谣里涉及到了"四红"、"四白"，这些都是兰州人总结出的俗话，有很多并不是健康向上的，你如果原原本本地去说，他们也许会笑，但笑完之后会骂这是啥玩艺儿。那么我们就要在不伤筋动骨的前提下，把它改造的健康向上。

记者： 每一个成功的后面总有许多重要的因素，你有没有归纳过自己的方言艺术能被大多数人所接受的一些原因？你的作品有什么样的特色和风格吗？

王海： 为什么如此受欢迎，我常举一个例子，人都喜欢自己的孩子，对兰州的本土艺术，兰州人都有这种爱屋及乌的心理和情结，这是我们自己的孩子，我们就喜欢他。

我觉得自己没有形成什么风格，第一张专辑是2002年发行的，而我说相声已经说了18年了，就是在相声上我都不敢说自己有什么风格，我只是在摸索。一个好的演员，有三个要素：天赋、勤奋、机遇，缺一不可。干这一行我并没有把它当作一种工作来干，而是一种生活享受。有很多优秀的演员没有出来，但并不代表他们不优秀。我觉得自己比较幸运，仅此而已。

记者： 在用方言创作中有没有什么困扰你的地方？

王海： 遇到的困扰太多了，我常说相声演员是一个欢乐输出。上天给每一个人的欢乐是一个恒数，你输出的多了，留给自己的就少了，甚至是一个负数。

另外创作上比较难，观众的欣赏水平在不断提高，要求创作者也要提高自身的文化素质，并且将其体现在作品中。

兰州方言驾驭起来太难了，度不好把握，这个度就是粗俗，任何方言都有许多不健康的口头语、俗语，你在作品中运用的时候一不小心就粗俗了，授人以柄。许多有良知的人听完了就骂，你是取得了一些成功但人格上降低了，得不偿失。怎样表现兰州方言风趣幽默、俏皮，又能做到语言干净健康，这个度的把握很重要。这也是时常困扰我们的地方。

我们的演出市场就更不景气了。除了像我还是常会有些演出，绝大多数演员是赋闲在家的，即使有演出，有些演员出场费也和民工一样。

记者： 要想在方言创作方面有一个突破似乎很难，这么多年来，你做过哪些尝试？

王海： 我的第一张《戏说乡音》的相声专辑，主要是一些语言技巧方面的表现，注重方言的发音。这句话用普通话说出来是这个味，用兰州话说出来又是一个味，主要是在找这方面的幽默，纯属语言技巧。接下来我们想做的东西不想仅仅停留在这些层面，而是要用兰州话去说一些东西，反映一些事情、现象及人们的喜怒哀乐。而兰州方言只是一种工具，一种载体，表现的主体再不是方言本身了。

记者： 我们说艺术要很好地把握时代的脉搏，那么用兰州方言这种传统的东西去表述现代的东西有没有觉得有相悖的地方？

王海： 语言永远是与时俱进的，任何一个时代都会派生出与这个时代息息相关的名词和修辞手法，烙上深深的时代烙印。我对此深有体会，很多老兰州人说的话，我不知道，当然他们也不明白我们说的一些话，比如年轻人新造的"莎莎"一词，一些老兰州人就不知道。

记者： 每一门艺术都有个传承和传播的问题，兰州方言艺术将如何走下去，能否有发扬光大的一天？

王海： 将兰州方言发扬光大就是一种奢望。兰州方言是一个小语种，它不普及。兰州方言现在往外面推，没有可操作性。所以我老有一句话就是"成也方言，败也方言"。因为方言，我们走了一条创作和演出的捷径，但也是因为方言，束缚了我们的手脚，它在一定程度上局限了你的发展，你只能在三县五区这块地方发展，出了这三县五区，你再往远走点，陇南、天水、河西就不是一个味道了，那里面的人也许能听懂，但听不出兰州方言的微妙之处。如果你把它用当地话翻译过来再说，就好比一块地毯，你把它翻过来，花纹依然还在，但是远远谈不上华丽，远远谈不上精致。

任何一个产业投入和产出是成正比的，方言艺术才多大投入啊，就像一桌丰盛的酒席，方言的东西只是其中的一碟小菜，这道小菜做好就已经很不错了，你说它能爽口也罢，它能调味也罢，它就是一碟小菜，它不是人们能够果腹的主食。兰州方言艺术我们不求发扬光大，我们只为热爱我们艺术的兰州的老百姓增加欢乐，我就是个小面点师傅，王师傅就会做这个小面点。能把这碟小菜做好，我觉得就不错了。

再一个，对于发扬光大一词还要看怎样去理解了。推向全国，推向全世界叫发扬光大？我觉得还是要务实，先不求要推出去多远，而是要致力于做成体系。在这方面我们都在摸索，现在有了方言民谣、快板、相声，我们还在尝试其他的形式。

记者： 在你看来，兰州方言艺术的发展处在一个什么状况？

王海：良莠不齐，还有差距，大有可为。

现在拿方言混事的人太多，许多人不去提高自己的艺术性，认为说方言就会火，这种想法是本末倒置。方言艺术里，四川、湖北、广东这些地方都走在了我们兰州的前面，和东北比差得就更远了。

方言对演员来说，就是长跑运动员脚上的鞋，不存在鞋好鞋坏的问题，关键是人的问题，运作的问题，缺乏人去致力于这个。四川搞音乐散打的李伯清，人家并不是一个李伯清。而且以现在的现状来看，兰州方言艺术还差得很远，张保和离开后，后继乏人。

随着经济的发展，文化是上层建筑，有句话叫"饱暖思淫欲"，这句话用在这里虽然有些不合适，但道理是相通的，人只有吃饱了穿暖了，小康富足了，才会有文化上的需求，随着甘肃省经济的发展，我觉得这一行可供挖掘的潜力很大，将来大有可为！

主编点评：

从某种意义上说，方言在一个地域的生活中具有着不可替代性，家长里短的絮语在方言的映衬下多了几分温情、几分亲近。溜圆的京腔总是透着京城的大气派，同样，兰州话也流露出了兰州的厚重与悠远，这些都让我们深刻记忆。一个地域一座城市如果让自己的方言缺失，就好比旅游景点缺失自己的特色风景一样，毫无个性，也注定被人走过路过，瞬间遗忘。

当我们的方言依稀成为风景之时，还好，我们有张保和、王海两位致力于兰州方言艺术创作的人。当张保和、王海将兰州方言以一种"艺术"的形式展示在人们面前时，即使你只是一个栖居兰州的外地人，相信你从内心也会发出会心的一笑。

"驴"行天下

徐爱龙　秦　娜

"驴"行天下这几年，"驴友"这个词被越来越多的人提到，人们也弄不清它到底是"旅游"的谐音，还是说户外旅行的人都是背包族，像驴子一样驮着重物前行，其实这些都不重要，重要的是"驴友"行遍天下的经历让人们充满好奇。

在兰州就有这样一个驴友公社，他们结伴旅行的方式吸引了很多人，并找到了一种最真实的快乐。

驴友公社：大家一起"拉磨"

"一群素不相识的人，在旷野里共历磨难，同担风险，分享饮食，携手互助，对于从难以彼此信任的城市里走出来的人是一件多么有趣的事情。当你吊在一处海边的悬崖上时；拉着那根系着你生命的绳子的人，却是一个陌生的朋友，当你把手伸给他时也就把生命给了他，可是你甚至还没看清过他的脸……"小海总能从细节中讲述"驴友"带给他的感动，这些在旅行中发生的事是不能仅用"温暖"一词来形容的。小海说在旅途中大家都已困倦之时却仍然像往常一样彼此互助，这是最能反映人的品质和精神的，这也注定了户外结下的友谊的诚挚和难忘。

正是因为有着无与伦比的吸引力，"驴友公社"自2002年成立以来已经有1000左右的人陆续加入。在这里我们听到的只是他们的网名：小海、大胡子、辛狄、水晶、龙朱……他们甚至不知道彼此的职业和真实姓名，头驴、新驴、驴子、村长、劳动模范……所有的称呼都尽力体现着一种亲和，就好似在另一个世界一样。他们还自己捐钱开了个酒吧，布置得别具一格，公社酒吧就成了他们活动的根据地，平时大家也会聚在一起开看片会，看"驴友们"拍的DV和照片。逢年过节他们还会自编自演一些文艺节目，在公社里时时有种温暖在弥漫。

小海说"驴友公社"营造了一个精神家园，大家都有着共同的精神认同。他们习惯将公社视为一个乌托邦，剔除了现实中的许多无奈，在这里能看到一种理想的状态。事实上除了一个驴友公社的酒吧外，公社只存在于一个虚拟的网络载体中，周一至周五这段时间里公社中的人都"有模有样"地在公司或机关里呆着，冷不防在称为"论坛"的版块里涂鸦几句。出外旅行主要是在周末和假期里，平时的晚上也不时有些人会聚在驴友公社酒吧，用来交换装备沟通见闻，当然，少不了大碗喝酒大块吃西瓜的场面……

公社使旅行变为了一种简单而有趣的事情。平时社员们都会留意论坛里的帖子，及时了解其他成员的动向，根据自己的时间和喜好选择参加。如果有谁想在公社发起去一个地方，则必须先做好几项工作。首先必须明确路线、时间、人数、车辆、明确活动过程中的预算，另外还需要准备相关的户外装备及其他必需品，买好人身保险等。这对一个人计划与统筹能力能得到一个很好的锻炼。当然每次出行的费用都是AA制，很多人喜欢来公社活动也是看中了这一点。

公社里一切人都是平等的，但并不意味着没有组织和纪律，每个人都必须公平、公正地对待他人，无论这个人原本是公司总裁或是政府高官还是普通职员，在这里差别不大。在公社里一个人的信用很重要，言而无信的人很难在公社立足。他们一起出去拉磨（驴友管出外旅行叫拉磨）不是跟旅行团，是自己在走，"头驴"给带路，旁边的只是同行者，他们和你说说笑笑，只在一个人有困难的时候帮忙。出门的时候，每个人带好该带的东西，自己准时找到集合地点，该找旅馆的时候自己找，该吃饭的时候自己吃，这一切都是独立的。

并不是背着大背包蹬着登山鞋穿着迷彩裤就是驴子了，在"老驴子"看来这只是"驴皮"而已；跟队伍出去拉几趟磨，也并不能就认为是"新驴"了。回到家，一照镜子，黑了不少，有时候还会很困倦，品品个中滋味有的人会选择退出。所以"驴友"还是需要毅力和体力的。

选择随"驴友"一起的活动时要搞清楚哪类比较适合自己。如果有大把时间并且经济允许，又壮志在胸，大可以邀三两同好遨游西藏一年半载不回来；如果是志在险峰又身体强壮，那就攀冰攀岩登雪山。但通常他们都是周末结伴在兰州周围走走"两沟"，或山地穿越，偶尔找个险峻的地方登个顶或找个草滩露营休闲，平时晚上爬爬兰山白塔山走走滨河路，逢上长假或辞了工作，去趟青木、亚丁、四姑娘山，大多数社员还都有个梦想——西藏。根据自己的体力或技能，参加尽可能能拓展自我身心的活动，循序渐进，再去体验那些艰难的险峰。

辛狄：在路上感动着

驴友公社里的每个人都是很有个性的，都让人充满了期待。说到辛狄，很多人说"她是个真正的驴子"，让我们好奇的是她经常一个人背着行囊踏上旅途。见到辛狄的时候，很难想象这样一个柔弱的女孩已经独自走了很多地方。正如辛狄所说连她自己也没有想到能一个人走那么远。辛狄是兰州市某中学的语文老师，2003年经朋友介绍，加入了驴友公社，从那时起她开始了自己的"行走"生活。"每次出去都会遇到各种各样的困难和危险，有些是根本想象不到，只有经历了才知道。"辛狄这样对记者描述他们在路上的情形。辛狄和小海等五人驱车去川西的一个小镇壤塘，谁也不会想到那居然是经历了生死的六天七夜。一路上汽车不断地出现问题，汽车轮胎飞出去，在无人大峡谷抛锚，两个队员抬着沉重的油桶摸黑去买汽油……在第七天往回赶的路上他们抄了近道，连续开了六天车的小海体力已经严重透支，偏偏在这个时候他们又迷路了，路上没有一辆经过的车，连指南针也坏了，辛狄说她当时都绝望了，眼泪止不住地流。可是没有退路，谁都知道不可能再回头。终于走出了无人区，但没有像预想的那样进入省道，他们决定继续前行，相信一定能到玛曲县城。很多次大家看到远处隐隐约约的灯光，以为已经到了玛曲，可是车开近了才看到那只是过路货车的灯光。就这样反复了七八次，辛狄说一次次接近希望的幻灭使五个人都到了崩溃的边缘。就在快深夜12时的时候车突然戛然停止，怎么也发动不起来。彻底绝望的几个人站在寒冷的青藏高原上，冻得嘴唇发紫。他们没有说话，不约而同地朝向东方祷告，再回到车上意想不到的事情又发生了，车子居然发动起来了，辛狄五人终于在一个多小时后看到了玛曲县那温暖的灯光。

有一次去马牙雪山，气温到了摄氏零下20度，带的食物都冻住了，辛狄还得了雪盲，更倒霉的是她还掉进了冰冷的河水里，连鞋也冻住了。辛狄说走的地方越多，遇到的危险越多，对生命的意义也有了新的理解，越来越觉得身边的很多东西应该好好珍惜。到现在辛狄还保持着一个习惯，每次出去都说去旅游，从来没有告诉父母她是去那么危险的地方，她是家里的独生女，她不希望父母为她担心，在外面的日子，她一直和父母保持手机短信联系，只是每次都是报喜不报忧。

"2003年我和公社成员出去的比较多,到2004年就开始自己走了,刚开始的时候心里的确很害怕,慢慢的会好一些,人是需要不断锻炼的。"在自己走的时候,辛狄经常会遇到一些朋友,这些人也许只是一面之缘,但也给予了她很多帮助,有的也许只是相处了几天,可是却建立了终身的友谊。当我们问辛狄怎么定义一起旅行的人时,辛狄用了"伙伴"这个词,她说:"伙伴是一个很好的词,王家卫的电影里曾经说过爱人是可以温暖的人,我觉得伙伴也是这样的,是并肩而行,不离不弃,一直在你身边不离开你的人。"辛狄说走在旅途上的人是最真实的人,他们展现出来的都是自己最好、最善良的一面,所以在路上很容易找到帮助你的人。一次在去广西的车上,辛狄遇到一个福建女孩,大家随便聊了一下,才知道都是旅行的。辛狄说她之后还要去福建,女孩很爽快地让辛狄到达后联系她,她一定接待辛狄。当辛狄到福建的时候就试着联系这个女孩,女孩去接了辛狄,手里还拿着当地的小吃,她怕辛狄饿了。辛狄就住在这个女孩家里,走的时候,女孩又去送了辛狄,还把洗好的水果放在辛狄的包里,这件事让辛狄感动了很久。

不管旅途上有多苦,有多难,辛狄都享受着人在旅途的快乐。每次上路前,辛狄的背包里除了一些在外必备的东西外,她喜欢带上一两本很厚的书,把包装得很沉很沉。辛狄说一个人在路上难免会感到寂寞、孤独,音乐和书是必须的。一个人在青年旅馆的夜晚,她喜欢听着音乐在灯下读书,她说她在营造一个熟悉的环境,一种家的感觉,让她心里很平静,这样就不会太孤独。每次走之前,辛狄总是花很多时间研究路线并且乐在其中,仿佛已经神游了一遍。走在路上的时候,她总是会在纯自然的环境里思考很多东西,思考生命的意义,她说如果只是傻乎乎地走,那么也就失去了旅行原本的意义。

自从爱上旅行后,辛狄感觉到了自身的改变,尤其是对待人生的态度。"以前一直想着过一种很安定的生活,性格也比较沉闷,现在出去经常会遇到一些生生死死的事情,人变得独立了,坚强了,心胸比以前宽广了,不去斤斤计较一些小事",辛狄坦然地聊着这些。她说是旅行让自己站得更高,看得更开了,发现自己以前的眼界是很狭隘的,旅行也更好地促进了她的工作,她感觉到工作效率大大提高了。路上的遭遇和故事也时常感动着辛狄,今年过年去贵州山区的时候,到了一个不通电的小村落,看到那里人们的生活状态,年轻人都出去打工了,剩下的老人、妇女、儿童仍然坚强地生活着,想到生活在城市里的人们还有什么想不开的呢。辛狄说他们这些"驴子"会有一个约定俗成的做法,就是每次让你的背包里再多装半斤东西,这些就是为了留给这样的贫困山区的。有时他们会准备一些文具分发给村里的孩子,却从来不主张直接给他们钱,他们不想破坏那里淳朴的民风。

辛狄最早的时候每次出去只有两三天,后来出去七八天,再后来就是一个月,她说她走得越来越远,时间也越来越长,但还是觉得不够。现在她基本上把川藏线走完了,下一步她还想去墨脱和阿里,她享受着旅行的过程。当我们问她要走到什么时候,辛狄笑着说至少她现在还想接着走,如果有一天不再去走也许是因为她走不动了。

大胡子:随驴友行摄天下

在一阁摄影室我们见到了大胡子,没有看到想象中的那种络腮胡子,倒是有几分男人的强悍。他在驴友公社的时间并不长,2005年被小海"拽"进公社。他和小海先前在无忌摄影论坛上经常发帖而结识,后来小海办驴友公社论坛,拉他过去做公社影吧的版主。公社影吧里主要是贴一些驴友们的照片。一方面是因为和摄影有关,另一方面这个团队本身也吸引了他,带着一种好奇他加入到了公社。在公社有一个不成文的共识,"'老驴'不等于加入公社时间长、参加活动多,他必须是一个高尚的人、纯粹的人、脱离了低级趣味的人,有丰富出行经验、能带领至少三名'驴子'进行活动的人。熟悉环保、急救知识,能在紧急关头冷静、客观的做出决断的人。"虽然才短短一年多时间,但在其他"驴友们"的眼中,他已经算是一头"老驴子"了。

对于驴友公社,他用了和小海一样的词"乌托邦"来形容,在这里大家都会将社会关系归零,一切都显得很单纯。大家加入到公社,在这个圈子里就可以重塑自己,每个人在这里展现的都是他最好的一面,虽然不是最真实的,但绝对是最理想化的。大胡子说参加驴友公社后,最现实的改变是没有了以前一个人采风时的奢侈,每到一个地方住宿是在青年旅社,胶卷盒子也不会再随意丢弃,环境意识从心底有了一种强化。

关于驴友公社的意义,大胡子的理解似乎很有意思,他说这是个修补心灵的地方,在现实生活中每个人都会做出不同程度的妥协,心灵不免会有所缺失,但和"驴友们"在一起,无所谓等级,一切都是平等的,和"驴友们"出行成为定时放松自己的一种方式。在旅行途中大家在车上一起谈感受,谈个人的体验。夜幕降临时点上一堆篝火,看不到彼此的脸庞和表情,只是聆听各自的心声,有点像大学时代的宿舍卧谈会,坦诚而不设防,充满了怀念的温馨感。甚至有时候大家说着说着突然都静默下来，一句话也不说，看着天上的星星，看着升腾的火焰，大胡子说这种感觉奇妙而快乐，旅行能够给他带来城市喧嚣之外的安静。

大胡子是一个关注人文、喜欢用镜头纪录不同生活状态的人。所以他不断地旅行，驴友公社更是给他提供了一个绝好的平台。他说生命属于色彩，炽热而张扬；灵魂属于黑白，深邃而宁静。于是我们看到了许多他在旅行中拍的黑白色调的片子，关于西藏、关于信仰、关于生活，画面中都有不同姿态的人出场，这是灵魂，静谧而深邃。他拍的好多关于宗教的片子，有些是不可以拿出来的，但是他依旧执著，他说当很多年后自己老了，儿子问起他这一辈子都干了些什么时，他可以将这些唯美而隐藏一生的照片拿出来，自豪地告诉他："儿子，这是老爸拍的。"能看出他为他所做的事感到自豪。也能轻易地从他的神情和话语中明白旅行对他非凡的意义所在。

向西的风景比兰州多了许多粗犷，这是许多惯看了秋月的人喜欢的感觉，也是热爱生命的人舍身追逐的状态。更是"驴友们"心之向往的地方，他们出行选择的路线一般都不会是旅游景点。在大胡子眼中自然的风景并不是他唯一的关注，来来往往的人和人们所制造的风景才是焦点。驴友每到一个地方只会留下歌声和脚印，带走的只有照片，而大胡子带给我们的还有对照片背后的思考。他在和驴友们长久的旅行之后，将旅行的快乐简化而总结为两点：审美和思考。他的行走多半是带有目的的，那就是对于生命和灵魂的反映和捕捉。在和驴友们出去时路线的选择也正是出于这样的考量。一幅摄影作品是需要有独立思考的，要想变得意境唯美和视角震撼，还需要一些艺术审美的处理。大胡子说旅行似乎将这两者完美的结合在了一起。

大胡子走过了许多地方，拍摄了许许多多的片子，可谓行摄天下。

水晶：旅行中绽放优雅

"驴友们"都喜欢将水晶称为水晶姐，因为她的亲切和优雅。她是在2003年年底加入驴友公社的。水晶参加过一些带有商业性质的旅行，在刚听说兰州也有个驴友公社时着实兴奋了一番，她抱着观望的态度加入了公社，不曾想却从此享受着旅行之乐。

水晶参加每次户外活动都有两个原则：一是安全。无人区必须要有向导，事先要做好路线图，带好急救药品。驴友中也有好几个人受过红十字的培训，掌握一定的急救知识。二是环保。决不破坏环境，严格处置垃圾，做到对自然的尊重。

在提到"驴行"中的故事时，水晶的记忆定格在了三滩之行的零星片断中……

水晶和驴友走到嘉陵镇，吃午饭时大家知道这是进沟前最后一次正式的进餐，所以吃的格外开心和努力。水晶向店家讨了些肉和菜，带进去后做烩菜。毕竟在户外吃到新鲜蔬菜是一件奢侈的事。水晶也喜欢在途中给大家做饭，虽然做得都是很简单的，但她是真正用心去做的，水晶说每次出去她都受到了驴友们细致入微的照顾，做饭似乎就成了她唯一表示回报的方式。

风亦飘飘，雨亦潇潇，她和"驴友们"租车上路，计划当日在王家滩扎营，次日再从王家滩到头滩徒步。上次的"三马子"已改为越野车，连续十多天的降雨，使得崎岖山路更加蹒跚难行。一路的艰辛奔波，到了楞骨梁保护站已是傍晚时分，扎营便改在那里。他们赶在天黑前完成了扎营、做饭的工作，拣来的柴火过于潮湿，但在大家的努力下，篝火终于点了起来。头滩的夜带着雾气，似是幽美而纯粹的黑色纱幔，夜幕中点缀着远而可以弥望的星光。水晶借了航航的营地灯放在帐子里，那一刻她觉得温暖了自己，伴着驴子们深夜恳谈的欢声笑语，渐渐入睡。这一切都让她感到一种素淡的惬意。

水晶是个优雅的女人，平时喜欢看书、饮茶、写东西，对茶文化也颇有了解，但这并不意味着她是个柔弱的人。虽然水晶走了很多地方，但每次出行都有许多未知的东西，因此每次也会有恐惧在里面，但这并不会让她望而却步。在长久的跋涉中，无论是体力还是毅力都能得到一种历练。她钟爱着旅行中那种艰难困苦之后的快意。

水晶特立独行，是讲求合作的"驴行"使她改变了自己。"平和""感恩""宽容"是她提到的最多的词。她说现在自己的宽容不仅是在一些细琐之事上，而是对不同文化不同生活方式的一种悦纳。

驴子云：百年修得同船渡，千年修得同床眠，也许万年才能修得同"驴行"。在心里大家都是分外珍惜和关爱同"驴行"的伙伴。每一次出行时间越长，走的路途越艰难，驴友们的感情也越深厚，水晶这样说道。

 **主编点评**：

任何时候，"走遍天下"都是一种非常豪迈的情怀。但更多的时候，还不是指游遍天下。游遍天下，在一个时期，可能仅仅是指一种享受，而不是一种追求。

"驴友们"是辛苦的，有时甚至是艰难的。如果说，"享受"还要付出这等辛苦，还要克服这等艰难，那么，"驴友们"确实是在做一件不能被更多的人理解的事情。

或许，旅游文化就是通过"驴友们"的行为来证明其魅力的，而且，"驴友们"本身的行为可能正是旅游文化的真谛。

走进傩戏村

张 琳

临夏州是一个多民族聚居的地区,那里的人们多信仰伊斯兰教。不过鳌头是一个汉族村落,它位于临夏县先锋乡东北部,有徐、王二姓,128户,586人。其祖先是在明初汉族西迁的大潮中从南方来的,600多年来繁衍生息在这块土地上。社火傩舞也跟着祖先的足迹传到这里,从此人烟稀少的西北边关响起了以笛声为主的宫廷音乐、太平鼓和吉祥鼓,一直延续至今。

2006年9月13日,临夏州民间文艺家协会授予临夏县先锋乡为"傩戏之乡",鳌头、潘家、寨子三个村子为"傩戏之村",其中尤以鳌头村的傩戏最为精彩。

时光隧道中的"跳会"

今年67岁的徐光辉毕业于临夏师范初师,1959年做了小学教员,后任校长,1998年退休。走进他家的院门,眼前一片辉煌,新砖房的门和窗全漆成了橘红色,墙上、树上满挂着金灿灿的玉米,屋前的水泥台子上也堆着金灿灿的玉米,鲜亮得令人惊骇。徐郁烈、王育科、徐光林、徐光辉、徐文真这5位老人在鲜艳的房门前围着坐定了,他们是鳌头村傩戏领导小组的成员,都穿着暗灰色的衣服,脸上也是岁月和辛劳刻就的苍老与朴实,但是我知道他们有的不只是苍老和朴实,在他们的经历与心灵中,深藏并闪烁着傩戏神奇的光晕。

傩事原是古人求神驱疫、季节性很强的农事祭祀活动,后来发展加入了新的内容,成为傩戏。傩戏在鳌头村俗称"跳会",原为"六月会"或"六月黄会",时间为每年农历六月二十一至二十四,主祭祀二郎神。何谓"黄会"?意即此时麦子成熟,田野一片金黄。因为是割麦子的大忙时节,就推迟一月,改称为"七月会"。但七月仍是多农事,解放前夕就将日期推迟到人闲场宽的正月,其会也就称为"正月会"了。

鳌头村傩戏折子传说有24折，现存18折，有《小鬼》、《三英战吕布》、《华容道释曹》、《降猴》、《十观音》、《犁地》、《打虎》、《二官二娘子》、《撒布袋》、《方四娘》等。以传承的说法分为文会、细会、武会、粗会，按表演形式分为舞蹈性、戏剧性、杂耍性，按内容分为上香拜佛、神话传说、三国故事、除暴安良、封建婚姻、农事活动等。乐器有鼓、锣、笛等。

鳌头傩戏最早有文字记载的是民国29年（1940年）举行的一次。这一次临夏名儒张质生同刘子翔偕眷属到场观看，给庙官徐瑞亭搭红，并点演了《出五关》，即兴赋诗一首，但诗已遗失。

此后分别又在1946年和1947年农历七月举办过，徐光辉参加了1947年的跳会。"当时我只有7岁，对跳会还没有什么意识，只是想着要跟上爷爷去吃祭祀罢了的肉去。"徐光辉说。跳会的重要角色有12个，这12个角色每年都要重新选定一次。农历二月二这天，先在庄福神庙里杀猪，向方神（即地方神二郎神）献生，然后开始选派角色，被选定的角色每人会分到一根猪肋条。如果这个人愿意接受角色，那么他就收下这根猪肋条，否则就拒收。可是众人一般会劝说拒绝的人，直到他接受为止。角色定下来之后，当选的人就忙着去借衣服，学习各自角色的台词和动作。

1947年跳会，徐光辉得到的角色是小鬼。"公里（即"集体"）除了几件大红袍外，没有别的衣服，母亲就给我做了个裹肚，用扣线（绣花线）在前面绣了些荷花，穿在精身上。"徐光辉说。

跳会之前先要请神，穿戴整齐的会手们在庄福神庙里供奉的二郎神前上香、要卦，然后燃放鞭炮，将二郎神金身抬上轿子。12个会手每人手持旗杆，上面粘着五色三角旗，戴上清朝时候流传下来的帽子，在前面领路，另外由8个人用轿子抬着二郎神，敲锣打鼓转庄子，要将各个巷道、各家门上都转到，刘备、关羽、张飞的角色装扮跟随，表示扶正压邪、降福送宝、众人团结，也表示跳会的道场开始了。最后转到会场里。会场是由各家拉出的四五十辆老牛车在打谷场上围成的。接下来开始向方神"交愿"，因为方神帮助村民实现了愿望，村民们要向方神还愿，这就是"交愿"。村里人的心愿大致一样，一般是保佑风调雨顺、逃贫难、避邪等。"交愿"时12个会手继续转圈、跳旗，另外两个"舞会"的人则手拿四方手帕，意思是拜神拜四方，在神像前三拜九叩，动作要与场上演奏的宫廷音乐配合，低音时拜下，高音时拜起。之后18折戏开始演出。

"那时候我参加跳会主要是自己高兴呢，分上一个角色觉得特别幸运，是到人面前出风头去了。"徐光辉笑了。

7岁的徐光辉戴着小鬼的面具在场上翻跟头，觉得非常兴奋。《小鬼》的戏是这样的：众小鬼同时进场，直奔指挥台，"一"字形平行站立，听鼓声三鞠躬。然后活蹦乱跳，无规范动作，主要是车轮翻（俗称马架子），可用单手、双手、单翻、连翻等不同形式，也可发挥个人动作，如旋风腿、倒立、倒走、单叉、双叉等。在间歇中不能呆立，即左脚跳时用左手抓右脚心等，反之，右脚跳时用右手抓左脚心。

跳会时，村上各家都会自愿煮两缸黄酒，抬出来放在场上，供大家喝。徐光辉和许多小孩子们也一起抢着去喝黄酒。

那是农历的七月二十四、二十五、二十六、二十七，跳了四天。

"脸子"的辗转境遇

面具是傩戏的重要特征。在鳌头村，面具被称为"脸子"，据说鳌头村原有脸子50多具，为清同治年间人雷焕衡制作。这些脸子面部造型生动，表情丰富，各具特色。特别值得一提的是三国戏中曹操的脸子，制作未采用传统戏剧中的白脸形象。脸子做工精致，油漆技术精湛，为典型的汉藏结合的彩绘艺术。临夏的彩绘艺术于2006年5月被列为国家级非物质文化遗产保护项目。

解放后，因为各种各样的政治运动多了，加之庄子太困难，鳌头村的跳会就中止了。期间面具也遭到了令人扼腕的境遇。几位老人回忆说，破"四旧"、打"神权"时，庙里的二郎神塑像被烧了，公社派其他几个庄子上的干部到鳌头没收了42具面具……

1962年农历七月夏收后，村民要回面具，欢欣鼓舞地说："我们现在跳个会吧！"第二天，就即兴办了一个小型的跳会，但是被公社挡住了，说是不能跳。

会是不敢再跳了，可面具要保存住。老人们商量之后，决定将面具放在当时的生产队长徐志烈家里，因为他的威望高，而且队长家里也不会被搜查，比较放心、保险。

"庙都拆了，再演什么戏？"徐光辉说。"但是群众的愿望一直没断过，大家闲谈的时候经常说，我们跳个会好。"

村民们会在下面偷偷地学，吃罢饭了，闲了，老人就给孩子们教，有的年轻人记下了细节和台词。徐光辉的父亲过去演的是《撒布袋》一折戏，布袋和尚是南宋时代浙江奉化人，传说是弥勒佛的化身。父亲给徐光辉教一些难度大的动作，脚怎么走，手怎么耍，只是教给动作，不说其中的含义，因为没有文化。徐光辉就认真地跟着学，心里想着以后还要跳呢。

文化的神奇力量

1984年宗教政策落实后，寺院恢复了。鳌头村的老人们说："现在是我们跳个会的时候了，不然就遗失了。"

这次办会困难很多，道具和衣服都没有，除了保存下来的清末民初的两件用山西土布做的粗布袍，以前跳会时穿过的自家缝制的袍子，还有借来遗留下来的清朝女人穿的围裙，因为人们不知道其价值，后来都当抹布了。唱词和动作也都忘了，能记得一些的老人们已经不多，他们是民国最后一次参加过跳会的人，但也不是主角，知道这一折，又不知道那一折了，24折都会的人没有。

徐茂烈是这次跳会的领头人，有些文化，也是个爱好者。大家聚集在徐茂烈家里，一起回想，将老人们请过来，教、看、听，随时纠正。老人们认为，这次的演出要原原本本地继承下来，责任重大。"我们白天晚上地练，从1983年的农历十一月起，练了一个多月，尘土踏起的有一尺厚，扫完院子，地都低了一层。"徐光辉说。

资金的筹集，庄子里各家派了一些，家族当中有在外工作、经商的，都给发信说了这件事，接到信的人很虔诚，个个都寄回了钱。利用这些资金，将道具和戏服都置全了。

当年被存放在徐志烈家柜子里的面具，在黑暗中过了22年之后终于又面世了。

"这次跳会演了18折戏，临夏市都知道了鳌头村的戏最好。"徐光辉说。"看的人空前多，踏起的尘土有这么厚——"他用手比划着，起码有一寸。车辆也多，拖拉机有几十辆，周围村子里的人，临夏市上做买卖的人，摊子拥挤得摆不下，多少人爬到房上、树上去看。跳了4天，观看的人没有减少。徐光辉演的戏是《降猴》，《西游记》第五回的内容。那时他已经是40多岁的人了，这次跳会同小时候跳的感觉自有不同，非常慎重，也觉得很神圣。那时候，徐光辉因为患病，身体一直很虚弱，但是跳会过后他觉得自己轻松多了。"主要是精神治疗，"他说，"跳会的时候觉得心里很愉快，身体也就好多了。"

"跳会后，大家心里揣着许下的心愿，就觉得日子过得有盼头。风调雨顺、牛羊旺盛、庄稼丰收了，出门的人都安全，也挣钱了。"徐光辉又说。

王育科说，跳会是祖先留传下来的，我们继承下来了，给方神把愿还了，也是一种心理上的解脱。可以肯定的是，跳会增强了村里的凝聚力。从准备跳会起，这就成为村子和一个家庭的话题，大家都在议论这件事，跳会时更是欢聚一堂、不分彼此，平时的一些矛盾与隔阂都消除了，也疏通了家庭关系，起到了调和剂的作用，制造了一种气氛，正气上升，好事多了，坏事少了。以前冬闲的时候不少人打牌、打架、赌博，一说要跳会，大家都往这个方向上来了，好处很多。这就是文化的力量。"跳会"的传承者在这之后的1995年、2001年、2006年又办了3次跳会。1995年的演出主要是熟悉提高；2001年的演出取得了大进展，不但培养了一批新人，理顺了场内管理，更重要的是文字记载了演出的全过程。这一功劳当然要记给王育科。王育科原来是临夏市粮食局的司机，2001年退休回村。

"我只有小学文化程度，不过自学一直很努力。"王育科说。他的父亲在解放前后的十几年里，热心参与了庙上的大小集会和道场，并承担记账写字的工作，所以他从小就深受影响，对跳会特别着迷。他在每一次的跳会上也都有出色表现，担任曹操这一角色，因为曹操的台词最多，而他的记性好，背下来就忘不了。说到跳会时的感受，他说："只是想着怎么按照戏剧的要求演好，让观众满意。"

2001年的跳会中，王育科参加了跳会的组织工作，并负责节目的编排。因为一直就想着要将跳会的内容写个册子，所以他开始做一些准备工作。跳会的出场时间和收场时间、演员的口语及感受、下场后的说法……与跳会有关的点点滴滴他都一一做了记录。4天的跳会结束后，他又访问了跳会的老艺人，本村、外村及社会上有文化的人，终于在2004年的7月写成了《鳌头庄庙会实况记述》一书，较为详细地记述了鳌头村跳会时18折戏的具体内容及相关事宜。真要感谢王育科老人，使得我们能够通过他准确生动的文字，看到鳌头村跳会的内容并体会其中的意味。

在这部小册子中，王育科对于跳会时乐器的操作作了口诀："武会粗会鼓跟人（意思是锣鼓看人跳的敲打），后面看齐第一人（多人上场以第一人为准）。文会细会听笛音（人听笛音动作），锣鼓远离敲轻声（防止干扰）。"还有跳旗的口诀："一上二退三交叉，四上五退转麻花，六卷云花四角转，七变一字长蛇线，走罢云花转大圈，快步小跑跳旗完。"

从王育科的记述中看，18折戏中，有些只以动作表情达意，也有不少伴以台词，其中的《方四娘》几乎以词曲为主，唱词来自民间流传，说的是贤良的

方四娘嫁到婆家后,被公公婆婆及小姑虐待,不到一年就屈死的过程。里面有这样的词句:

> 七月里两黄忙,大麦不黄小麦黄;
> 方四娘难道长,一日三早想无常。
> 八月里秋风凉,打开窗子凉风爽。
> 九月里九月九,三间楼上喝米酒;
> 人家喝得醉醺醺,四娘心里怒冲冲。
> 十月里十月一,家家户户送寒衣;
> 人家寒衣送坟上,四娘送在半路上。
> 十一月里冷寒天,麻麸冰推的两河沿;
> 余郎余郎开门来,屈死冤魂活人来。
> 十二月里一年满,四娘英灵到西天;
> 公婆骂她阳寿短,不知四娘成神仙。

《二官二娘子》中也有台词。对话虽少,但是生动有趣。开始为二贼进场,转大圈经过指挥台行礼后,继续行进到270度处停住,二人窃窃私语,指手划脚,想方设法,挖空心思要发大财。

二官人二娘子进场,直线行进到指挥台叩拜。转身走了五步路距离时,二贼突然跳出,贼甲喊:走路买路钱,歇凉要树钱;贼乙喊:这里是我哥俩的地盘,怎么连这点规矩都不懂吗。看见二贼时二娘子躲在官人身后发抖。官人甲说:初来乍到,不懂贼法;官人乙说:我们走时没带钱。二贼听得不耐烦了,动手就抢。二官人百般求饶,最后身上搜出了一些银子,贼还嫌太少,连娘子一块儿抢去,在山中隐蔽处赌博。

《犁地》一折则主要是动作表演,诙谐有趣,王育科是这样记述的:"老汉赶牛进场,架上杠子犁地,犁几回后因老汉没吃饭,又饿又累支持不住,扶在杠子上叹息,牛主动脱了套不再拉杠了,到远处寻草吃。老汉也休息,吸烟、抓虱子、枕上杠子睡觉。

"掌柜的进场,东张西望看见老汉休息,大发雷霆,大骂老汉,牛在一旁怒气冲冲。掌柜的拿上鞭子抓牛时,牛东奔西跑,掌柜的没有办法架套。这时老汉不拿鞭子去架牛,顺利地架好了。掌柜的抢过来要自己犁,牛弯弯曲曲地走路,不听使唤。老汉很自信地接过杠子,掌柜的给鞭子,老汉不要。老汉犁地时掌柜的用惊讶的神态在一旁观看,并做出佩服关心的姿态,忙给老汉扇扇子、伸大拇指等,犁几回后退场。"

仅看这文字记述,也令人捧腹、入迷。

把傩戏推介出去

老人们说,在过去的岁月里,他们跳会只因为这是祖先留传下来的一种习俗,还有对跳会本能的一种着迷。是年轻人徐光文,让他们知道了跳会叫做"傩戏",也知道了跳会的文化价值。

徐光文是曾经存放了面具22年的徐志烈的孙子。兰州师专中文系毕业,爱好文学和民俗,现在临夏县文教局工作。1984年的那次跳会他家是东家,负责招待前来烧香和观看的善男信女。而他那时候才6岁,什么也还不懂。

工作之后,徐光文读到了省民协副主席王培在《河州》杂志1990年3月号上发表的《河州乡傩调查》一文,其中对先锋乡的跳会有相当篇幅的描写,又从网上看了不少关于傩戏的内容。2004年,徐光文写了通讯《鳌头村的跳会》,在当地报纸上发表。直到2006年8月,徐光文回乡时告诉鳌头村的老人们,跳会就是傩戏,傩戏属于非物质文化遗产,是国家要重点保护的,所以让大家把跳会继续办起来。老人们一听,说这是个好事情啊,我们一定要给年轻的一代传下去。于是商量要再办一次跳会,马上就召集了群众,一讲,大家都非常积极。先是筹钱,一家派了30元,不过有的给50元,有的80元、100元,最多的是徐郁烈,拿出来500元。原本计划着能筹5000元,结果筹了上万元。

全庄子都沸腾起来了,晚上笛子吹起来了,锣鼓也敲起来,巷子里孩子们翻起了筋斗……大家开始积极准备了。这次跳会定在2007年1月6日、7日、8日、9日4天。"我的想法是把我们鳌头的傩戏推介出去。目的有三个,一是揭开乡傩神秘的面纱,让世人知道我们甘肃也有傩戏;二是挖掘、传承与保护,因为受经济大潮和现代传媒、娱乐方式的冲击,傩戏已经成为珍品,很容易流失;三是将傩戏作为载体,借宣传傩戏来宣传村庄,达成旅游品牌,吸引参观者,看戏给钱,并消费,同时借机推出一些土特产,带来经济效益,由传统的祭祀活动慢慢向文化产业过渡。"徐光文说。

我问,这样一来会不会影响傩戏本身的意义和形式。"影响会有的,但是尽量保持吧!"徐光文说。

王育科也点头:"前几次是为跳会而跳会,现在是发展经济,宣传我们村子的优势，把人引进来。"

基于以上想法，目前他们首先一个打算是准备进城演出。由此产生了关于傩戏折子内容变更与否的问题，对此村民的意见分歧较大，有人主张增加新内容，就是从经济因素来考虑的，比方可以增加财神这个角色，将来去城里演出时，经商的人可能会喜欢看，也会给些钱。更多的人坚决反对，认为给二郎神交愿不能乱加内容。

"服装和道具不能变，内容也一定要传承，绝对不允许增加！"徐光辉响当当地说。"但是说不加的都是老一代，老一代人不在了，年轻人肯定加！"

王育科的看法是，跳会的意义没有变，但是形式可以有所调整，趋向文明，体现时代色彩。"当然不可能别人给钱就加情节，不能带上面具做广告！"他说。

说到道具，也有一个问题。傩戏表演时各角色念出的台词受到面具的阻挡，观众听得非常吃力，甚至根本听不清楚，这是个遗憾。临夏县委宣传部的熊宗俊认为，戏里的台词就是要让观众听到，如果听不到，那等于没有。可以在面具上做一点小小的改革，在嘴巴处开一个小缝隙，这样声音就能传达出来了。但是在场的老人们纷纷摇头，说这样就破坏了面具本身的美，而且面具是傩戏最重要的标志，绝对不能变。先锋乡的祁书记点着头说，其实还是应该随着时代而变化。

被一致认可的一个调整是准备在以后的跳会中吸纳女人，因为男权思想的影响，过去寺院里是不准女人进去的，所以参加跳会的都是男人。"如今男女平等了。"他们这样说。给二郎神"交愿"，人是够了，但是因为现在许多男人外出打工，如果将来进城去演，人员就会不足，可以在这种情况下加入女人。

"我们是祖先的传统不能丢，更重要的是发展经济。从国家来说是保护非物质文化遗产。"王育科说。

"即使没有后者，我们的会也还是要跳，不跳会群众也不答应。现在跳会的意义是双重的了。"徐光辉又强调。

对于跳会的延续，几个老人表示不担心，虽然也会有人不愿意担任角色，但是锣一敲，鼓一打，就被气氛感染了，也跑来了，跳着跳着也喜欢上了。村子是个大家族，所以要有家族观念，各人都要作些贡献，否则对不住家族，也对不住方神。徐光辉说："我们这一代现在老了，下一代传承下来了，我们的事就做完了。下一代人接上了想法和我们都一样。"

"下一代人接上了想法和我们都一样。"这是徐光辉的愿望，而非事实。愿望能不能成为事实，只有让将来的事实来告诉他，也告诉所有的人。

 **主编点评**：

　　从外观上看，鳌头村同中国北方的任何一个乡村一样朴素、平淡，人们也许想象不出，在那里，到底流传和兴盛着怎样一种神秘。

　　尽管历经波折，但是流布于民间的巫傩之风还是传承到了今天。那它就一定有生存下来的理由，其深厚复杂的内涵，也远非请神、要卦、画符、驱鬼避邪等外在表象所能概括得尽的。这一古老神秘的民俗文化，凝结和隐藏着丰富的人文内涵：生命意识、民俗风情、戏剧的原始因子，古朴的面具艺术……

　　一代又一代的鳌头人跳会，原本是出于自然的传承，是村民们一种朴素纯真的生命意识，其中寄托了自己对美好生活的期盼与愿望，还有那种对无形的、不可解释的东西的信仰。跳会时演出的折子戏更是一种自娱自乐的绝好方式。傩戏对村民的精神意义即在于此。

档案的故事

张 琳

4月的一天,当我和天水市秦州区档案局的同志走进天水镇咀头村的时候,远远地看到一个戴着礼帽的中年农民站在岔路口上向我们张望。档案局的同志说,他就是刘文杰。

渐渐地走近了,我看到他穿着一件西装,质地非常差,软沓沓的。那顶礼帽戴在他头上看上去有点好笑,但是很干净。一位村民说,刘文杰算得上是咀头村最贫困的一家了,他平日的穿着很寒酸。只因为他作为唯一的一个农民代表和特邀嘉宾,明天要去参加天水市档案局召开的档案工作会议,所以专门打扮了一下。

刘文杰之所以被市上的档案工作会议列为特邀嘉宾,是因为他在自己家里建起了家庭档案室。

农民的档案

刘文杰的家非常简陋,住人的房子不过四五个平方米,除了炕,几乎没什么家什,没有院墙,也谈不上院子。这样的房子在当今的农村是很少见的。他一家4口人,儿子在兰州上大专,女儿高中毕业后到西宁打工。家里他和媳妇两个人,种着4亩地,他农闲时在村上的砖厂打工,装砖,供儿子上学的费用。

刘文杰在当地被称为"土我",他爱好新闻写作,每年平均给中央、省市区新闻单位写稿50多篇,连续8年被市电台和区广播站评为优秀通讯员,并有过几次获奖经历。刘文杰有意识地收集和保存一些资料,开始于1990年。最初都放在一个大纸箱子里,很零乱。其中让他觉得最为珍贵的是他父母20世纪50年代的结婚证,还有一份老土地证。

2004年的一天,刘文杰到天水市档案局借《天水史话》。档案局的人问他:

"你爱看书？"刘文杰说："喜欢看书，还喜欢收集些资料。"档案局的人又问："你家里都有些什么资料啊？"刘文杰回答："一些发票、经济账目、大事记，都有。""那可以建一个家庭档案室了。"档案局的人说。

后来天水市档案局就给秦州区档案局打了电话，说了这件事。2004年12月1日，秦州区档案局刘韵倩局长带着分管副局长和档案业务指导科的工作人员一行5人，拉着木质四层档案柜、20个卷宗盒及其他档案用品，还有秦城区区志、各类报纸杂志等图书100多册，来到天水镇咀头村刘文杰的家，帮他建起了家庭档案室。

刘文杰的家庭档案室现存20世纪50年代至2004年他家里的一些社会活动资料，共分经济、生产建设、财产记载的图表、病历、计划生育、学生考试成绩单及试卷、家庭成员的获奖证书和各种实用证件、手稿、作品简本、考试卷等12类15卷。图书资料分政治、经济、文化、史地、农业科技、法律、医药、新闻业务、天水三史等15类380册，各种期刊1100多册，剪报资料25本、磁带16盘、影碟16盘。

票证的年代

刘文杰最先拿出来的是保存在档案盒中的几张布票，这是四五十年前的票证了。那时候买布是要凭布票的，先是将布票发到各生产队，生产队再通知让各家各户去领，布票按人头分，一年一个人头能分到八九尺的布票。

让刘文杰记忆最深的是1968年的腊月，他只有八九岁，那时节的天气好像比现在腊月里的天气要冷得多，伴随着寒冷，过年的气息渐渐浓郁起来。一天，刘文杰小心翼翼地跟母亲说，他想要件新衣裳。母亲听了脸上显出为难的样子，说布票还没有发下来呢，扯不来布的。

几天后的一个黄昏，母亲拿着一块蓝卡叽布让刘文杰看，刘文杰看了一眼，不明白。母亲说，这是向舅舅家借了四尺布票扯来的，"过年给你做新衣裳。"母亲的脸上有点笑容。刘文杰懂得母亲的这个笑容，是因为终于给儿子扯了一块布做新衣裳而感到安心与安慰。他一时快乐得都不能相信，心花怒放地跟在母亲后面，到庄子上唯一的裁缝那儿做新衣，量尺寸的时候他特别配合，身子站得笔直，头仰得很高……

那时候，庄子上能买了布找这家裁缝做衣服的人很少，更多的人家是自己在家里用织布机织"大布"，也就是大粗布，然后由母亲或奶奶用手缝制。因为，即使是发了布票，有些人家里也没有钱去商店买布。这样一来，逢集的时候，他们就将自家派不上用场的布票拿到集市上卖了，得点钱回来，一尺布票能卖上四毛钱呢，也有人家会将布票送给亲戚用了。那时候还有专门倒卖布票的人，花4毛钱将1尺布票从这个地方买来，再到另一个地方以4毛4分钱一尺卖出去！

和布票搭伴儿的有粮票，两者在外观上有些相像。刘文杰用手搓着他存了多年的这几张淡红色和淡绿色的粮票，感受到的不仅仅是心酸，还有一些难以名状的滋味。

"我记得最清楚的是上世纪60年代，县上和乡上的工作组下来的时候，到各家吃派饭，一顿饭要给老乡家交四毛钱、二两粮票，很多群众都不要这四毛钱、二两粮票，但是工作组的人不敢不给……"刘文杰说。挤着站在刘文杰家屋子里的一个村民抢着说："那时候纪律很严格，为吃饭的事儿，组织上会调查，问群众：某某在你家吃饭，粮票和钱给了没？如果没给，那是要处分的。群众给做上一顿稍好一点的饭，工作组的人也不敢吃，白面不敢吃，只吃杂粮，那时候讲的是同吃、同住、同劳动。"

1971年"三反"运动时，天水地区农宣队的一个主任，吃派饭吃到刘文杰家，他还记得早上吃的是洋芋大拌汤，午饭时母亲擀了点面条，这算是招待客人最好的饭了。那个主任按规定将饭票和钱交给刘文杰的父母。刘文杰的父母怎么也不肯收，双方争执了半天，后来，这个主任就趁刘文杰家人不注意时，将钱和粮票压在了被子下面，这个细节被刘文杰看到了。父母出门送客人了，刘文杰就偷偷将被子下面的钱取出来，到小商店里买了一支铅笔和一张纸，那时候一支铅笔是4分钱，一张纸2分钱。

农民自产自吃，自然是不需要粮票的，粮票是城里人的专用票证，到国营食堂吃饭、到食品店买糕点……都要粮票的，但农民也不是没有和粮票打交道的时候。1972年的一天，刘文杰到天水县城医院看耳朵，但是手里没有粮票，到县城就吃不上饭。没有办法，刘文杰拿了10公斤小麦，换了些粮票。在城里呆了4天，刘文杰就用这些粮票在国营食堂里买饭吃，吃了几顿面条儿，肚子里没油水，那几顿城里的面条儿香得让他直咂嘴。在县城的国营食堂里吃饭，这给刘文杰的感觉很复杂，一方面觉得很新奇，还有点改善生活的体会，仿佛自己真的成了城里人似的；另一方面，总还是不能像真正的城里人那样理所当然地、坦然地坐在那把木头椅子上吃面条儿，免不了有点缩头缩脑的紧张。

"那个年头儿，什么不要票呢！"刘文杰感叹。他自档案盒里找出两张家里购买自行车的发票，一张的日期是1975年1月，购买一辆加重永久牌28型自行车，价格180元。这是家里买的第一辆自行车，那时候他上高中，学校在天水镇上，从家到天水镇有10多公里的路，父母打算给他买辆自行车。但是在六七十年代，买手表要手表票，买自行车要自行车票，庄子里的人哪有这种票？父母就从在兰州当工人的一个叔叔那里要了一张自行车票。刘文杰从叔叔那里得知，这自行车票由五金公司发到单位上，每个单位也就那么一两张，分配起来真是抢手得不得了。自行车票上，牌子、颜色、型号都已经注明了。他们乘车到兰州，才买下了那辆自行车。

"这辆自行车是全家人最值钱的家当了，我自己自然更是视若珍宝，一直骑了17年，直到1992年，家里买了第二辆自行车。"刘文杰说着，拿过了第二张买自行车的发票，发票上的印章已经看不大清楚了。买的是一辆红旗牌自行车，价格是246元。1992年刘文杰早已经成家，儿子也上中学了，这次买自行车是为了让儿子上学方便。"从改革开放后，自行车开始大量供应，当然也不需要自行车票了，买辆自行车已经很容易了。"刘文杰说。

文化的变迁

在刘文杰的家庭档案里，自清末至今咀头村文化活动的一些资料保存得非常详细和完整。

20世纪20年代，咀头村过年就演社火和秧歌两种，是祖祖辈辈一直延续下来的。但是就这两种简单的娱乐吧，表演的人激情昂扬非常投入，看的人也看得很起劲儿，那真是过年时最令人着迷的内容了。起了大变化的是1956年，咀头村组织起了秦剧团，是方圆唯一的乡村剧团，只在过年的时候才演出，四邻八乡的人们都奔着咀头村来看。开始演一些历史老剧，到了"文革"期间，演的大都是革命样板戏，《沙家浜》、《智取威虎山》、《红灯记》等。自己搭的戏台子，设备非常简单，没有电，照明用的是汽灯，农民演员们就穿着自己的衣服上台，也有时候会借一些戏服穿。

"总是听着这几出戏，听上几次，大人娃娃就都会唱了。过年的那些天，大人娃娃有事没事嘴里哼的都是样板戏。"说这话的时候，刘文杰呵呵地笑，其他的几个村民也都跟着呵呵地笑，笑声和神情里都有些调侃和无奈。

大约到了1978年，咀头村秦剧团开始恢复历史剧的演出，《十五贯》、《辕门斩子》等等。刘文杰拿出保存在他档案盒里的一张单子，上面记载着从清朝末年到1989年咀头村演出过的一些历史剧的剧目，都是他手抄的。

"看多了样板戏，再品这些历史剧，开始的时候倒还让人有些新鲜的感觉呢。"一个村民说。

"但是看上几年，也把人给看倦了，不过这还是庄户人过年时最爱凑的热闹。"另一个村民说。

实行联产承包责任制之后，1982年，这个秦剧团自动解散了。

1986年，咀头村一个叫刘随福的村民买了台放映机，租了城里电影公司的片子在自家的院子里放起电影，不过到他家看电影是要买票的。那时候能买得起电视机的人家没几户，所以刘随福的院子里就成了最热闹的地方，有些外村的人从十几里路之外跑来看一场电影。《苦菜花》、《卖花姑娘》、《永不消失的电波》都是他们印象最深的片子。

到了20世纪90年代，有了卡拉OK，有了录相厅，几乎家家都买了电视机。可不知怎么，人的思想却好像松懈了似的，过年也没那么热闹了，人闲下了，喝酒闹事的多了，民事纠纷也多了。为了丰富村民的文化生活、纯朴民风，咀头村党支部和村委会打算组织村民举办春节文艺晚会，村民们都很积极。

"平日在电视上看到演员们唱歌，也希望着自己能在台上唱一曲，现在自己办春节文艺晚会，这就是个好机会。"一个村民说。"大家自发地自编、自演反映党的政策、反映农村生活变化的节目，并不特别讲究质量的好坏，只想'潇洒走一回'。"

近两年，农民的生活水平提高了，晚会的经费都是群众自发捐款，捐款多少不等，有5元，有10元，但是不收困难户的捐款，个人方面捐得最多的是致富带头人，另外，咀头村的砖厂、沙厂和菌厂各捐了1000元。具体的捐款名单和数目在刘文杰的家庭档案里都有保存，捐款总计是3900元。村委会将村上的大中专学生组织起来搞节目策划，刘文杰放寒假回来的儿子也是节目的策划者之一。

2004年正月初六，咀头村的第一次春节晚会在村校隔壁的操场上举行。那一天天气非常冷，哈气成雾，但是操场上人山人海。晚会9时开始，3个小时，一直持续到夜里12时。

"我是晚会的工作人员，当记分员呢，我的儿子是主持人。"刘文杰说，脸上显出一些不好意思的神情来。

咀头村的这次春节晚会从正月初六开始持续了4天。每天晚上，村民们除了惦记着看节目、演节目，还自发地从各自家里拿来馍馍、凉菜和酒放在台前的桌子上，酬劳演出的人。

晚会还设了奖，一等奖是一只电饭锅，二等奖是一套水杯。刘文杰的儿子独唱了两首歌：《卡秋莎》和《红牡丹》，获得一等奖，发了只电饭锅。

到了2005年，咀头村的春节文艺晚会办得更有经验、更丰富。2004年的晚会演出以年轻人为主力，2005年则各个年龄段的都有了，七八十岁的老人也到台上一展歌喉唱秦腔，还唱得很精神也很有滋有味呢。更重要的是节目品种多样化了，2004年的节目内容是以秧歌和舞蹈为主的，那时候有一个新鲜节目是跳双人舞，音乐一响，舞蹈刚起，台下的人就马上拍手尖叫起哄，跳双人舞的女方还因此而闹了点家庭小矛盾呢。2005年的晚会上也有双人舞，男的戴着礼帽，女的穿着红衣裳，跳得很欢快，大家也都习以为常了……除了传统的唱歌和舞蹈，出现了双簧、小品等，还有自编自演的宣传计划生育的节目。

刘文杰指着小桌子上的几只水杯说："这个是我儿子在2005年的晚会上表演节目得的奖品。"刘文杰一家人非常珍惜这套水杯，平时都舍不得用，只有家里来客人才会拿出来倒水。我在他家采访时，刘文杰就是用这水杯给我倒的茶。

村官的事儿

刘文杰有一个大的计划，他要写一部咀头村的村史，现在他正在四处奔走收集相关资料。在已经收集到的资料中，有两个很重要的内容，一个是历年咀头村村民的户口登记簿，另一个是咀头村历年村干部的花名册。翻着这本干部花名册，挤在刘文杰屋子里的村民们说起了村官的事儿。

"大集体管理模式的时候，村干部都是上级直接任命的，一般是'终身制'，要干到老。那个时候的干部人霸道，威信也高，权力特别大，包括记工员、会计的权力都特别大。"村民们说。

从上级任命村干部到民主选举村干部，这真是迈了一个大坎儿。村民们说起咀头村由上级任命的最后一任村支书郝龙有，他当村支书从70年代一直当到1998年，被村民们称为"老佛爷"，是一个非常有政治头脑、也非常会管理的人。到了20世纪80年代，咀头村实行联产承包责任制，土地分配到户之后，管理模式就发生了根本性的变化，但是郝龙有仍然延用过去的管理方式，实行封闭式管理，约束性大，只是指令性地完成各项生产任务和指标，也没有办起新兴的产业模式，难以适应新的形势。

1998年11月，《村委会组织法》颁布，其中第十一条规定："村民委员会主任、副主任和委员，由村民直接选举产生。任何组织或者个人不得指定、委派或者撤换村民委员会成员。"作为过渡与衔接，1999年，在征求了部分群众代表及全部党员的意见之后，任命村民刘选奇为咀头村新的村支书。刘选奇是一个在外闯荡过的农民，曾经贩过羊毛，后来和哥哥刘安奇在咀头村建起了砖厂，砖厂的效益相当不错。刘选奇很有创新意识，也很能吃得下苦，他当上村支书后，咀头村的生产有了一些转机和起色。

咀头村真正意义上的民主选举是在2002年。先是村党支部召开党员会议推荐候选人，然后是征求群众意见。咀头村有496户村民，是天水镇的一个大村，所以将党员分为8个小组，各小组的党员分头挨家入户征求村民对候选人的意见和看法，是否同意将其选为村干部。村民们第一次在干部选举中行使自己的民主权利，有些人觉得紧张不安，有些人感到新鲜和兴奋，事先他们就认真地比较、讨论，"要选自己的心上人、意中人。"他们说。

张榜公布的那天，群众都呼啦啦拥到咀头村党支部办公室的村级阵地前看，榜上赫然写着前任村支书刘选奇的弟弟刘安奇的名字，"这回可把我中意的人选上了。"一个老党员首先大声说。群众也都跟着拍手叫好了……

村民们为什么称刘安奇是"中意的人"？"这刘家的兄弟俩，哥哥刘选奇就很能干，弟弟刘安奇更能干。"村民们抢着说，"最主要的是，刘安奇他是致富带头人，他和哥哥建起的这个砖厂现在发展为两个窑，分南北二厂，一年的收入在200万左右。刘安奇办事很公道，还特别能替别人着想，特别关心村上的群众，自己富了不算富，还要让村上的人都富起来。"村民们历数刘安奇的好处：刘家兄弟俩共同投资建起砖厂之后，刘安奇将村上闲余的劳动力都安置在了砖厂，而且他总是按时兑付工钱，从来不拖欠一分；村里有人生病，刘安奇会派上自己的车将病人拉到医院，还自己掏钱给村民看病呢；刘安奇常常将砖厂的钱预支给需要钱的人，村民种地时没有钱买种子、农药、化肥，刘安奇就将砖厂的钱预支，让他们买了种子、农药、化肥先把地种上，到农闲时到他的砖厂打工，还上预支的钱；有一次村上的一户人家发生了火灾，刘安奇就赶快把自家的被子拿去给他们盖，又给了600元钱，并带动其他村民捐钱捐物……正是这些事儿让他们记在心里，打动了他们。

刘安奇上任后，果然不负众望。他在调整传统产业结构上下的功夫最大，带领大伙儿建起了3个新型产业基地。2003年建起的双孢菇培植基地是重点，当时有87个大棚，到目前增加为104个，而且收益不错，一个大棚的收入是8000元到1万元；第二个是大蒜基地，现在已发展到1000亩，并套种葵花、芦笋和其他一些蔬菜；再有就是西班牙辣椒，去年种了100亩左右，今年估计能种到200亩，每亩能收入2000多元。刘安奇还将砖厂的钱拿出来修路，给全村的道路都铺上了沙子，并装上了路灯，到了晚上七八点，村上的路灯都亮了，这在咀头村可是稀罕事儿。

2004年，咀头村党支部被评为先进党支部，受到省委组织部的表彰。村民们都说，民主选举的村干部能给群众办好事、办实事，群众很满意。村干部从上级任命到民主选举这一大变化，刘文杰怎么也要在他写的村史里大书特书的。像刘安奇这样的好村官，不但要将他的名字写进咀头村村干部历年的花名册，还要指着他的名字给儿子说，给孙子说，让将来的子孙们都记着他呢！

主编点评：

说刘文杰是个文化人，可能有点牵强，但是他做的事情，却绝对是一件文化事。

他经常向村上的人要书、要照片，有些人家的书没用处都烧了，有照片的人家，刘文杰要就给了他。

刘文杰曾说，他开始保存那些票据，是为了要证明那些东西和家什是自己的，而不是偷来的。后来他又说，保存一些票证，可以在发生纠纷时作为证据，比如土地承包责任书。这话是真的，是他一个农民最原始的、朴实的想法。

他的病与他的穷，与他致力于档案收藏之间有没有必然的联系，谁都不知道。但他乐此不疲地去建一个家庭档案室，却令人感动。他的付出，他的毅力，他的执著，并不是每一个人都能做到的。

家庭档案是社会档案的组成部分。从这个家庭档案室中，我们看到了这个家庭、包括他所在的村子所走过的社会活动历程，从不同的侧面感受到了社会和时代变化与跳动的脉搏。

在今天，这些只是刘文杰家的私人东西，在若干年后，它们就是观察、了解与见证一个时代的重要凭证。

53岁的小学生

杨 恒

马清兰握了40多年锄把的手，终于握着笔了。

2003年1月9日，她和她年龄相差40多岁的同学们一起听写生字。"今天早晨考语文，明天考数学，考完就放寒假了。"这位53岁的一年级小学生，在家门口的安定区内官营镇锦屏小学度过了一年的学校生活。这一年里，她认识了800多个汉字，学会了加减法，赢得了作业本上满篇的"甲"，还有两张"优秀学生"奖状；更重要的是，她有了老师，有了同学，有了每天背着书包进出校门的感觉。虽然，她还无法清晰地表达这一年对自己人生的改变，但土地和收成、做饭与家务不再是生活中最重要的事，丈夫和孩子，也不再是她和邻居们谈论的主题，识字和学习成了生命中的头等大事。

"这个字我认识了！"一年来，她无数次沉浸在这样的惊奇与喜悦之中。她有了40年来从未有过的激动与幸福。

马清兰是一个民营企业家的妻子，两个大学生的母亲，更重要的是她成为了一名一年级的学生，这是她一生的梦想与渴望。

2005年，她实现了她的梦想与渴望。

从"人"字开始

对马清兰来说，上学仿佛是件偶然的事情。

2005年春节的时候，马清兰一家从电视上看到一个节目，节目中，一位37岁的男人和他的儿子坐在同一个教室里读着同样的书。"人家能上学，我为什么不能？"马清兰用无数次问过自己父亲的问题，又一次问她的丈夫和孩子们。她的二儿子说："妈妈，你如果会写这个字，就报名去。"老二把着她的手，一撇一捺写下了一个"人"字，她照着样儿练习了一天，就会写了。第二天，她到弟媳妇家里去串门，她给高中毕业的弟媳妇说，她会写"人"字了。一撇一捺，她写给弟媳妇看，弟媳妇说，还有一个字，和"人"字有些像，看她会不会写。弟媳妇写下了"入"字，她一看就会了。

一个"人"一个"入"，两个字在她心里活了，手里画着字，心里跳着字。几十年的渴望又一次强烈地冲击着她，她兴奋而又不安。一个53岁的人还能够走进学校的大门吗？虽然电视上在演，但电视上演的地方要比这里先进，这事能成吗？她在心里这样想。有一天，邻居说她家掌柜的学了三天都没有学会一个"人"字，这给了马清兰无穷的信心。她说："一个男人三天都没有学会的字，我一天就学会，只要上学，我就能学会很多字。"

她又征求丈夫的意见，丈夫马伟又一次鼓励她，让她去。"地都不种了，呆在家里只能做个饭，再没有什么干的，从结婚到现在，你都念叨了几十年了，以前没有条件，现在有了，以前没有先例，现在也有了，为什么不去？"丈夫的话更加坚定了她的决心。她又打电话问远在陕西空军某部队工作的大儿子，大儿子说，这是好事呀。

一个渴望了多少年的梦想就要变成现实了，马清兰冲破了内心的种种担忧，就这样，她决定上学了。

等她做出决定的时候，小学已经开学一个月了，她担心学校不要。2005年3月27日，丈夫马伟把他熟悉的王校长请到家里，说了妻子上学的事。王校长首先肯定这是件好事，但他要和其他校领导商量一下，明天给他们答复。虽然只是短短的一个夜晚，但她却无法入眠。她在心里想像着学校的情景，又担心学校会拒绝。在翻来覆去、胡思乱想中，天亮了。王校长早早地来说："学校同意了，你去报名吧。"

短短的一句话，开启了马清兰全新的生活。3月29日，她带着亲戚朋友送的书包本子和铅笔，坐在了锦屏小学一年级二班教室的最后一排。小桌子、小板凳、小同学、老师、黑板、作业，她所梦想的一切一下子铺到面前。

四十年的渴望

对于上学，说偶然也偶然，一个字，几句鼓励，她就走进了渴望了四十多年的校门。说必然也是必然，毕竟，学校是她魂牵梦绕了四十多年的地方。

四十多年前，她还是团结镇涵水岔村一个贫困穆斯林家庭的小女孩，每天在家里照顾弟弟妹妹，还要给家里做饭。大人下地干活了，把孩子锁在院子里。

每当傍晚的时候，马清兰站在院墙边，望着村里和她同龄的孩子们背着书包，跑着、跳着、欢笑着放学归来，她心中涌上的是酸楚和渴望，她也想成为放学后长长队伍中的快乐一员。

她把她的想法告诉父亲，但父亲不让她去，说要照顾弟弟妹妹。她渴望着的心被拒绝了。又一年开学了，父亲决定让她的大哥去上学，吃过晚饭，她哭着要去报名，但父亲又一次拒绝了她。父亲很坚定，她的哭声没有打动父亲的心。"这是我哭得最凶的一次，心里难受的很。"

四十多年过去了，马清兰清晰地记着当时的情景，在给我们讲述时，伤心的记忆浮在脸上，眼睛里泪光闪闪。

1964年，工作组在村里扫盲办夜校，村里好多没有上学的孩子和大人都去了。工作组到她家里动员过三次，但父亲没有同意让她去。她便偷着去，站在破教室的外面，向里张望。夜校的周老师，在黑板上写上字，用教鞭指着，带领大家念，她心里害怕，不敢念，但在心里默默地记着。可是，同一个时刻一个弟弟从炕上掉了下来，父亲知道了就再也不让她去了。"当时父亲还问我，记了个什么字，我画给父亲看，但当时不知道是什么字，直到今天上了学，才知道是个'大'字"。

马清兰兄弟姐妹十人，她排行老二，是女孩子中的老大，带弟妹、做饭自然也就成了本职工作，再大一些时，她便帮着父母到生产队里挣工分了。就这样，她的童年与学校无关了。但是，她内心的渴望之火并没有熄灭。每当她看到别人写字、念字的时候，她都仔细地听着看着，虽然她听不懂也看不懂，但她觉得和字和学校是如此的接近。

接近不是得到，得不到她就强烈地渴望。但是，无法实现的强烈的渴望却一次次地伤害着她。每一次的伤害，时隔几十年，她清晰地记着。

十三四岁的时候，她在生产队干活，每次干完活都要在记工员的本本上签字，识字的签字，她不识字就只能按个手印。村里不识字的人都按，但对于马清兰来说，每一次按手印，对她都是一种伤害。她也说不清她为什么如此敏感，但是真的伤害了她。

1971年，她嫁到内官营。出嫁前，家里人安排她和丈夫马伟见个面。当时未婚夫在县城学习，家里人把她放到火车上，她害怕极了，不知道火车要把自己带到什么地方去，她想，如果识字，就什么都不用怕了。她提心吊胆地坐了两站路，火车到站了。她见到了未曾谋面的丈夫。丈夫当时是民兵连长，背着枪。面对这样一个文化人，她心里还是害怕。没上过学的她，又一次感到内心的难过。结了婚，生产队的人来问她，有没有文化，她回答说没有。每一次询问都会刺痛她的心。

后来，丈夫马伟当兵走了，过了不久，丈夫来信了，她不识字，只好叫别人帮她念。她给丈夫说："再别写信了，我不会回信，你写来的信还要麻烦别人，再说你写的信我也不想让别人看。"在丈夫马伟当兵的八年间，她只求别人写过一次信，她告诉丈夫他们的儿子出生了。

1976年的一天，她一个人踏上火车，到青海格尔木寻找丈夫。可她除了一个自己都不认识的丈夫的信封之外，什么都不知道。在西宁西站下了车，她不知道该怎么走，也不知道该怎么办。她看到一个身着军装的人在打电话，他请求人家帮她给丈夫打一个，那人问她电话号码。打电话还要用电话号码，这是她平生第一次听说。幸好这个人认识丈夫的同事，她才顺利地找着了丈夫。

"不识字就出不了门。"虽然有着明亮的眼睛，但是，外面的世界对她来说却是黑暗的。1988年，有一次丈夫到北京做生意，带她去了。到了北京后，丈夫又要到承德去，她感冒了不能赶路，只好留在北京。临走时，丈夫给她指了一条路，她也只认下一条路，这条路连着旅店和饭馆。丈夫走后，她只身住在旅馆里，在庞大喧闹的城市感到非常孤单。她一遍遍地想，如果识字就好了。

后来她的老大在河北读大学，马清兰夫妇到学校去看儿子。父子俩出去办事情，她呆在儿子的宿舍里。刚走不久，她就从窗户里看到儿子飞跑而来，儿子说："妈妈，我怕你找不着厕所。"儿子的细致又一次引起了她的伤心。

一家人坐在一起看电视，她看不懂，问丈夫和儿子，他们给她讲一讲，就懂了，不讲就不懂，有时候看着家人看电视很热闹，她不知道热闹的是什么。在热闹的外面时间久了，她的心也凉凉的。邻居们都在谈论电视剧，而她不知道。她也不敢看电视，不爱看电视了。

种种生活的细小事情都会刺痛她几十年来最为敏感的神经，每当因为不识字而伤心的时候，她会抱怨她的父亲。九年前，她和父亲到敦煌旅游，父亲给她说一些地名、故事，她说："你不要说了，我没念过书，我听不懂。""我这样说我爸，他心里也难受。我妈也说，他们真后悔，我这么爱念书，当时咋没有让念呢。可我就是忍不住，想说这些。"说到这里，马清兰的脸上掩饰不住酸涩。

为人妻为人母后，她想她的上学梦再也无法实现了。等到孩子们上学后，她把对学校的梦想寄托在孩子们的身上。

两个孩子在家里做作业的时候，马清兰会静悄悄地站在他们的身后，看着他们写字。几十年来，她就是这样看别人写字的。多少年过去，字对她强烈的吸引力从来没减弱过。有时候，她也问孩子们，这个是什么字，那个是什么字。孩子们会给她说，她就会记到心里，记着记着就忘了，她又会渴望走进学校的门。

马清兰的两个孩子学习一直非常好，每个学期都会挣来一张奖状，她就会贴到墙上，等到小学毕业时，贴了满满一墙。1997年，老大考上了大学，拿到录取通知书的当天晚上，她一夜没有睡着。她心情激动，觉得孩子实现了她的梦想。她的朋友们都羡慕没有上过一天学的她生了两个好孩子，她充满伤痛的心也会得到一些安慰。

但是，这些安慰无法抚平缺少文化带给她的创伤，孩子们的好成绩还是无法圆了她的求学梦。丈夫是当地小有名气的企业家，孩子们成了大学生，但她没有被知识浸染过的内心还是空落落的。

上了大学的孩子们，常常给家里写信，总是丈夫先看，然后讲给她听，她说，不行，我们一起看，你念我听。"当时我就想，如果我也识字的话，一定我先看，看完后才给丈夫。"

孩子们上学走了，丈夫经常出差在外，这些时候，她一个人留在家里，面对着看不懂的电视，面对着客厅内四壁墙上挂着的丈夫所喜爱的名家书法，她一个字都不认识。她只好在孤单的内心，一遍遍回想那些伤心的往事。"我要上学去。"她默默地念着四十多年的渴望。

但是，五六年的时光过去了，她还是没有踏进学校的大门一步。

幸福的学校

带着四十多年的渴望，她终于光明正大地踏进了学校的大门。她成了锦屏小学的一名最老的小学生。丈夫有同学，孩子们有同学，她也有了同学。她给丈夫说："你的同学只是同学，我的同学还把我叫奶奶。"

是的，她的确是孩子们的奶奶，孩子们也这样亲切地叫她。坐在教室最后一排，伏在低小的桌子上，和她孙子辈的同学一起念书，一起写作业。她还和他们一起打扫卫生，一起做课间操。她严格地遵守着学校的作息时间，严格地完成每一项作业。

每天早晨7时50分上早自习，她总会按时到校。老师说，她可以迟来一些，只要跟上第一节正课就行了，但她不行。"学校有学校的规距，如果不遵守，就是学不好。"老师说，没有正课的时候，可以回家，但她不行，坚持每天和孩子们一起放学一起回家。

她的弟弟开玩笑说，你上几天学感受一下就行了，还当真了。马清兰说："我和孩子不一样，他们错过一天还有一天，我错过一天就少了一天。"

一年级的孩子都小，坐的都是小桌子小凳子，她的腿有静脉曲张的病，坐得久了，疼得站不起来。但是她伏在桌子上一个学期，从来没有因为疼痛打过一次退堂鼓。一节课下来，站不起来，她扶着桌子慢慢站起来，走一走，就会好些。

她是左撇子，干什么都用左手，但是写字的时候用右手，刚开始的时候不习惯，她便慢慢地写。写作业的时候，她还怕写不好，就先在草稿纸上写一遍，练好了，再写到作业本上。马清兰的作业，一笔一画，铅笔压得很重，每个字端端正正，黑黑亮亮，从每一个笔划里都能看得出她的用心和专注。老师常常表扬说她的字写得好。但她怕这种表扬只是对她的鼓励，她问老师，真的吗？老师说，真的。得到这样的肯定，她心里暖暖的，感到说不出的高兴。这种体验，是她从来没有过的。

自习课的时候，她和孩子们一起写作业。写着写着，孩子们就会围过来，说，奶奶你写得真好看。她的心里也会升起一股股暖流。

下午放学后，马清兰回到家里，先给丈夫做好饭，吃完饭，她便拿起书本背课文，复习一天的功课。以前，她还在晚饭过后，看一会儿电视，现在看的非常少了，她还要和孩子一样做家庭作业。"年龄大了，记忆力不好了，孩子们一两遍能背会的课文，她需要很多遍。像《小鱼的故事》、《乌鸦喝水》这样的长课文，她要花几十遍。遍数虽然多，但她全部背会了。

刚上学的时候，心里感到特别的紧张，感到压力很大，万一学不会怎么办，字记不住怎么办？晚上睡不着的时候，她就用指头在自己的胸口上画字，一遍一遍直到记住每一个生字。半个学期过去了，她也不紧张了，每天感到特别累，晚上睡得特别死。她问丈夫，这是为什么，丈夫说，这是脑力劳动的结果。

脑力劳动，这是多么神圣的词眼，多么幸福的事呀！

上学了，她没有更多的时间来照顾关爱她鼓励她的丈夫，她也没有时间收拾屋子。她只能在双休日的时候，给丈夫做几顿好饭，认真地打扫一遍房子。

是呀，她是一个学生了，她更应该关注她的学业，一切以学习为重。有几天她自己感冒发烧，无法去学校，她在家里躺了两天，感觉好了些，就急急地去了，她怕落下的课太多，赶不上。

一年级二班的教室里有块《学习园地》，上面贴着马清兰的两幅字。一幅写着"知识就是力量"，一幅上写着"好好学习，天天向上"。"我自己想，以前记一个电话号码，都是画着记号，然后从日历上一个一个对着画成数字，现在可以随便写了，以前看电视一个字都不认识，现在一行字幕上可以认出五六个字，以前看不懂电视，现在可以和别人在一起讨论了，这就是'知识就是力量'的意思吧。""'好好学习，天天向上'，这句话课本上有，我就写了。我觉得应该天天去学校，不落一天。"

　　期末了，她的认真和努力得到了回报。语文97分，数学86分。数学题有一道题她没有理解好，结果答偏了，她有些懊恼。虽然如此，她还是拿到了她平生第一份奖状。那天，学校开大会，孩子们领奖时敬一个少先队礼，她领奖时，给老师、同学深深地鞠了一躬。

　　去年秋季开学，学校特意给她换了一张高桌子，一把高靠背的椅子。入冬后，她所在的二班教室后面凉，学校特意把她安排到一班的教室，一班教室光线好，最后一排的桌子离墙也远一些。学校对她的关心更加鼓舞了她，这是她从来没有感到过的温暖，这是来自于家庭之外的另一种特别的关爱。

　　这样的爱，还来自于孩子们。她从二班搬到一班，二班的孩子们常常跑来，拉着她的手说："奶奶，你搬回来吧，我们想你了。"有些高年级的学生也说："奶奶，你到我们的班上来吧。"每天上学的时候，就有小朋友们到她家的大门上喊："奶奶，我们走吧。"她虽然还没有孙子，但在学校里，她有这么多的孙子。这些孩子们不仅是她的孙子，而且还是她的同学。

　　同学，这个温暖的词语让她倍感幸福。不上学，她就感受不到这样的幸福。

　　她把她的幸福写进了她的作业里。一年级上册语文课本第19页有一道题，要求画一张全家像，她画上了爸爸、妈妈、丈夫、大儿子、小儿子。她在每一个人的画像下面注上字。画这幅画的时候，她感到说不出的幸福。

　　在我们采访的两天时光，她讲述时面色红润，微笑着，语速缓慢，她在极力地表达着这种从来没有过的幸福。

心　愿

　　一年结束了，53岁的马清兰度过她人生不同寻常的一年。"明年我还会跟着这些孩子们一起去，要天天去，一直上到小学毕业，还要上初中，上高中。"

　　这是马清兰对自己求学之路的展望。人们劝她，上几天就行了，她说：

"我听这话就不高兴。"亲戚们说，年龄大了上学有什么用，她说："我可以体验上学的感觉，可以学知识。""不管别人说什么，我都要去，有人说80岁上学唢呐，学会了气断了，我说今天我上学，气断了都行。"

马清兰的大儿子马云飞已经成为一名空军飞行员，他对母亲的上学有着这样的理性认识："我想人老了，大脑更应该灵活一些，我母亲半辈子不识字，思维的方式无法转变，也不会和我们交流。识了字，就会改变思维的方式，一家人说话，母亲也会参与其中，而不是像以前那样，母亲总说'你们父子三人都是知识分子，我听不懂'。"

她的二儿子马云龙说："等我有了孩子，母亲抱孙子的时候，可以讲一讲她上学的故事。"她的丈夫马伟说："上学就是为了满足她半辈子的心愿。"

我们采访结束的时候，马清兰又一次领回了优秀学生的奖状。放学了，照例要开家长会，马清兰打电话给远在新疆的父亲说，你来给我开家长会。

一家人都笑了。

主编点评：

马清兰有一个幸福的家，丈夫是企业家，两个儿子是大学生，她自己也可以不再下地劳作。一个普普通通农村女人的追求不过如此，她都拥有了。但她不识字，不能和有知识有文化的丈夫、儿子们更好地交流，她看不懂电视，不认识路，甚至让亲人们担心她不认识厕所。在一个文明的家庭里，她觉得一直被拒在门外。

四十多年来，她一直站在门外，她甚至都不能一吐藏在心中的委屈，不是不愿，而是不能，她不能组织词语，不能准确地表达。藏在心里，积累着，越来越厚，越来越重，大痛而无声呀！

识字，就是打开文明之门的唯一钥匙。

更多的农村妇女不可能有马清兰一样生活宽裕的家庭，不可能有和她一样支持她上学的丈夫儿子，她们也不一定有马清兰一样坚定的决心。但是，她们一定有着马清兰一样的渴望。

我们也渴望，有一天，所有和马清兰一样的她们和他们，都能够感受马清兰所感受到的幸福。

为民间艺术活着

牛庆国

一位普普通通的中学教师，四十多年来倾心于民间艺术的收藏、整理和研究；在身患绝症的十多年来，却编著了十多部民间艺术专著；有人说，他是甘肃民间艺术的代言人、民间艺术的集大成者、皮影艺术的最后一位大师；联合国教科文组织和中国民间艺术家协会授予他"一级民间艺术家"的称号；1999年，他的胃被全切除，每天仅靠喝油茶维持生命，但他依然为他热爱的事业奔波着，笔耕着……

他，就是年过古稀的王光普。

认识他是因为他经常来报社送稿。消瘦的脸庞，布满深深浅浅的皱纹，给我的第一感觉是像一幅木刻，生动，沧桑。一口地道的庆阳土话，像一位来城里办事的农民。

他认准的事，10头牛也拉不回

老王说，他的老家是山西闻喜县，他出生在一个民间民俗文化很浓郁的农民家庭，村里人的穿戴和家里的被子等上面的刺绣，对他幼小的心灵影响很大，那可能就叫艺术熏陶吧。那时，一家三代10多口人挤在9孔地坑窑洞和6间瓦房里。窑洞的门窗都是老式的，上面贴着民间窗花与旧式木版画门神。窑洞里的土炕上，堆放着刺绣的虎枕、绣花被褥、花肚兜、花帽子、老虎鞋等，炕边上贴着吉祥炕围剪纸，在王光普看来这简直是一座民间艺术的宫殿。

父亲是一位农村小学教师，能写会画。父亲画的"春牛图"、"春暖花开"、"福虎镇宅"等作品大多是反映农事活动的吉祥图。这些民俗画很受当地农民的喜爱，父亲也因此很受当地人的尊敬和羡慕。受父亲的影响，他从小就梦想当一名画家，常常蹲在父亲的画前和姑姑剪的窗花旁，一边看一边仿着画。上小学时，他最喜欢上的课就是图画和写字。他写的"大仿"多次在学校和县上展出后，让他更增添了信心。

然而，命运并没有对这个痴心艺术的少年以特别的关爱，由于家庭贫困，刚上了半年完小的他就辍学回家。1950年，他随父亲来到了陇东庆阳后，才又接着上学。然而，当他高中毕业时，一场肺结核却使他失去了上大学的机会，使他与梦寐以求的艺术院校擦肩而过。他痛苦过，绝望过，但他很快又振作了起来，他发现庆阳是民间艺术的另一片天地，散布在农村各个角落的民间民俗美术品，简直使他如痴如醉，这时他已隐隐觉得，收藏、研究、整理民间艺术将成为他一生的追求。

他先后在几家地方报纸当过一段美术编辑，后到王家岭小学、马岭中学、庆阳县职业中学当老师。自调到马岭中学，他便与当地老百姓的接触多了起来，他发现这里的民间皮影、剪纸、刺绣与山西老家的民间艺术有许多相似的地方，而且，他还发现陇东民间艺术的简洁与憨态可掬的造型，和一些出土文物有惊人的相似之处，他想这其中肯定有更深层的原因，他要探究其中的奥妙，并从此走上了一条曲曲折折的民间艺术家的奋斗之路。

几十年来，为了收藏这些被别人认为是农村妇女的"针线篮篮、破纸碎布头"的民间艺术品，他节衣缩食，几乎到了一贫如洗的程度。直到改革开放以后，一般的农民家庭都有了彩电，而他这个拿工资的"干部"，家里最值钱的还是一台"飞跃牌"黑白电视机，一辆20世纪60年代买的"飞鸽牌"自行车。

有人说，他搞的这些无非是雕虫小技，不能登大雅之堂；也有人说，他简直是神经病，不务正业；尤其在"文革"中，更是被当做"牛鬼蛇神"，没少吃苦头。

正当他成果频出、事业蒸蒸日上时，无情的癌症向他袭来，使他失去了大半个胃。后来，又失去了整个胃。即使如此大的打击，也没有使坚强的王光普放弃对民间艺术的热爱。

他说，当时医生和家里人并没有告诉他得的是啥病，只让他住院。那个时候，身体好，年轻，也没发觉疼痛，住了半个多月就出院了。从此以后，学校就不让他上课了，让他一年写一些文章或者出一两本书，做一些介绍陇东的事就行了，他觉得这简直是他求之不得的好事，正好集中时间做些他想做的事。过了几年，地区副专员张诚基送他到兰州，让他到兰州陆军总院检查身体，当时也只说是胃上长了一个肉疙瘩，动手术割掉就好了。他也没有怀疑，但与他同住一个病房的一个老汉说话比较直，说："哪儿是什么肉疙瘩，你和我一样，都是胃癌。"他这才知道了自己的病情。妻子一来医院就哭,但他安慰妻子说:"别害怕,不是动手术了吗?割了就会好的。"嘴上虽这么说,但他心里明白生命的有限。因此,在病榻上,在做了胃切除手术后、每天只能工作两三个小时的情况下,他一边治病,一边撰写、整理书稿,通过对民间民俗资料的对比研究,整理编写了20多本的"甘肃民族民间民俗文化丛书",其中6本由甘肃人民美术出版社出版。他说,他感到了工作的紧迫感,他想给后人留下更多有价值的东西。他希望能在有生之年,完成皮影、刺绣、石刻等方面的专著,因为城里的画家、艺人很难收集到这些原始艺术的东西。这些实物在他手里,写起来证据充实,比较得心应手。如果不赶紧把它们写出来,说不定哪天就会消失殆尽。

熟悉他的人说,老王属牛,因此就有股牛劲。只要他认准的事,就是10头牛也拉不回他这一头"牛"。后来,大家干脆不称他老王,而称他"老牛"。有一次,一位北京来的教授对此不理解,问他到底姓牛还是姓王。他笑了笑说,姓当然还是姓王。

那一件件沉重的石刻、砖雕,都是他背回来的

面对他家里这么多民间石刻、砖雕,他说,在20世纪80年代,只有县城和县城之间有班车,而且大多是一天一趟,班车上不让拉这些砖头瓦块之类的东西,要搬运这些笨重的东西,都是靠自行车驮运,靠自己肩扛背驮来弄。

1985年夏的一个星期天,他在离家90多公里的环县老城废墟堆里发现了4件破损的砖雕——人头龙身、老虎、狮子、人头鸟身,虽然破损,但对在一起,还是完整的。当地群众说,那还是"文革"时期,红卫兵从古建筑上拆下来堆在那里的,无人敢要它们,你若喜欢就搬走吧。他看到这么有价值的砖雕,如果不把它们及时搬走,就要被当作废瓦碎片扔掉,但要带走50多公斤的砖头,谈何容易?于是他先用自行车驮走3块,剩下的请当地一位农民帮助他看护,答应一个月内他一定搬走。

炎炎烈日下,坎坷的山路上,超负荷的自行车轮胎3次爆裂。实在没办法了,他就一边修车,一边等太阳下山再走,这样就可以避免车胎在高温下再次爆裂。然而摸黑推着负重的自行车走路,不是件容易的事,从曲子镇到马岭的20公里山路,他竟走了10个小时,回到家时已是夜里4时了。卸下车上的"宝贝",他一头倒在炕上就睡着了,他实在是累得没有了一点力气。星期一早上6

时，被妻子叫醒，才感到浑身疼得像针扎一样，臀部更是疼得不敢用手去摸，脱下裤子一看，屁股被自行车座垫磨出了巴掌大的两片血泡，血流出来和裤子粘在了一起。然而，他还是咬着牙，步行到两三公里以外的马岭中学给学生上课。等到伤口愈合后，又赶紧去把剩下的那几块砖刻搬回家来。

也是在这一年，他到庆阳县东川延庆村调查了解周先祖在庆阳活动的民间传说时，发现在古石头城墙边放着一件高8厘米、长120厘米、厚50厘米的石刻，几次试着想移动一下，都没有移动，后来请来当地一位小伙子帮忙，才用麻袋包好运到城里，一鉴定，是汉代人物石刻，既然是文物，他便无偿捐给了地区博物馆。

1987年的一个秋天，他到马岭乡西沟药王山考查，在一家姓王的农家院子里看到在墙角落里放着一件石刻，造型是一头石兽身上骑着一个人，他一看就非常喜欢，但这个石刻的主人却把它当磨刀石，他心里感到非常可惜。据说，这原是这个村里一家富有人家祖坟上的东西，那里还摆放着石猪、石人、石马、石羊，并有一根石柱，石柱上端就是这个兽身骑人石刻，"文革"时这家的祖坟被毁，这些石头东西就散落到村里了。这家主人说，你研究要用，就送给你吧。这家人帮他用麻绳把这个石刻绑好，扶到他的背上。背一阵，靠在路边歇一阵，歇一阵再背，脊背被磨得疼痛难忍，就将棉袄垫在背上，咬着牙硬是将它背回了家，但他脊背上却被磨出了10多处伤痕。

还有一次，王光普在考察中发现宁县瓦斜乡的石刻老艺人夏兴业的东西既多又精，特别是依传统样式刻制的"拴娃石"极为难得，但由于频繁的政治运动，夏兴业再不敢搞那些所谓"四旧"的东西了，刻好的石雕便胡乱地堆在后院里，听到王光普说这些东西"很难得"时既兴奋又害怕，表示只要不公开夏兴业的名字，可以无偿捐献。但王光普非要给夏兴业付钱，推来让去了好一阵，好不容易让夏兴业收下了300多元钱。如获至宝的王光普，赶紧借来一辆架子车，将那50多件石雕装上车拉起就走。陇东的山路，又弯又窄，极其难走，何况他拉了一辆装满了石头的架子车，这又是一趟艰难之旅。那天他从早晨6时出发，一直到晚上7时多才到达庆阳地区群艺馆。路上遇见他的人都不敢相信那满满一车石头是从40多公里外的山村拉出来的。这次拉运，他的腰疼了3个多月。身上虽疼，但心里却高兴。

只有甘拜民间艺人为师,才能获得"真宝"

王光普说,因为喜欢民间艺术,一到星期六他就骑上自行车,怀里揣着庆阳地区的地图,一个地方一个地方地去了解、去搜集。如果幸运,能遇上班车,就把自行车放到班车上坐车回来,如果遇不上班车,就得骑自行车在星期天晚上赶回来,因为第二天早上必须到学校去上课。

有一次,他到镇原县去访问剪纸艺人祁秀梅,从镇原县城要步行40多公里,翻两座山才能到。路上,自己带的凉水喝完了,就喝沟里的泉水,待汗流浃背地到了祁秀梅家里,人家早已睡了,只得一边抱歉一边把人家叫起来,看作品,谈创作,一直谈到深夜。第二天天不亮就起床往回赶,因为必须赶在天亮前到达县城,这样才能乘上到西峰的班车。

"文革"后期,他被调到蔡家庙公社史家店小学当校长,由于他能写大标语,还会画画写文章,大队支书很看得起他。但当他得知大队要准备批斗一个叫王秋香的"地主婆"时,立即站出来和大队支书争了起来。因为他知道60多岁的王秋香,剪得一手好剪纸,在旧社会由她父亲从山西带到史家店给一家地主当佣工,后来因地主老婆不生育,被强迫当了那个地主的续妻。解放后,地主和他的老婆相继去世,她带着两个孩子,靠着一手好刺绣,维持一家3口人的生活。不久,两个孩子去了国外,这位孤独的老人便被当地以里通外国的罪名,每次批斗会都少不了她。王光普认为这样做,对这位老人太不公道,在他的据理力争下,王秋香从此再没有受到过批斗。

1987年,王秋香已是80高龄的老人,但她依然坚持着她所热爱的刺绣和剪纸事业,她有个最大的心愿,就是希望在有生之年给自己未见过面的孙儿孙女们绣一些"穿戴物",寄托她的思念之情,但直到她去世也没能见到孙儿孙女。临终前,这位老人将自己的作品包成一个包,亲手交给王光普,其中有非常珍贵的"老虎"、"狮子"、"麒麟帽"与"涎水围围"等。1990年,王秋香在海外做生意的儿子回家探亲,但王秋香老人已经去世,家里再无亲人,当从乡亲们口中听说了王光普后,专程到西峰来拜望他,并说,这些绣物,一件也不带到国外去,都留给王光普做研究。王光普也十分感动,他对王秋香的儿子说,王秋香老人是他见过的刺绣艺人中,在绣物上最肯下功夫、绣工最精细的一位,她绣的兽头帽,即使一只眼睛、一个鼻子都会花几天的功夫,她的作品让人感到既可亲可爱,又有驱邪除魔的威力,他一定会好好保存,认真研究,以报答这位老艺人的信任之情。

谈起他是怎样发现和寻找民间艺人时，他说，许多民间艺术家，都是民族文化的佼佼者，他们大多有不同寻常的人生经历和一手自己的绝活，等待我们去发现，去研究，仅靠一两次见面，一两次"探宝"所得到的，是死的艺术品，活的艺术品里包含着许多人生的故事，许多不被人了解的人情风俗，以至当地独特的风土人情、地理地貌特征，因此，它们也是"活文物"。

有一次，他在兰州五泉山公园散步时，被地摊上几幅剪纸和刺绣深深吸引住了，那巧妙处理的生活情节，奇特的艺术选型，独特的艺术手法，使他叹为观止。这些作品的作者叫刘治英，是景泰县的一位民间艺人。他请刘治英剪些表现农村生活和民俗内容的传统剪纸给他看，不到一个月，刘治英送来一件"龙头绣花靴子"和几幅表现农村送葬民俗的剪纸作品，特别是《送葬队列》、《领羊》等作品场面宏大、参加人物众多、画面逼真，是当地民俗生活的真实写照，而作品《打碾》，更是真实表现了农村碾麦时的生活情景，为这样的好作品，为这样的好作者他兴奋了好些日子。

还有一次，他在兰州隍庙地摊上看到一位老人正在出售几件石刻，这些石刻造型极为奇特，用料和人物、动物都是他从来没有见过的，经了解，这些石刻出自永靖县炳灵寺附近，这里是保安族、东乡族、撒拉族聚集的地方，这里的石刻具有独特的地域特色和浓郁的民族风情，是这个地区独有的石刻艺术。为这些石刻，他花了一大笔钱。

他说，从民间艺术品中发现民间艺术家是一项系统工程，只有丰富的艺术实践，认真细致地真实记录和甘拜民间艺人为师，诚恳向他们求教，才能获得"真宝"。

第一次见到这么古老、生动、奇异的民间艺术品

如果仅仅搞收藏，无论王光普手头的藏品如何丰富，也只是一个收藏家，可贵的是他对这些"粗陋之物"所进行的学术研究。1984年他的第一本专著《陇东民俗剪纸》由辽宁美术出版社出版发行。短短数年，又出版了《民间雕刻》、《民间艺术瑰宝》、《刺绣与荷包》、《民间传世木版画、木雕精品》、《歧伯周先祖在庆阳的传说故事》等10多部专著，并作为骨干力量参与了《中国民间美术全集·甘肃分卷》、《中国民间美术全集·皮影木偶卷》等国家重点图书的撰稿工作，同时在报纸刊物上发表了大量的论文。

为了使自己的研究具有更为广阔的视野，他一边大量收集、研读历史文化资料，一边频频去外地考察。自20世纪80年代开始，他先后自费到贵州、广西、浙江、新疆、四川、山西、山东、陕西等省区，向当地的民间艺术收藏者查询资料，交流心得。1993年，中国美术馆研究员李寸松来到庆阳，当他在王光普那间简陋的家庭民间艺术陈列室中看到千奇百怪的傩面藏品时，激动地说："这是中国神仙、历史人物荟萃最多的集中点，为恢复我国历史人物形象提供了科学依据。"随后，北京中日美术馆馆长曹振峰和台湾汉声杂志社社长姚孟嘉等来到庆阳，也被王光普那些神态各异、造型生动的藏品深深打动了，激动地说，这是他们第一次见到这么生动、这么古老奇异的民间艺术品。姚孟嘉当场约请他编著《北崮傩面》、《崮地神怪皮影》两本专著。

1995年春天，他刚刚出院，台湾霍克国际艺术珍藏馆约请他制作一批皮影，他竟出人意料地答应了下来。

制作皮影是一项极其繁复、精细、耗时的工作，从牛皮的泡制到雕刻、上色等都有严格的程序，不能有丝毫的马虎大意。并且一幅上乘的皮影作品的诞生是绘画、雕刻、皮质加工三者高水准配合的结果。在他与民间艺术长期的交流、切磋中，凭着他对艺术的特殊天赋和执著精神，早就掌握了皮影艺术的制作手艺。他选购了200多张上好的牛皮，一边泡制，一边设计，一边雕刻，历时5年，终于完成了以《三国演义》和《红楼梦》情节为主要内容的100幅皮影，然后，又完成了《封神演义》、《西游记》、《水浒传》、《包公案》、《中国神话传说故事戏》为内容的200幅皮影作品。这300幅作品，每幅高0.8米、宽1米，加在一起总长达300米，造型生动，气势恢宏。作品一经问世，便受到大陆与台湾两地专家、学者的关注，有人称它是"皮影艺术千年来的巅峰之作，也是皮影艺术濒临消失之前的最后一道光辉，更是皮影艺术史上的伟大创举"。也有人认为，"这些作品，极有可能是中国皮影艺术的最后集成，具有特殊的历史意义"，王光普是我国第一位以创作的方式来挖掘皮影艺术现代魅力的皮影艺术家。

为了使他的收藏更大范围更充分地发挥作用，1990年，他将500多幅剪纸、15件傩面、100多件戏剧皮影捐献给了中国美术馆；1991年，他又将自己收藏的一批民间艺术品捐赠给中央美术学院民间美术系，以作教学研究资料；1994年3月，他将4000多件（套）民间艺术品捐赠给了南京博物院；1998年，为了配合西安美术学院民间美术研究室教学研究工作，又把400多件面具、1000多幅剪纸、几十件砖雕、石刻、出土陶器一并捐给了西安美术学院……

由于他在民间艺术方面的突出贡献，1988年他被有关方面评为"全国抢救、继承和发展民间剪纸工作中成绩显著的先进个人"；1990年被中国剪纸协会授予"挖掘、收集、整理、研究中国剪纸艺术先进工作者"及"伯乐奖"；同年又被庆阳地区授予首批"拔尖知识分子"称号，不久又成为该地区文化界唯一一位政府特殊津贴享受者；1996年，联合国教科文组织和中国民间文艺家协会授予他"一级民间工艺美术家"称号；2003年，被中国工艺美术学会授予"继承弘扬中华优秀传统文化和研究开发中国工艺美术事业突出贡献奖"。

2005年元旦刚过，我到他家里采访。接到我的电话，他就早早地站在楼下等我。一起上楼时，他竟一口气爬上了5楼，让我心里暗暗吃惊。那个时候，他已经68岁了，已经是个癌症病人了！当我说出自己的吃惊时，他说，他的主治大夫也很吃惊，问他是不是喜欢艺术的人有一种特别的精神，这精神特别能抗病？他的回答是自己也说不准，反正一忙起自己喜欢的这些东西来，就感觉特别有精神，也不知道累，常常会忘了自己是个病人。

目前，除了化疗、锻炼，他正忙着3件事：一是《甘肃傩面艺术》、《甘肃生活剪纸》、《甘肃皮影艺术》3本书的编著，同时，为省文史馆《甘肃民俗概况》一书搜集整理民间艺术资料，为费孝通主持的"西北民间美术数据库"搜集提供甘肃民间美术方面的数据；二是帮助省文化馆举办两个展览，一个是甘肃面具展览，力求全面展示甘肃悠久丰富的面具艺术，另一个是甘肃民间艺术百人百件艺术品展览，通过这个展览将全省民间艺术家档案建立起来，让民间艺术也走进美术史，在此基础上，与兰州的大专院校联合，开展民间艺术的教学与研究，让民间艺术走进大学；三是积极呼吁，争取在兰州建一个"甘肃民间艺术馆"，将自己现有的藏品全部陈列其中，包括5000件皮影、5000件神怪傩面、5500幅脸谱、1万余张剪纸、100余方石刻、100多个木偶头和500多件刺绣及木版年画等十数个品种。根据他的设想，此馆一旦建成，将是兰州一处极具文化开发、利用与研究价值的"景致"，因为其中的藏品许多堪称"国宝"、"国粹"，它们眼下已成孤品或正在灭绝。

他说，随着现代文明的强势崛起，古老的民间艺术不可避免地将随之消亡，我国历史上最后一代古老的民俗与民艺拥有者、创作者群体，用不了多久也将不复存在，后人将无法看到这些独特的人类文化遗产。我们应该通过紧迫的实地考察和研究，把它尽可能完整地记录下来，作为中华民族历史文化之源的群体遗产留给后人，这是他终身为之奋斗的唯一心愿。

说这番话时，我看到王光普脸上现出焦急和期盼的神情……

 **主编点评**：

民间文化是民族文化之根。根系越发达，枝叶就会更繁茂。王光普所做的，就是关于根系的工作。

没有人强迫他，也没有人诱惑他。他那种完全出于兴趣，甚至完全出于直觉的状态，其实是最适合做这种工作的。

尽管他的胃已被全部切除，连进食都已成了问题，但他依然乐此不疲。在一次又一次与命运的抗争中，他始终以胜利者的姿态，微笑着面对生活、面对艺术。

墨香农家院

李晓君　谢志娟

通渭具有很特别的味道。

一路上通渭这块土地，这样的感觉就会扑面而来：各具特色的大小画廊装饰着县城的每条街道；俊朗悠远的书画装饰着城乡每户厅堂；几乎每位读过书的通渭人都是业余的"书法家"；一群致力于艺术的书画名人潜心钻研着自己热爱的事业，在市场经济大潮中固守着内心的宁静……

通渭的味道，是笔墨的味道，是文化的味道，是儒而又雅的味道。

探访通渭人家，所接触到的每个人，都与"文化"有着不解的缘分，每个人的身上，都散发着笔墨的幽香……

"宁可要饭，古董字画也不能卖"

走进白俊吉老汉的家，是在一个寒冷的清晨。

通渭县城郊的马庄社。一条窄窄的胡同，一片矮矮的小院，一扇锈迹的铁门，一声声不间断的犬吠，把我们带到了这个特别的世界：在大约十平方米左右的古朴堂屋里，每一面墙都挂着字画，每一张桌子都摆放着"古董"，每一块玻璃都装饰着窗花。73岁的老人白俊吉清闲地坐着自家的炕头上，一只小花猫慵懒地卧在炕桌边，火炉上的羊肉滋滋地冒着热气——这就是白家最普通的剪影，也是老汉心中最踏实的生活。

面对"客人"的来访，老汉隐约的拘谨和小心翼翼写在脸上。弄明了来意，他露出孩子般红彤彤的笑容。指着满屋子宝贝，话匣子打开了。

"屋子这幅中堂书法有70年历史了，我们白家出了两位节妇，后人为了纪念她们，请村上的一位秀才撰写了幛文，那时候我才六七岁；侧墙的这四条幅山水画是元代画家邵海的作品，当时是1963年，我花了160块钱买下的，省里有位专家特别喜欢,来看过两次了,我没给他卖;八仙桌上这些贡品、香炉、烛台都是我一点点在街道上搜集来的;这面铜镜年号特别长,具体啥年代咱也没闹清楚,有人出价1万元我也没卖;屋角那个瓶子叫五口罐彩陶;这个茶盘是我托人从陕西弄来的……反正不管是啥,也不管是啥年代,无论真假,值不值钱,这些东西我都喜欢。"

没有精装细裱,也没有遮遮掩掩,白家这些经久的收藏,就摆挂在眼前,对家人开放,对客人也开放,"就这么天天看看,天天摸摸,就满足得很啊!"

指着炕上侧墙的博古画,白俊吉仿佛回到了童年。

受家庭影响,白俊吉打小就喜欢字画。那时候,县上有位远近闻名的画家,人称"博古一绝",名叫卢敏天,在通渭城里给人画画、裱画。年仅15岁的白俊吉哪有钱买啊,他想了个办法,天天跑到画廊,给卢敏天跑前跑后当帮手,天长日久,深得卢敏天的喜欢。就这样,没过多久,白俊吉终于求到了他想要的画。多年过去了,这四条幅的博古画已经浸染了岁月的斑驳,即使收藏再多,白俊吉对它的喜欢仍是不减当年,因为他的收藏就是从那时候开始的。打那之后,面对自己喜欢的字画和艺术品,白俊吉常常是不遗余力,哪怕日子再艰难。

那大概是20世纪60年代的事了。有一回他到街上去磨面,正好看到有人在卖画,白俊吉的脚一下子就挪不动道了,看上一幅,想买,没钱,早忘了一家老小等米下锅,干脆用麦子把画换回来了。老伴气不过,说他心里没这个家,白俊吉没放在心上,捧着画心里乐着呢!又有一回,他听说兰州城里正处理宫灯,这也是他喜欢的玩艺儿啊,急着想赶到兰州。正好村上有个司机,让他搭了个便车,最后,白俊吉如愿以偿地把宫灯买回来了。看在"宫灯"的分上,他一时高兴,把自家一块临街的宅基地让给了司机,还了"搭便车"的人情。

说起收藏的经历,白俊吉饶有兴致,老伴孔令兰却是满脸"委屈"。"这么多年,他把家里的钱全都换成了这些东西,家里的娃们都有意见哩!前几天他害病,买羊肉的钱都没有,我想着把屋里的东西卖几件,他愣是不同意。"白俊吉接过话茬:"宁可要饭,古董字画也不能卖!"

虽然是满肚子的牢骚,但每天老伴会把家里的古董小心翼翼地擦一遍,若是不小心蹭了磕了,白老汉会大发雷霆。老人说,有人喜欢钱,我就喜欢字画古董。

"我爱这片黄土地，更爱这儿的山里娃"

见到陈晓梅，正是午后。一缕暖暖的阳光沿着破旧的木门斜射进小巧的画室，为整个房间镀上一层金属般的光泽。

迎接我们的是一位齐耳短发的中年妇女，衣着朴素、笑容朴素。简陋的画室、简陋的装扮，让我们很难想象眼前这位并不张扬的人就是远近闻名的"女画家"、全国当代农民书画研究会理事。

不用开口，单是很迅速地参观她的画室，就让我们打消了头脑里一切顾虑和世俗。

对着门口的柜子上挂着两幅绢画：在连绵起伏的大山之间，一位红衣小姑娘肩挎一篮烂漫野花，回过头来朝着我们微笑，任凭春风吹乱她的秀发，那脸上纯真的笑容同鲜花一样灿烂；另一幅的主角也是一位少女，典雅宁静地站着，亭亭玉立，气质非凡，那妩媚动人的长裙是视觉的焦点，融汇了十几种颜色，相互倚靠，相互渗透，像是上天织就的彩虹。

陈晓梅谦逊地笑着："这两幅作品还没有完成，是准备拿到上海展出的。绢画的创作很费工，如果天天画，一幅绢画大概需要一个月左右。"读着她，也读着她的画，"蕴味"这个词油然而生。

"我爱这片黄土地，更爱这儿的山里娃。"她温柔地笑着，眉宇间闪烁着母爱的光环。"通渭是我的家乡，虽然这里并不富裕，但我还是难以割舍。沧桑古老的黄土地虽然贫瘠，却孕育了通渭人坚韧不拔的性格和真挚朴素的情感，特别是那些可爱的孩子们，这些都给我提供了许多创作的灵感。"

女性的视角，西部的情怀，陈晓梅的作品充满了细腻和母性，也不乏大山的豪迈。年过40的陈晓梅毕业于临洮师范美术专业，曾在学校当过美术老师，现在成了县书画院的专职画家，以工笔人物、花鸟见长。1992年，她的工笔画《黄牛坡·小女孩》被选送到中国美术馆展出，一位德国友人非常喜欢，硬是花了3000元钱买走了原本不打算出售的作品。其情其景映在这首配画小诗上，陈晓梅至今记忆犹新：

黄牛坡上黄牛哥，
黄牛哥哥会唱歌；
唱得女儿七八九，

十岁还在黄牛坡……

为了更加丰富地取材，陈晓梅一有时间就会穿梭于大山之间，呼吸那里新鲜的空气，体验当地淳朴的民风，捕捉着黄土地上每一个难忘的瞬间。

画室的柜子上有一支梅花，虽早已干枯，却傲然伸展，那似乎是通渭人的一种象征。

精神到处文章老，学问深时意气平

通渭县的文化局局长说要带我们采访一位民间书法家。两位局长走进通渭城里一间二楼不起眼的小铺面，很是恭敬地把眼前这位胡子长长、衣服脏脏、戴着花镜的老人介绍给我们。老人袖着手坐在桌边，背后墙上挂着一幅未裱的扇面格外醒目，上书：精神到处文章老，学问深时意气平。

老人名叫李济畅，是闻名全县的农民书法家，连县志上都有记载，足以说明他造诣不凡。

掐指算来，74岁的李先生已经与笔墨打了半个多世纪的交道。"受家庭影响，我自小就喜欢书法"，坐在光线不好的小小铺面里，李先生目光晶亮地讲起了从前，"那时候，家里穷得很，买不起纸，我就用毛笔沾着水在砖块上学着写。就这样，慢慢能写上几笔了。但一直比不上我父亲，他的字自成一体，我没学来。"能人多自谦。李济畅就是在这种日积月累的揣摩锤炼中，练就了一手好字。

通渭人的生活中处处离不开书画，过年过节送书画，红事白事送书画。干了一辈子退休时，同事会将其多年业绩撰文裱成中堂当成贵重的礼品送给他。俗语说，"通渭人情一张纸"，其实这张纸，比送烟送酒要厚实得多！正因为如此，能求到名家名人的字画，那是每个通渭人求之不得的事。多年来，前往李先生处求字的人络绎不绝，甚至有人从天水、平凉、兰州甚至陕西、青海等地慕名而来。同行的文化局局长向我们介绍，通渭人求字有讲究：不但字要好，人品也要一流。李济畅老人品性忠厚、待人热情，求字者多半也是敬重老人的德行。

10年前，老人在县城租了一间小小的铺面，写字裱画，老两口省吃俭用，所得收入还可供孙子上大学花销。说到在天水师专读书的孙子，老人捋着颔下一簇白胡子眉开眼笑："孙子学的是美术专业，学习成绩好，今年还得了4000

元的奖学金呢！"

尽管年过古稀，但李先生耳聪目明，几十年养成的好习惯一直保持到现在。每天早上6时起床，一边听广播一边练字。写字，就是老人一生的追求。

"字是用心写出来的"，这句话是李先生的秘诀。采访完毕，李先生在那张巨大的台面上，铺开整张宣纸，挥毫泼墨，写下"问渠哪得清如许，为有源头活水来"几个大字，苍劲中略带隽秀，末了认认真真盖上自己的印章。

问渠哪得清如许，为有源头活水来

捧着被老鼠啃得支离破碎的民歌集子，他哭了："从小到大，我离不了的东西就是一样：民间曲艺。"

西关村北闸社的许克俭老人用将近半个世纪的时间和精力在做着这样一件事：走村串户搜集通渭民间曲目。他这么做，一不图名，二不图利，他图的，就是自己热爱家乡热爱民乐的那份纯粹的心灵。

退休前，许克俭在县地毯厂工作，是一名绘图的设计师。但许老却坦率地告诉我们，他喜欢的，不是画画儿，而是编曲儿。这喜欢的事，是天生的。打小学起，天生的音乐细胞就"钻"进他的头脑、他的内心，并且一辈子为此执迷不悔。因为他发现家乡的民间音乐是这么丰富：秦腔、唢呐、曲牌、影子腔、小曲、民歌、民间器乐等等，每一样他都喜欢，只要一听到，他就想把谱子记下来。就这样，收集整理乐谱成了他终生的职业和爱好。

"通渭是传统文化艺术的宝库。"65岁的许克俭在说这句话时，眼睛里闪烁着清澈的光芒。为了这句话，他骑着自行车，长年累月下基层，爬大山，不辞辛苦地追随着民间"唱把式"和"弹唱家"的身影。一些老艺人脾气倔，不想见生人，他就找亲戚、托朋友，想方设法让老艺人开口，这中间，还有不少的小插曲呢。

通渭马营小曲享有盛誉，许克俭多次利用节假日到那里收集谱子。马营镇有位老艺人叫马洪发，擅长通渭小曲。听说老马家的门不好进，许克俭早有准备。那正好是1985年的"五一"节，许克俭借了20块钱买了茶叶点心，走进了马家的大门。性格怪癖的马洪发早有"准备"，打量着许克俭，对他说："既是县上来的'把式'，那就先把这些乐器挨个使一遍吧！"板胡、二胡、三弦、笛子，这些乐器正是许克俭的绝活，痛快地拿起家伙轮番演奏，在一旁来看热闹的七八个"把式"听得不住地叫好："不愧是城里的'把式'啊！"马洪发老人也点点头。许克俭就这样过了关,"有资格"与老"把式"们同拉同唱了。从马老那里,许克俭收获还真不少呢!这样的事情还有很多,为了采集到著名小曲艺人张兴贵的唱调,他步行十几里赶到老人家,记录到了"怪调"20多首;他还翻山越岭到锦屏乡张家岔村拜师学艺,录制民间小戏7出,民间器乐曲40多首,让他如获至宝。

学习、录音、记谱,许克俭就是这样日复一日,不知倦息。40年间,他先后搜集整理通渭小曲88首,曲牌19首;完成了通渭影子腔所有板腔音乐的收集;民间器乐曲113首,民间歌曲45首,民间小戏28出,等等。

翻着一本本发黄的手抄简谱,我们仿佛闻到了岁月的味道,汗滴的味道,泪水的味道……在"文革"中,许克俭为了确保安全,他将自己最珍贵的文稿埋在了地下,等到挖出来时,5大本民歌集被老鼠啃得七零八落……这件事让许克俭不堪回首。"我老了,当年的许多老艺人也已经去世了,这些损失恐怕很难挽回,许多民歌就这样失传了。"头发花白的许克俭哽咽了。

有时候,许克俭问自己:"为什么要投入毕生的精力干这件事?既没前途又没有经济效益。"后来他想明白了,一是自己喜欢,二是使命感。在他的笔记本上,老许写下了这样两行字:

忠实记录,慎重整理。

为了明天,收藏昨天,珍惜今天。

如今,许克俭多年的心血被收录到了《中国戏曲志·甘肃卷》、《中国曲艺音乐集成·甘肃卷》、《中国民族民间器乐曲集成·甘肃卷》中,捧着这几本厚厚的著作,许克俭笑了,那是积累了几十年的、发自心底的真挚的笑容。

"有一个梦,做了多年,那就是振兴家乡书画事业"

年轻的苟成文看起来非常时尚,短短的头发在摩丝的作用下根根直立,闪闪发亮,浅色的西装彰显个性,精干的面孔,纯正的普通话……外表轻松且随意。坐在"通渭美术馆"的沙发里,他的身上透出了很"商人"的味道。

开口说话,脸上掠过的那一缕羞涩,使整个房间顿时弥漫了文化的气息。朴素的寒暄后,他递上一本装订精美的宣传册,橙色的扉页上写着这样几句话:"从小的时候起,我就常被异彩纷呈的艺术陶醉。随着生活轨迹的延伸,终于成为艺术虔诚的信徒,并在人生的驿站上构筑了一个艺术的小巢,成为自己倾力厮守的心灵殿堂……"浓烈的诗情与纯真的气质浓郁地绽放开来。

33岁的苟成文毕业于西北师大中文系,是通渭年轻的书画商人,早在1996年他就办起了自己的"通渭美术馆"。苟成文自己不会写也不会画,但他喜欢跟那些书画家们打交道。

"全国文化氛围浓郁的地方有很多,但通渭就更加特别,这里真是人人爱书画,几乎没有哪里人像通渭人这样痴迷。"苟成文给我们讲了一个小故事。有一回,一位农民朋友来到他的画廊,相中了一幅《大吉图》,为当地著名画家张守忠所作,喜爱不已。但是,他掏空了身上所有的口袋也不到30块钱,而这幅画的成本价也要150元,苟成文被他的诚心所动,还是把画卖给了他。

"开画廊不单单是为了挣钱,从大的方面考虑,我一是想打造书画名人,二是想为书画爱好者们创造交流的空间和机会,为通渭的文化产业作贡献。"近几年,美术馆常常组织各种各样的活动,譬如组织书画家沙龙,或是邀请国内书画界名人来通渭采风,等等。

这些日子,苟成文的脑海中正在筹划这些"大项目":组办《通渭书画报》、组织通渭书画家到敦煌采风、出版《通渭书画家丛谈》,他甚至打算举办"2004全国书画产业'通渭现象'论坛会"……作为一项文化产业,仅有书画名家和崇尚者是远远不够的,还需要更多的像苟成文这样的有识之士积极组织,出点子,找路子,搭建文化平台,通渭的书画才能在这个舞台上尽情展示,尽情舞蹈。

主编点评:

"家中无字画,不是通渭人。"自古以来,通渭人崇尚艺术,钟情于书画,习字作画之风久盛不衰,书画已成为通渭的"魂"。

通渭全县9.8万户人家,几乎家家有字画。据不完全统计,约有150万件书画收藏在通渭人的家中,从宋代米芾、明代董其昌、清代郑板桥、左宗棠,到现当代张大千、舒同等书画大家的经典之作,县内都有收藏。同时,全县还活跃着一支近3000人的书画创作队伍,其中100多人的书画作品在国家级、省级各类大赛、展览中获奖。

通渭的经济仍然相对落后,但在这个地方为何能迸发出如此强大的艺术创造力?或许,物质的相对贫乏与精神的丰富多彩并不矛盾,甚至同室而处,而相伴而生?

走进通渭,答案就在那里!

心中的皮影

卢吉平　严存义

走近史呈林

2001年12月初,正是隆冬时节,寒风凛冽。我们在环县一带采访,听说当地乡村流传着一种古老的民间艺术——道情皮影戏,我们慕名前往。认识史呈林,正是此次采访中偶然所得。

史呈林是环县木钵乡关营村人,是当地有名的"戏子匠"。这些日子,他正在木钵乡韩洼子村的庙会上唱戏。

从木钵乡出发,沿着一条小山沟底的砂石路,走十几里路,我们来到韩洼子村。一打听,三天的庙会戏唱完了,但唱戏的史呈林还没有走。村里有户人请他唱一场"许愿戏",那家人住在塬上。

将近傍晚时分,韩洼子村庙会的会长——57岁的韩治信老人带着我们,爬上一面山坡,七拐八弯,足足走了半个钟头,才来到请唱戏的村民韩志刚家。一路上,韩治信老人告诉我们,他从小就是看皮影子戏长大的;那时候小山村穷,一年到头,大人小孩最大的愿望就是能看上一场皮影戏;今年村里有庙会,破例请史先生来唱戏;唱一晚皮影子戏,得花100多块钱哩。

在韩志刚家,我们见到唱戏的台柱子史呈林。乍一看,史呈林身材魁梧,头发花白,左手夹一支烟。同周围的老乡们相比,史呈林显得文质彬彬,透着股文人气。史呈林穿着一件深蓝色的中山装,最扎眼的是上衣口袋里别着一枝圆珠笔。

得知我们的来意,史呈林沉默了半天,说了句:"采访我个人没啥意思。"他说,环县道情皮影流传了几百年,很受当地老百姓喜爱,但现在活动范围越来越小,都"快咽气了"。

史呈林反复向我们说:在环县,所有唱戏的艺人,都有拯救道情皮影的心愿。他们共同关注的，是环县道情皮影现在和今后的命运。

小山村唱起皮影戏

天色渐渐黯淡下来，灿烂的晚霞悄悄地逝去，偏僻的小山村安详而宁静。然而，一场难得一见的道情皮影戏，打破了小山村往日的沉寂。村里人把牛羊赶进圈，早早吃完晚饭，关窗锁门，拿上手电，拎着小板凳，三三两两，向韩志刚家聚来。

这时，史呈林和他的戏班子们开始在小院落里搭戏台。说是戏台，其实也就是一座简易帐篷。篷顶是一块旧的大包装编织袋，用几根椽子支撑着。帐篷的一端是敞开的，前面挂着一道一米多高、两米多长、用白纸糊得透光的道幕，当地人习惯性地把它称作"纸亮子"。"纸亮子"后面吊着一盏电灯，电灯后面贴着个撑开的纸烟盒，这是用来聚光的。灯光照射着牛皮"演员"，在"纸亮子"上留下影子，这就是"皮影戏"。因为天冷，戏台后面生了个小火炉。不一会儿，从火炉里冒出的煤烟，很快就弥漫了整个戏台。

史呈林的戏台很小，也很简陋，但方便实用，在哪里唱就在哪里搭建。和着浓浓烟味的皮影戏深深地吸引着韩洼子村家家户户前来看戏的老老小小。

在韩志刚家的小院里，大伙儿把小板凳摆好，紧挨着坐下来。人堆里有从小看皮影戏长大的老人，也有从没看过戏的小孩；有闯荡他乡见过世面的壮小伙，也有常年在家日夜操劳的小媳妇。从这些朴素的村民脸上，我们还能依稀看到道情皮影在黄土高原上的生命之源。

看戏的男女老少挤在一起，后面的大声吆喝让前面的人蹲低一点，以免挡了他们的视线。庄里人住得分散，平时难得有这么多老熟人相见，趁戏还没开始，就高一声低一声拉开了家常，加上娃娃们的嬉闹，整个院落里闹腾得像煮沸了的一锅粥。

对于年收入不足千元的本村农民来说，花100多块钱，请史先生唱一晚戏，是件很奢侈的事。村子里的人已经有好几个年头没看过皮影戏了。

晚上7点多钟，随着一声悠扬婉转的四弦胡声响起，史呈林的戏班子开始试家伙了。趁着这一会儿功夫，按照当天演戏的内容，史呈林把一个个的皮影"人物"，有次序地挂在幕后的细绳上。

一阵紧似一阵的干鼓声响起，道情皮影戏正式开场了。开场之前，史呈林唱一段开场白，说明因何事在什么人家里唱戏。随后，一个个用薄牛皮精雕细刻而成的"生""旦""净""末""丑"皮影人物，在史呈林的"导演"下纷纷登场。四弦胡声、笛声、锣鼓声，和着史呈林的唱腔穿透幕布，从戏台上飘出来。

"牛皮娃娃纸亮子，来来回回跑趟子。"操纵"牛皮娃娃"的前台把式史呈林，指挥着牛皮"演员"们做各种各样的动作。用牛皮制作的皮影是半透明的，做的时候还要着上色彩。灯光照射过来的影子栩栩如生、活灵活现、人物的毛发、木椅的纹路，都清晰可见，不由得令我们叹为观止。

道情皮影戏中，生、旦、净、末、丑等都由前台的把式一人来唱，唱到起劲处，拖出一个长长的尾音，后台几个人接了这尾音，"呼儿——咳——"一声，将一个音节完成得粗犷、高亢而优美。

当然，道情皮影戏是有完整戏剧情节的。一位年长的"老戏迷"告诉我们，今晚唱的戏名叫《忠孝图》，是很有名的传统戏。有些唱词出之于当地群众之口，多年锤炼，听来很有意思。如戏中一位"告老还乡"的"老生"忧国忧民时唱道："国有道出的是忠臣良将，家有道出的是孝子贤孙，水不清则显鱼儿纵横，朝不宁尽出的是卖国奸雄……"

这位"老戏迷"还说，道情皮影戏有"悲戏"，也有"喜戏"。庄户人家常爱看的还有《苦节图》、《抱火斗》等传统"悲戏"，因为这些戏有思想，又能教育人，百看不厌。环县人大多住窑洞，早先时候，牛皮灯影戏是在窑洞里唱的。当地广为流传着这样一句话："闷了窑里一喊，吃饭袖子一挽，出门毛驴一赶。""闷了窑里一喊"说的就是这一独特现象。

在黄土塬上的小山村唱戏，史呈林面对的，不仅有因贫穷而消费不起道情皮影艺术的窘迫，还有要克服因条件简陋而带来的种种不便。一折戏还没结束，由于线路出了问题，幕后的电灯灭了。史呈林一边吩咐家主收拾电灯，一边无可奈何地发着牢骚："这咋弄着哩，这样子的话啥都弄不成！"

唱皮影戏，不需要五颜六色闪烁不定的霓虹灯来创造不同的气氛；也没有各种各样现代而完美的配音设备，创造不同的声调。史呈林的戏班子拥有的，只有一些弹唱了多年的陈旧的四弦胡、笛子、唢呐等简单乐器，以及乐器演奏者不时发出的应和声。但就是这种简单得再不能简单的艺术手段，创造出的却是和谐的音律和优美的唱腔，带给偏僻小山村里的人们无尽的快乐，也在环县人心底留下了永不磨灭的印记。

环县道情皮影戏通常每晚上只唱一出戏，一出戏要唱4个小时左右，最长的能唱一个晚上。在唱戏期间，史呈林只是偶尔喝口水解渴，咂一小口酒御寒，少有片刻的休息。

深夜11点半钟，伴随着一声清脆的锣声，精彩的道情皮影戏结束了。恋恋不舍的庄户人开始退场。他们当中有些人是从三四里远的塬上走半个多小时来看戏的，看完了还得摸黑走回去。

史呈林把一个个皮影子取下来放好，四弦胡、锣、鼓等入柜，收拾停当，再洗把手，已是深夜12点多钟。家主儿早已备好宵夜饭。用大方盘呈上五盘菜，有白菜炒肉、土豆丝等，还有一碟老乡们亲手腌制的咸韭菜，再盛上两大盆馍，每人上一海碗小米稀饭。七八个人也不客气什么，狼吞虎咽，风卷残云，吃了个净光。

那一夜，韩洼子村的天空格外晴朗，满天的繁星眨巴着小眼，清凉的月色涌进黄土塬的每一处角落。素日宁静的小山村，因为史呈林唱响的皮影戏而欢腾，又因为皮影戏的收场而重归于寂静。

史呈林的戏班子

夜深了，在韩志刚家窑洞热乎乎的土炕上，我们和史呈林闲聊起来。史呈林不大爱说话，问一句答一句，说话很慢。

我们先从环县道情皮影戏的历史聊起。环县道情皮影大多以家庭班、村落班的组织形式出现。环县木钵乡史家沟的史家班就是其中之一。史家班迄今传至史呈林等已有三代，其奠基人是史呈林的祖父史占魁，也是环县道情皮影的奠基人解长春的众多弟子之一。而史呈林的父亲史学杰也是当地著名的艺人之一。

史呈林说，他们唱戏是不固定的，来人请了就临时搭台唱。在环县，现在还存续的、比较正规的皮影箱子有50多个，通常一个皮影戏箱就意味着一个戏班子。史呈林的戏班子，算上他总共有5个人。史呈林今年56岁，当地乡亲们都尊称"史先生"。其他的几位成员中，有一位是环县曲子镇刘旗村的杨光俊，今年已经61岁了；有一位是曲子镇楼房子村的王永文，今年32岁；有一位跟史呈林是同村的，叫史兴林；还有一位就是韩洼子村的郭旷平，今年也55岁了。

跟底蕴深厚的道情皮影艺术相比，史呈林的经历相对简单得多。他上过5年学，然后就跟父亲唱了戏，曾当过生产队队长，在村里的小学教过5年书，还在县新华书店工作过。因照顾生病的老伴，他丢掉了公家的工作。后来老伴的身体稍好一点，他重又拾起了牛皮灯影子，至今也没停过手。从1984年开始，史呈林已是环县五届政协委员了。

史呈林是这个戏班子的台柱子,是"耍线子"、唱道情的主要人物。别的几个人,主要是伴奏,个个都会吹唢呐、笛子,拉四弦胡,打鼓。皮影,唱腔,奏乐往往相辅相成,很紧密地融合在一起。

史呈林的戏班子中,大多都是土生土长的农民。他们平日大部分时节务农,面朝黄土背朝天。只是赶上有庙会,或者婚嫁喜事,或者老人去世,有人来请,几个相熟的人联络起来,唱上一晚,挣几个零花钱。

61岁的杨光俊同别的人不同,他是史呈林父亲的大弟子,跟随着史呈林的父亲学了不到一个月就参加了工作。直到1997年退休后,才重新拿起了唢呐。杨家条件不错,孩子们都有事做。他自己每月还有1000多元的退休工资,他跟戏班纯粹是为了娱乐、爱好、散心。

史呈林7岁起就跟他父亲学戏。那时也谈不上啥打算。父亲很疼爱他,到哪里唱戏总带着他。而他自小也很爱侍弄那些"牛皮娃娃"。像四弦胡、锣、鼓等乐器,总爱不释手,时间长了慢慢就懂一点了。父亲看孩子喜欢,开始手把手教,而他们家兄妹六个,学唱戏的只有他一个。那时候学戏,一半为谋生,一半为继承这几百年的民间遗产。

刚开始学敲梆子,简单一些,后面学敲锣、跟鼓点。而唱戏"耍前台",既要手熟练地耍皮影子,还要嗓音好,唱腔功底深。什么地方做得不对了,父亲会打耳光。刚学了没几年,"文化大革命"开始了,禁止唱戏,只好中断了。1978年史呈林又跟着父亲登台唱戏,前前后后算起来快有40年了。

说起唱戏的难处,史呈林话多起来。他说:"80年代唱戏收入,跟社会上其他人的收入水平差别不大,别人干一天挣多少,唱皮影戏也能挣多少。现如今不一样了,我们五六个人辛辛苦苦唱一晚上,披星戴月,饱受严寒不说,每个人收入不到10块钱。现在,10块钱能干个啥?特别是农村里的年轻人,很少看得起这几个钱。"

史呈林忧心忡忡地说,因为收入低,环县道情皮影艺术后续乏人。现在唱戏的,十多岁甚至二十多岁的小伙子基本上没有,大多在四五十岁,甚至还有60多岁的老人。说到这里,史呈林显得既难过,又无奈。

这些年,史呈林一直想把一些道情剧目的曲牌、曲调用简谱记录下来,以便能使后人传唱下去。他还在想,能不能用现代的电脑设计制作出更好的牛皮影子来。然而,毕竟个人的能力有限,做起来困难不少。

史呈林有4个儿子,最大的36岁,最小的30岁。4个孩子都成家了,老三在

13岁的时候跟着他学过两天戏，后来死活不学了，不愿意吃这份苦，遭这份罪。大儿子工作了，老二、老三跑运输，老四也有事做，他们几个人日子过得都挺好。

一个与民间没落艺术紧紧地烙在一起的艺人，史呈林的一生中有太多太多的无奈。当地的老乡们把史呈林当作很有名气的民间艺人，尊敬地称呼为"史先生"。面对我们，史呈林苦笑着摇摇头。

道情皮影情结

环县道情皮影流传了几百年，最红火的时候是在新中国成立初期。那时候，山村里文化落后，也没什么电影电视，热闹的只能算是牛皮灯影戏了。再加上当时环县的皮影箱具也少，只有10来具"箱子"，常常各地争抢着请他们去唱。唱的时候，十里八乡的人都来看。

1953年7月，全国第一届民间舞蹈观摩演出大会在首都北京举行，环县道情皮影戏也获机会上演，得到周恩来总理的高度重视，曾鼓励省、地挖掘整理皮影艺术。在1957年的全国民族民间音乐舞蹈汇演会上，周总理又责成甘肃省重视环县道情皮影艺术。在戏曲工作者的努力下，1958年，环县道情发展成为新的舞台戏曲——陇剧。那时候还成立了甘肃省陇剧团，在省艺术学校设立了陇剧班，专门请史呈林的父亲史学杰上过课。

"文化大革命"时，环县道情皮影戏被列为应扫除的"四旧"对象，遭到了相当严重的破坏，几乎绝迹。20世纪80年代，环县道情皮影戏开始逐步恢复。皮影戏刚露头那阵子，人们把历史戏、老戏都快想疯了，每次都有十里八乡来的成百上千人赶着场子看。那时候，县文化馆组织各乡各村的道情皮影戏班子搞汇演。在当时，史呈林心里别提有多高兴了，他心想：道情皮影戏的春天来了！

环县道情皮影戏最辉煌的时候，也是在20世纪80年代。1987年是史呈林永远也难以忘怀的一年。那一年正值中国和意大利建交15周年，应意大利邀请，我国组织了"中国皮影艺术团"、"中国电影周"、"中国青铜器展览"和"中国烟火"等文艺演出活动。史呈林带领的环县道情皮影戏班就是"中国皮影艺术团"中的主要成员。

那一年，史呈林的戏班子，在环县排练了两个月，然后从庆阳地区所在地西峰市唱到甘肃省会城市兰州，再到首都北京，一直演唱到意大利，在罗马、威尼斯、米兰和佩鲁贾等11座大城市，受到数以万计的国外友人的喜爱。往往早晨10点钟演一场少年儿童专场，下午再演一场成人专场。每次都在当地著名的大剧院里上演。每场都有上千人，场场爆满。有一座城市，他们一连演了4场。

当地各大媒体争先在显著位置给予报道，引起很大轰动。演出时，观众反响热烈。一场三折子戏，每折戏间隔时间，同台演出的6个人同观众见面，台下报以雷鸣般的掌声，甚至有人情不自禁，高声欢呼。演出结束了，不少观众争先上台与史呈林的戏班子合影。许多看过皮影的外国人都惊呆了，没想到中国还有这么好的民间艺术，忍不住把脸颊贴到牛皮影子上。

时隔十多年了，史呈林回忆起当时的情景，还非常自豪，非常激动："从来没见过那么大的场面！那么大的阵势！"中国优秀的民间艺术打动了欧洲的观众，而国外观众的热情又深深地感染了史呈林和他的戏班子。

从国外友人对皮影的欢迎程度上，史呈林深深感到：尽管只是流传于穷山僻壤的一种民间艺术，但它却在国外得到了充分的肯定和尊重。他觉得，环县道情皮影有着很强的艺术感染力，有很强的生命力，值得挖掘整理，发扬光大。

然而，时过境迁，传唱环县道情皮影戏的人们却痛心地发现，皮影戏并没有借势唱响黄土塬，更多地走出国门，而是到了80年代后期，就开始慢慢没落了，没落得几乎没有一点声息了，充其量只是停留在偏远的小县城穷山乡而已。

自从1994年全国艺术节上，史呈林在兰州露了一次脸外，六七年过去了，他再也没有到省城演出过。只是在1989年，家居兰州的外甥结婚，他才又来过一次兰州，但跟演出却没有丝毫瓜葛。

回首往昔，史呈林感慨地说："现在啥东西都往前发展了，就皮影戏没发展，反倒越来越不如以前了。过去演皮影戏点清油灯，五十年代点汽灯，七十年代换成了电灯，演出效果最好的还是清油灯。因为清油灯灯光柔和，没有虚影子，透光好。但演一场戏至少也得四五斤清油，费用太高了，用不起。再说，现如今说唱的道情剧目还都是很多年前传唱下来的，老一些的人都很熟了，演唱的内容又距离年轻人的现实生活太远，没啥吸引力了。"

史呈林告诉我，在环县这样的贫困县，道情皮影艺术生存下去是非常困难的。最好是能走出去，到庆阳地区、到省内其他地区，甚至到省外、国外去演出。经过重新挖掘整理，融入一些现代的表演手段，把剧情剧目进行创新，再按照市场化的方式运作起来，环县道情皮影或许还有一线生存下去的希望。

和所有唱道情皮影戏的人一样，史呈林有一个愿望，就是有一天能引起各级领导的重视，通过挖掘、整理，把宝贵的民间艺术能留传下去，并有机会在世界大舞台上，再次展示环县道情皮影艺术深厚的内涵。

补 记

　　道情原是一种以说唱形式为主的民间小曲，是广大人民群众自娱自乐，表情达意的民间小调，属曲艺范畴。据初步考证，环县道情起源于渔鼓道情，从清初到民国时的二百余年，经环县民间艺人长期艺术实践，逐渐吸收了环县当地音乐养分，增加了乐器伴奏，融入民间故事情节，久而久之，形成了今天独具风格的地方剧种。

　　皮影本是遍布我国大江南北的一种民间艺术，属剪纸范畴。据《汉书·外戚传》记载，汉武帝刘彻的妃子李夫人死后，帝常思念，有一个叫李少翁的方士在夜间设一帷帐，请武帝观看，果然看见李夫人姗姗而来。这可能是最早关于皮影的记载了。宋代高承在《事物纪原》中写道："仁宗时，市人有谈三国者，或采其说如缘节，作影人，始为魏蜀吴三国战争之像，至今传焉。"这说明皮影艺术早在汉时就已出现，至宋代已十分盛行了。

　　环县得天独厚的地理位置为道情皮影艺术的诞生奠定了坚实的地域基础。环县古称环州，位于陕甘宁三省之交界地，古时当属边关要塞，战略地位十分重要，历来是兵家必争之地。宋元以来，在同羌、戎、西夏、金、吐蕃的斗争中，特别是明末清初抗击满清，当地百姓和一些道教信奉者纷纷走乡串户，用道家的渔鼓、简板伴奏，以道情的形式演绎道教故事，宣扬道家思想，鼓动人民御敌保国，捍卫家园，反对异族的侵扰和统治。在长期的宣教过程中，当地艺人为使道情故事更形象生动，直观达意，逐渐把皮影引入道情，使二者达到绝妙完美的结合。同时，一些民间艺人捕捉道情曲调的特点，模仿阴阳、法师诵经和祭祀神灵的部分动作，将道情移植融入皮影，达到了今天的尽善尽美的艺术效果。环县道情皮影艺术熏陶感染了一代又一代人，一经流传，经久不衰，显示出极强的艺术生命力。

　　环县道情皮影活跃于陇东崇山峻岭、沟谷峁梁之间，在孕育、诞生、流传和发展过程中，历经几代皮影艺人切磋、琢磨，在20世纪末，终以"悠扬刚健、字正腔圆"的特色自成一腔，达到空前的鼎盛和辉煌，成为我国民间艺苑一朵奇葩。

主编点评：

1987年，由环县7位农民组成的"中国民间皮影艺术团"出访意大利，轰动一时。自此之后，一个名字几乎成为陇东皮影的代名字，他就是史呈林。

他将生命凝结于黄土高原独特的民间艺术，把自己的一生挥洒给了道情皮影；他将山里人饭后茶余消遣的民间艺术，搬到了国家艺术最高殿堂，并让黄头发蓝眼睛的外国人情动于衷；他见证了皮影艺术走向辉煌的全程，却又不得不面对它日趋衰败的现状。

他为皮影付出了无尽的心血，当然也从皮影中体会到了无尽的快乐；他无比钟情于皮影艺术，但却不能以皮影为生……

这是怎样一种执着，怎样一种热爱？

那一抹绚烂的民俗

宋振峰　谢志娟　先朝阳

2008年9月初，在第六届中国庆阳香包民俗文化节举办之际，我们走进庆阳，走近一个个民间艺人，触摸原始文化的脉搏，感受那种粗犷稚拙的气息，寻觅那一抹民俗文化的美丽踪迹……

吉彩琴：一不留神"剪"到了国外

谈笑间，吉彩琴手中的剪刀飞舞，还没顾得上留神她的手法，一幅妙趣天然的大红窗花已递到了我眼前。即兴剪纸，不用样子，随心所欲，剪啥像啥，这就是吉彩琴"以剪代笔"的剪纸艺术。

"如果打底稿或者照着一幅图剪，我想，就不叫剪纸了。"46岁的西峰区西街办秦霸岭村村民吉彩琴对我说。

凭着这一手令人叹为观止的精湛技艺，2007年7月，吉彩琴参加了庆阳市政府赴欧洲经贸文化交流活动。在法国巴黎等地，她拿起剪刀，随看随剪，现场表演，短短几分钟，让人眼花缭乱的剪纸作品便从指尖流淌而出，富有庆阳民俗特色的"生命树"、"抓髻娃娃"，还有埃菲尔铁塔、郁金香花等……直让外国人翘大拇指。

"这不，今年4月，法国人还专门跑到庆阳来买我的剪纸呢。"

如今的"中国民间剪纸艺术大师"吉彩琴，再也不是那个跟在奶奶屁股后面"铰花花"的山村小女孩了。

吉彩琴出生在庆阳市合水县山区，她的奶奶是当地有名的剪纸高手，母亲也有着一双能剪会绣的巧手，在她的记忆中，逢年过节，乡里乡邻的人都会跑到她们家来要剪纸。长期的耳濡目染，让吉彩琴与剪纸艺术结下了不解之缘。

长大后，吉彩琴嫁到了西峰城区。两地环境不同，剪纸的风格也不同，这让吉彩琴对剪纸有了新的领悟，她的剪艺不断提高，作品不断创新。光一个"抓髻娃娃"，这个庆阳市农村特有的一种民俗剪纸作品，在吉彩琴的剪刀下，就能翻新出十几种样子。

多年来，吉彩琴一有闲暇时间就剪剪纸，过过瘾。后来，她开了婚庆礼服店，把剪纸当作"赠品"，吸引更多的回头客。

近年来，让吉彩琴没想到的是，庆阳市大力发展民间民俗文化产业，连续举办几届"庆阳香包文化艺术节"，这给她的世界打开了一扇新的窗户。现在，庆阳的香包、剪纸、皮影逐渐走向省内外，形成了产业。从此，剪纸成了吉彩琴生活的全部。

在吉彩琴的剪刀下，一幅幅或稚拙、或精细但无不充满情趣的剪纸作品，惟妙惟肖、意趣天成地呈现了出来。空中飞的、地上走的、水里游的，在她的剪刀下无不栩栩如生、活灵活现。每年光靠剪纸她就能挣十几万元。北京、上海、大连、青海的文博会，她的作品还不断得奖，她也曾代表甘肃省赴澳门参加文化交流活动。

作为一个农民，吉彩琴还有一个职称——副高级剪纸艺术师。她说，她很乐于给年轻人传授技艺，这两年除带七八位学徒外，她还到中小学讲课。更令她自豪的是，她还应邀前往陇东学院，给大学生讲了课。

谁让吉彩琴剪刀这么神呢？很多庆阳人都知道，中央美院教授靳之林在观看了她的剪纸作品后，欣然题词："学习吉彩琴的剪纸艺术。"

金香莲：想把剪纸编成教材

68岁的金香莲也是一位中国民间剪纸艺术大师，她获过很多荣誉：中国十佳民间艺人、中欧文化艺术特使、中日文化交流使者，等等。她的作品也传到了很多国家：法国、新加坡、日本……

金香莲的另一个身份是退休教师。1988年之前，她是庆阳一所小学的体育老师，高级教师。"跑跳投掷我都行，体操、乒乓球、排球都练过。我个子不算高，可弹跳好，庆阳女篮队长当了十几年。"与周围一起卖剪纸的妇女站在一起，金香莲的谈吐与气质与众不同。

48岁的时候，金香莲因病退休，回到家乡边带孙子边养病。从工作岗位上退下来的金香莲并没有闲下来，村里人都知道她是个巧手能人，六七岁时她的剪纸就小有名气，年轻时就有60多幅剪纸作品被省群艺馆收集，有些还被收到

《甘肃民间艺术选编》一书中。

"比起母亲我还差得远呢，我母亲纺线织布绣花剪纸，样样都行。想剪啥就能剪成个啥，那才叫剪得好哪！"

1997年，金香莲剪出了她的第一幅"大作品"——为香港回归创作的《迎回归》。她把自己的作品和美好心愿寄到了香港，虽然没有收到回信，但却从此走上了创作之路：《二十四孝》、《吉祥百虎》、《水浒一百单八将》……当过多年教师的金香莲很快剪出了自己的风格。

金香莲从剪纸中找到了无穷乐趣，她决心要把自己的作品印刷成册，为此她卖掉房子，凑齐钱出了4套作品集。

剪纸剪到这个地步，很多人不理解。可金香莲笑了："就是喜欢，从小就喜欢这东西！"

几年后，金香莲的剪纸卖了10多万，卖房的钱收回来了。余下的钱，她就拿着到处去参展，"全国跑、满世界跑，我已经出了三次国了。今年3月还去了趟日本。""年龄大了，才要出去看看。外面搞艺术的人多了，我也跟着长长见识。"不过，金香莲的剪纸比她去的地方还要多，法国、新加坡、泰国、日本、韩国等，有些，连她自己也记不清了。

有这样一个对剪纸"狂热"的母亲，金香莲的儿女都学会了剪纸，孙子也会。外孙学的是刻纸，用刀刻，年轻人眼睛好使手脚麻利，用刀刻起来比金香莲剪起来快得多。

退休多年后，金香莲又走进了学校。这一次她不再教体育，而是教孩子们学剪纸。"我到西峰区的小学教，娃娃们学得很快。我想着能不能编个剪纸教材，什么阴剪法、阳剪法都写进去，娃娃们一看就明白。"

马秀珍：教大学生剪纸的农妇

68岁的马秀珍坐在人来人往的展厅里，就像是坐在自家的炕上一样自在。

马秀珍确实也是坐在炕上，"展台"是青砖盘成的炕头，炕上还有一个小炕桌。马秀珍倚着小炕桌，盘腿坐着，随着手里的一把小剪刀上下翻飞，一张红纸转眼变成一幅"剪剪相连、剪剪不断"的窗花。

看上去是再地道不过的一位农村妇女，怀里不时响起的手机铃声却又显示出一些不同。

这位西峰区什社乡文安村的农妇是位中国民间剪纸艺术大师，剪纸剪了40

多年，剪出的作品有几万件，多是民俗风情，是庆阳人说的"前塬派"剪法，最古朴最传统的那种剪法。

会剪就会画。马秀珍画的"农民画"质朴厚重，浓浓的乡土味一缕缕地传递给观者。先画样子，再照着剪，马秀珍不但自己剪，还教三个女儿学剪纸，大女儿聂粉茸的作品和母亲的挂在一起，就是一场母女作品展。

因为会剪纸，马秀珍去了很多地方，带着作品去参展的路费都是马秀珍一剪刀一剪刀剪出来的。马秀珍的作品也销到了很多国家，"澳大利亚、英国……"马秀珍掰着指头用浓浓的庆阳口音说出一连串国家名字，给我们一种巨大的反差。

"一年挣个一万多，对我老婆子来说好得很！"马秀珍"呵呵"地笑了。

2006年4月份，这个不识多少字的农妇到陇东学院，给大学生们上了三堂课，讲的就是剪纸。在明亮的大学教室里，马秀珍一边剪一边讲，就像坐在自家的热炕上一样从容。

拓占聪：最后的木偶艺人

第六届甘肃庆阳香包民俗文化节上，数以万计的展品中，西峰区展区的一个角落里，4个1米多高的木偶成为绝无仅有的"孤品"。

4个浓墨重彩的木偶人儿描眉画脸栩栩如生，佩饰穿戴鲜艳如新，做工是极为精细的，就算是外行，看一眼也知道是好东西。

"几百年的东西了，上的色一直没变过，现在是做不了了。"62岁的拓占聪取下墙上挂着的木偶，手伸进戏衣，牵扯起几根挑线时，原本呆立不动的木偶人物瞬间甩袖挪步，漆黑的眼珠顾盼神飞，像是从戏台上走下来活生生的"角色"。

拓占聪说："一整套有37个木偶，是我们家一辈辈传下来的，到现在有200多年了。上次到省里展出，有个专家说，这样的木偶戏全甘肃也没几家了。"

家里的37个木偶能构成100多出戏的角色，拓占聪和他的家人会唱这种快要绝迹的木偶戏。在庆阳甚至在甘肃，拓占聪成了最后的木偶戏艺人。"这种木偶戏庆阳人叫'肘胡子'，因为要肘起来耍嘛！唱法和皮影戏一样，但走法和大戏一样。"皮影戏只需一人就能从头唱到尾，木偶戏一般一人演一角；操纵反影的人坐在那里不动就可以，操纵木偶的人却要跟着木偶一起腾挪跌宕，比唱皮影演大戏都费工夫。

拓占聪会唱木偶戏，也会唱皮影戏，"我们父子兄弟六七人，唱的敲的拉的都有了。唱木偶戏要麻烦些，最少也得12个人。今年没唱，去年唱了两场，唱一场能挣1000多块钱。"

除了唱木偶戏、皮影戏，拓占聪还是一个做皮影的好把式。在他很小的时候就随父亲学会了做皮影，但真正开始做还是从1978年开始的。"那时候刚刚改革开放，以前不让演的皮影戏重新走村串户，可皮影戏班子的行头在'文革'时候全烧了。"知道拓占聪会这门手艺，皮影戏班子纷纷找上门来，多年不用的手艺重新派上用场。

1978年之后的10年间，拓占聪的皮影卖出了几千幅，通常一个皮影戏班子的全套皮影行头也就七八十幅皮影身子，两三百幅皮影头，这样算来，拓占聪制作的皮影几乎遍布庆阳大多皮影戏班子。

儿子拓正浩跟着他学会了做皮影，但不会唱皮影戏，更不会唱木偶戏。

"在庆阳能唱木偶戏的也就四五个人，大多六七十岁了，只有一个四十多岁的'年轻人'会唱。皮影也一样，唱的人少了，会唱的都老了。"拓占聪说。

王清政：刻着皮影进县城

第六届甘肃庆阳香包民俗文化节期间，在环县展馆的一隅，有一位刻制皮影的老人，静静地坐在雕刻皮影的案桌前。熙熙攘攘的游客，不时在他面前驻足，但他总是一丝不苟地沉浸在艺术创作里，心无旁骛。他的老花镜很老，躬曲的背也很老，只是那握刀的手，充满了呼之欲出的灵动。

这位老人叫王清政，2002年中国民间工艺美术协会命名的"中国民间工艺美术大师"。其实王清政只有56岁，大半辈子里，他刻制的皮影不下4万件，"刻"出了名声，也"刻"老了自己。而王清政却说："我可是'刻'着皮影进县城的。"

王清政原是环县秦团庄乡王团庄村人，从他的曾祖父起，制作皮影就是他们的家传手艺。小时候因为家里穷，受学校教育不多，但他极富艺术天赋，到十三四岁的时候，就成了父亲做皮影的得力助手。改革开放后，王清政重操旧业，先后制作了二十多副皮影箱子，这些戏箱，几乎成了后来环县各家皮影戏班重新起步的班底。

在长年皮影制作过程中，王清政对山西、陕西、青海等地的皮影进行了悉心研究，他雕刻的皮影，人物造型平和自然，刀法大胆细腻，色彩对比强烈明快;他创制的"熬色"涂染法,将着色与"上光"融二为一,色彩经久耐看;他炮制的牛皮薄厚均匀,柔和透明,使传统皮影刻凿艺术在他手里又焕发了新的生机。

从1988年开始,王清政受环县文化馆邀请,来到县城专门刻制皮影。那时候,大家并没有明确的商品意识,县文化馆也只是把皮影作为一种富有地域特色的工艺品,赠送给外地人。王清政租住在县城北面的民房里,辛辛苦苦一年,也就只挣个2000多元,收入非常微薄。

"随着县上的推动,大概到了1993年前后,县外就有人上门来买我的皮影了。"王清政回忆说,当时虽然卖出去的量很少,但不管是对县上还是自己来说,这让大家眼前一亮。

2002年,甘肃庆阳首届香包民俗文化节举办,特别是当年8月环县皮影艺术节举办后,环县皮影开始走出"深闺"。王清政的皮影大量外销,许多外地客商上门订货,当年创收6万多元。第一次尝到了艺术走向市场甜头的王清政,第二年把家里100多亩山地全租给别人去种,举家从秦团庄乡下迁进了县城,他和老伴,连同儿子儿媳妇一起,全都从事皮影制作,成了真正的"皮影制作专业户"。

如今,王清政在环县县城创办了一个自己的皮影销售公司,正式跻身皮影产业化经营的行列。他们不仅给西峰和环县的几家皮影销售公司供货,而且还远销到兰州、北京、广州等地。

于小平:被香包改变的人生轨迹

与上面提到的"婆传媳、母传女、一代传一代"的民间手艺人不同,于小平以前从来也没想过,她这辈子会和香包结缘,快40岁了,开始制作起了原先村里人称为的"小耍活",还靠着这半路出家的"功夫",成了中国民间工艺美术大师。

"去年,我光卖香包就赚了二三十万元。可以说,没香包,就没现在的我。"说到这,45岁的于小平禁不住有点激动。

前些年,于小平在榆林子镇街道开了个缝纫铺,虽说凭着一手好手艺,她的生意曾经红红火火,自己也被县上授予"三好个体户"。但随着人们生活水平的提高,她的缝纫铺也就能挣个"糊口钱"。

如今,这位正宁县榆林子镇乐兴村农村妇女,在县城办了家香包刺绣公司,当起了老板。还带动起了县城四五百名下岗职工参与到香包制作中,他们中最多的,一个月能拿900多元。

于小平真正与香包打交道,也就是2002年举办的第一届甘肃庆阳香包民俗文化节。当年,香包节快要举办了,县上组织一些农村妇女到西峰区后官寨乡去学习,当时,那里的香包制作已成了气候。看着眼前这些不起眼的小耍活,一年能卖几万元,于小平大开眼界。

"人家能做好,咱也能行。"于小平一边做衣服,一边开始动手学起了做香包。毕竟,她打小就喜欢绣花,喜欢画画,为此,还专门学过一年美术。她还有一个坚强的"后盾"——毕业于西北师大美术系的丈夫。

她请丈夫设计了个"百鸟朝凤",里面既有香包工艺,又有刺绣技艺。起早贪黑整整绣了一个月后,她的这件作品在第一届甘肃庆阳香包民俗文化节上甫一亮相,便在众多专家挑剔的眼光中拿了个金奖,还被一位外地客商以2800元的高价收购。

非但如此,在这届香包节中,她费心思制作的七八件香包一下子卖了一万多元。

香包节一结束,尝到甜头的于小平回去便将缝纫铺关了,一门心思做起了香包。在接过祖祖辈辈民间艺人传下来的衣钵同时,她还尝试将现代美术手法融入到香包传统技艺中。

色彩绚丽的香包,借着于小平的手,稚拙而不失新意,创新而不失传统,她的产品颇受市场青睐,不但销往大江南北,还远销法国、俄罗斯等国。"8月,光手工绣的工艺品拖鞋就卖了700多双呢。"于小平说。

张仁民:让民俗文化产品成为市场新宠

"像香包、刺绣这些民俗文化产品,要想在市场中走得更远一些,除了注重工艺性、美术性外,关键还要在实用性上做文章。"庆阳市西峰岐黄民间工艺品有限公司董事长张仁民一开口,就显出其对民俗文化产业的独到理解。

也难怪,从20世纪80年代开始,张仁民就一直潜心于民俗收藏。他花费了大量精力及财力,走乡串户,深入偏远农村,探访民间艺人,搜集了许多精美的民俗实物。因此,他还有一个身份:中国工艺美术学会会员。

张仁民说,这些年庆阳市对民间文化这一弱势产业如此重视,办香包节,开文博会,平日还采取了很多措施,最终目的还是要让老百姓有收益。但现在,庆阳的民俗文化用品还过分注重装饰性，没有真正实现从艺术品到商品的转变。在担忧中，近年来张仁民一直在琢磨怎样使庆阳民俗文化产品在传承保护中实现市场化与商品化。

为此，他走南闯北，推介庆阳民俗文化产品。还将庆阳的香包摆在了京城繁华的王府井工艺美术大厦里。仅去年以来，他便参加了全国17座城市的文化展销活动。

一次次地参展，不仅让张仁民开阔了眼界，也让他对庆阳民俗文化用品有了更深入的思考。"庆阳民俗文化用品要走向市场，必须保持其原生态，保住它传统土得掉渣的民俗气息，但也要结合当代人的审美情趣，融欣赏性、艺术性与实用性为一体，才能在市场上获得消费者青睐。"

一则事例让张仁民很受触动：庆阳民俗文化用品中有一件孩子大人都非常喜欢的"老虎枕"，但说是枕头，长久以来却只是讲究了观赏性，为了让小老虎"站"起来，枕芯里面加进了木屑，好看是好看，可却不实用了。现在，张仁民听从外地客商建议，将荞麦皮塞进了枕芯，老虎枕的艺术效果并没丧失，更重要的是，"老虎枕"变成了人们的一个日用消费品，开始走向了千家万户。

这两年，张仁民的公司将庆阳香包等民俗文化用品，从头到脚，朝着生活日用品方向开发。他们既开发了"肚兜"，也开发了带有药用疗效的"颈椎枕"。目前，他们还在与北京的老布鞋厂合作，将庆阳的民俗文化"绣"到老布鞋的鞋面中。在这个黑色的鞋面中，他们并没有像传统庆阳民俗文化用品一样，绣一个满满当当，而是只用寥寥数笔，便于简单的装饰中将精美的民间工艺衬托得淋漓尽致，让人们从时尚中品味传统。

在张仁民看来，"中国结"虽然也是一种传统工艺，但近年来在市场上一直走俏。因此他认为，在现代生活中，传统艺术并非找不到容身之地。一个好的创意就是一个金点子，可以让民俗文化真正走向大市场，成为新的时尚，也可以让小小香包成为市场新宠。

"这也说明，应该让民俗文化用品融入现代生活，挖掘其潜藏的商机，走产业化发展的路子，真正找到在现实中的发展空间。现在虽说有许多厂家参与香包等民俗文化用品制作，但市场到底需要什么，很多人并不清楚。这还需要政府整合人力、财力、物力等资源，重点扶持一两家龙头企业。"张仁民说。

主编点评：

　　似一汪澄澈清泉，在历史的长河中汩汩流淌；若一朵性灵之花，在广袤的董志塬竞相绽放。香包、剪纸、皮影、木偶……在陇东，这些特殊的文化符号，历经乡风民俗的熏染，饱受季风时雨的浸润，承载了太多的故事，蕴含着太多的寓意。

　　它们绵绵不绝，代代相传。改革开放以来，借助文化产业发展的春风，这些古老而灵动的"文化符号"，跳动出和谐的音符，将凝重的董志塬装饰得风情万种，也将一个个农民的人生点缀得婀娜多姿。

有一种生活叫艰辛

齊一味生活的認辛

梦游都市

吴梦寒

第一次见到汪孝利的时候,他正瘸着一条腿,艰难地徘徊在这个城市的边缘。他说:"腿是被一个霸道的工友打伤的,到现在还没有好利索,一到阴雨天就疼得受不了。"

当时正是盛夏6月,新雨过后,满城浮动着清淡的花香和果味。但是站在汪孝利干活的兰州市城关区大沙坪工地,我们能感受到的只有避无可避的灰尘、砂砾和呛人的土腥味。

看到记者,汪孝利显然很意外,他有些局促,笑容一闪而逝。汪孝利很快伸出手,又很快地收回去:"手太脏了,环境太差,衣服也没换,还没来得及准备什么。"汪孝利洗了手,坚持要带我们去环境好一点的地方。随后,他一瘸一拐地带我们来到工地附近一个露天茶水摊,要了两瓶冰红茶给我们,而他自己却什么也不喝。接下来,汪孝利开始讲述自己的故事。他的眼睛看向远处,眼神空洞而茫然。他的讲述时而急切,时而沉缓,时而词不达意。在他断断续续的叙述下,我们看到了一个农民工16年来在城乡之间艰难行走的痕迹。

村庄其实并不诗意,承载不了我们青春的梦想

汪孝利的家在甘谷县谢家湾乡的一个小村庄。然而,村庄田园,碧绿如织的原野、清新甜润的空气,这些城里人诗意的追求,在汪孝利看来是没有太多美感的。对他来说,乡村留在记忆深处的关键词是:母亲的病呓和喘息、父亲的焦瘦和咳嗽、家徒四壁的黝黑土房、干渴的土地、欠收的庄稼、干干的面饼、浓浓的苦茶和沉重得几乎流不动的哀愁。

"那时候,生存是我们考虑的第一,上学是难以坚持的梦想。小学二年级的时候,因为家里穷,我就退学了。老师到我家里来劝了几次,都被父母婉言拒

绝了。我心里很想上学，毕竟在学校，可以无忧无虑地生活。但我也知道家里的条件不好，我的学习成绩又不是很好，不可能靠学习出人头地的。所以我就没有坚持。"

"但即便我不上学，家里还是越来越困难。1987年6月，我12岁的时候，母亲又得了重病。父亲带她到村里的卫生所看过一次，卫生所里唯一的那个医生没有查出是什么病，建议我们到城里的大医院去看。但当时刚赶上夏收，家里没有什么钱，我和父亲只能眼睁睁看着母亲在死亡线上痛苦挣扎，最终死去，我们都不知道她得了什么病。"

"母亲去世后，12岁的我作为家里唯一的儿子，担起了生活的重担。每天我都要和父亲一起上山种地。当时家里有6亩地，主要种洋芋、玉米、小麦，也种些胡麻。后来父亲身体不好，家里的农活基本都是我干。但我毕竟年龄太小，不太会干，庄稼种得很稀疏，长势也不好。一年到头，地里的收成，刚够我和父亲两个人填饱肚子。稍微有些富余时，就拿去换油盐酱醋和父亲喜欢喝的茶叶。"

汪孝利说，那时候每天就是无休止地开荒、种地、拔草、放驴。都说劳动是快乐的，可是那一望无际的麦地，无法承载他青春的梦想，更无法让他看到自己的未来。那时候，他每天想的最多的就是如何走出去。

梦想是一道光，闪亮了一下，却又消失在远方

梦有多远，脚步就有多远。1991年春天，刚满16岁的汪孝利跟着邻村的老乡一起来到兰州打工。第一次到兰州的时候，汪孝利感到了城市之大，比他见过的县城还要大。同时他也感到了自己真渺小。一个人游走在城市里，就如同一滴水滴进大海，连声音都听不到。

"年轻人嘛，要说没有梦想那是假的。我当时到兰州来，就是想做一番事业，尤其看到工地上的老板那么神气，我还想过自己什么时候也能当上老板。"汪孝利讲得很平淡，却透着些无奈。在接下来的16年里，汪孝利每干一个工作都有一个梦想。他认真地对待每一个梦想，他说，要干就干到最好。

"刚到兰州的时候，没有人告诉我，什么地方需要人，也没有人组织我们这些人培训。我没有文化，在老乡的介绍下，去建筑工地当小工。"可是不久汪孝利发现，当小工又苦又累，还挣不到钱。当时一个小工的工钱是每天7元左右，但大工却可以拿到12元。年轻的他觉得这样下苦力不是长久之计，应该学点技

术。

很快，汪孝利就找了个干大工的老乡学抹灰。由于他聪明好学，人又勤奋，到年底的时候，汪孝利已经可以像模像样地干大工了。这样他在外面，偶然也接点大工的活。第二年春天，汪孝利再次来兰州后，他就直接抬高了自己的身价，以大工的身份在工地上接活了。1993年前后，汪孝利到兰州市亚欧商厦的建筑工地干活时，已经拿到了大工里最高级别的工资。但是他并不满足于这样的工作，他觉得自己还年轻，还可以有更多的尝试。

亚欧商厦的主体工程完工后，一家公司开始招聘、训练保安。当时的保安制服有点像警服，汪孝利觉得要是能穿上这样的制服，虽然也是打工的，但神气！于是他也去应聘，却没有被录用。可汪孝利实在太想穿那身衣服了，刚好建筑队还需要一个管库房的保安，负责管理后续工程的材料。汪孝利马上又毛遂自荐，这次他被选上了。

终于戴上大盖帽，穿上了保安制服，汪孝利觉得自己荣光极了。他甚至觉得自己和那些衣冠楚楚的城里人没有什么两样了。于是，他认认真真地管理着自己那几十个平方米的库房。但是1994年的夏天，亚欧商厦的工程竣工了，库房没有材料需要看管了，他再度失业了。

后来，汪孝利又断断续续在几个工地干过。可秋天一过，工地上就找不到活了，他被老乡介绍到铁路局附近的一个KTV里当服务生。每天下午5时到凌晨2时，他的工作就是负责打扫卫生和送茶水，有时候客人少，老板也会提前收工。

刚开始当服务生的时候，汪孝利还觉得自己找了个好工作，心里非常快活。这份工作比在工地上干轻松多了，而且穿上制服也神气，每天晚上还能看到很多又帅气又漂亮的红男绿女，感到非常赏心悦目，这些都是他以前没有见过的。但是时间一长，汪孝利心里觉得有点不安。当时这家KTV里秩序比较乱，时常有打架斗殴的。那种不平静的环境，让他这样背井离乡的人缺乏安全感。

汪孝利想，自己一个人在这里，没有什么人能保护他。这里没有亲人，也没有朋友，大概他死了也没有人知道，没有人同情。于是，他匆匆离开了这家KTV，因为没有干满约定的时间，一分工钱都没有拿到。离开后，汪孝利没有住处，也失去了经济来源。他急切地想找一份工作。无意中，他看到"爱心陪护"的招聘广告，决定上门试试。后来，他在一家医院当了一名陪护，负责照顾一位瘫痪在床的病人。汪孝利说，开始当陪护的时候，他每月最多只能拿300元，钱比在工地和夜总会少得多，但这份工作他很喜欢干。因为他自己没有亲人，所以特别想亲近老人、伺候老人。尤其在别人家里做陪护的时候，他常常觉得自己也是这家的一分子，感觉上就没有那么孤独了。

但有时候，汪孝利也会遇到一些麻烦的主顾。有一次在大沙坪看护一位50多岁的癌症患者，他就遇到了一件让他窝心的事。陪护是24小时的工作，尤其是夜里要更小心，病人一般在夜里病情会比白天重。所以在看护病人时，夜里汪孝利从来没有合过眼。白天老人要输一整天液。老人是癌症晚期，血管很细很脆，液体很难输进去，稍不留神血管就穿了，汪孝利更是不能合眼。这样几天下来，他感到疲惫不堪。一天中午，老人的女儿来了，他希望她能够帮着照顾一会，他只要迷糊一小觉就行。可是老人的女儿不同意，她认为自己付了钱就该享受对等质量的服务。这个理论让汪孝利觉得难以接受，连续不休息，铁打的人也受不了。但他还是尽心照顾老人，后来老人去世的时候，他很难过。

曾经有多少次，汪孝利试着想改变自己的命运。过去在夜总会工作的时候，他留下了一些主顾的电话。他觉得这些人非富即贵，也许可以帮上他。可是后来放这些资料的皮包被小偷偷走了，机会又重新变得遥不可及。直到现在，他依然在工地上当抹灰工，并没有成为梦想中的老板。

梦想的天空，现实的土地，是两条永不相交的铁轨

梦想到底是什么，汪孝利说不清楚。但在汪孝利心里，始终认为自己是有梦想的人，也是有较高素质的人，和那些普通的打工者是不一样的。

为了缩小和城里人的差距，汪孝利学习城里人的生活方式、卫生习惯，虽然他每天干的是脏活，但一直很注意讲卫生。他的牙齿刷得很白，手洗得很干净，虽然指甲破损的地方残留着一些黑垢，但边缘却修剪得很整齐。他还坚持读书看报，努力学习文化。

但是汪孝利知道，无论自己看上去多么像城里人，他始终不是一个真正的城里人。身份是一道门槛，把他隔绝在城市之外。汪孝利说，因为他是农民工，过去自己的身份证连公交卡都办不了。每次上车时，城里人刷卡的"嘀嘀"声，在他看来都是一种优越感。

"在工地上，农民工也得不到公正的待遇。"汪孝利说。现在大工的工资水涨船高，汪孝利每天已经可以拿到50元左右了，但他还是不喜欢在工地干。因为在工地，老板想打就打，想骂就骂，自己得不到应有的尊重。

城市里这样的氛围，很难让他产生归属感。他站在这城市中央，仿佛一座

孤独的雕塑，立在飞速旋转的舞台中央，如此醒目。但他并不觉得自己低人一等。行走在都市边缘，他用心感受着周围的人和事，有时一些很小的事都让他非常感动。

有一年冬天，他曾给一家手工臊子面馆打工，老板和老板娘对他很和气。即使有时他犯了错，老板也不打骂他。好多年前的事，他竟然记忆深刻。汪孝利解释说，其实能够真正从内心尊重他的人不是很多，所以他对遇到的每一个好人，都会心存感激。

当然，汪孝利也曾经因为别人不尊重他，和老板、工友发生过冲突，打过架，还找过法律援助的律师为自己讨回公道。他也因此而丢了工作，付出过巨大的代价，但他说自己不后悔。在他看来，城里人和乡下人在人格上都是平等的，即使是个打工仔，也有别人不应侵犯的尊严。他希望能够凭自己的本事得到别人的认可和尊重。

可尊严在现实面前有时候经不起推敲。作为农民工，他们和雇主的对话往往不是平等的。汪孝利说："公司从来都不会和我们签劳动合同，公司提出的条件一般都比较苛刻。即使我很想坚持自己的立场，但还是不得不屈服。因为公司的态度很强硬，愿意干就干，不愿意干就走人。一般情况下，我们都不会表示异议，为这个得罪公司得不偿失。"所以，当尊严遭遇生存——这个重大问题的时候，谁也不会过分地强调尊严。

"在公司，我们基本没有什么保障。老板炒我们'鱿鱼'的时候，从来都没有顾忌。他们想什么时候炒就什么时候炒，想用什么理由就用什么理由。这还是在正规的建筑公司，在一些不正规的公司或是包工队，签合同的事想都不敢想。基本上没有人会去告公司的，因为诉讼的成本太高了。时间、金钱、人力，哪一样我们都支付不起。"

"我们农民工没有节假日，没有奖金。打工的能拿到工资就谢天谢地了。但很多时候还拿不到工资，有的不正规的公司，老板不给，民工就拿不到钱。有时候，就算老板不扣工钱，考勤的人也会或多或少地克扣我们的工资。"

"比如，有时候明明干了一天活，但考勤的却说我缺勤，我又没有摄像机录下来，真是百口难辩。而且我们发的是计时工资。一天干了几个小时，自己根本算不了那么详细。到月底的时候，工资被人家算来掐去的，扣掉很多。在我的印象里，基本上没有人能拿全额的工资。但大家也没有人敢说什么，因为我们没有文化，靠出卖体力吃饭，找个工作不容易。"

"我们每天都要干10个小时以上，如果赶工期的话还要加班。加班虽然有加班工资，但强度太大有时候也受不了。我前几天就在一个工地连续打了17个小时的混凝土。打混凝土是重体力活，干了5天后，我就觉得自己实在吃不消了，只好辞了工。我一个工友曾经连续打过两天一夜的混凝土，那样的劳动强度，让人看了都害怕，但他为了挣加班费硬是扛下来了。"

"有时候工友间配合不好，就要返工，一返工大家的工作量增加很多。劳动强度那么大，再遇上返工，谁的心情都不好，矛盾自然就多。我的腿就是十几天前被工友打伤的，现在还在治疗。当时工友们把我送到医院，医生说要住院观察，可是没有钱，只给我输了点液体，开了点口服药，就送我回了。"

"那几天，我在自己租住的房间，疼得起不来床，身边一个人也没有。工资也没发，看病之后，我连吃饭的钱也没有了。挨到第二天，实在没有办法了，我给工地的经理发信息。中午，公司的经理来了，拿来10个大饼。他说公司不管这事，有本事就到法院去告。过了几天，公司把我叫到财务室，结清工资后就让我走人。"

这样的遭遇，在汪孝利来说，并不是第一次，可能也不是最后一次。说起工作，汪孝利笑了："只要是合法的打工的行当，我基本上都干过，经历都可以写小说了。每次换工作的背后，几乎都有一个这样的故事。"

走在自己亲手建设的城市里，他发现自己无以为家

16年来，汪孝利在都市中匆匆奔走，从一个少年走成了青年，却始终是一个过客。家，现在是汪孝利最渴望得到的。在经过这么多年的风雨之后，初出茅庐时沸腾的热血早已冷却，现在他只想找到一个能过日子的女人和一个避风的港湾。但是这样的梦想，竟然也是奢侈的。

直到现在，汪孝利的家，依然只是一张流动的床位。工地在哪，汪孝利就把家搬到哪。目前，他刚被原来的公司解雇，经济比较困难，所以和七八个工友住在一间小房间里。以前经济情况好一点的时候，他自己租个小房间住。他说他喜欢干净，不喜欢和不讲卫生的人挨着睡。

汪孝利也想好好成个家，可是他又笑笑说，谁肯跟我成家呀。就算有人愿意，我也买不起房子。汪孝利说，他在兰州待了十几年也没有什么存款。这16年来，兰州虽然有很多高楼是在他和工友们的手里盖出来的，但是他很穷，连买1平方米的钱都付不出。不过如果有个家，也许他就能存下钱了。但是到现在，那个女孩还没有出现。没有钱，没有房，爱情离他很遥远。

说起爱情，汪孝利有些腼腆。他说自己第一次和女孩子交往竟然是打户讯电话。那时的他，刚到甘南路的一家夜总会当服务生。此前他没有接触过女孩，对女孩还保持着神秘的敬畏。每天看着夜总会里那些衣着鲜亮的女孩在眼前飘，他也很想试着交往一个女朋友。但是，他知道夜总会的女孩自己交不起。

一个服务生给了汪孝利一个电话号码，让他和女孩聊天。这对汪孝利来说，是一种诱惑。这天夜总会打烊后，汪孝利一个人留下看店。他把自己锁在房里，偷偷地打了这个电话，电话那端果然有个声音很好听的女孩。从没有恋爱过的汪孝利，觉得一切如此神奇。他一发不可收拾，每天晚上都要和那个女孩通过电话后才能安心睡去。在这个寂寞又寒冷的冬天，女孩的一点慰藉竟然也让他感觉到温暖。他不知道这算不算爱情，但却已经把这个女孩当成了红颜知己。

到了月底，老板发现电话费奇高，把电话清单调出来给大家看。汪孝利才知道他打的原来是声讯电话，女孩每天和他聊天不过是为了套他的电话费。老板一怒之下揍了他。汪孝利也感到羞愧难当，他辞去工作，并把当月的薪水留给老板做为补偿。从此，他再也没有打过那个女孩的电话。

后来，汪孝利又谈过几次恋爱，但是都没有成功。曾经有一次差点就成功了。汪孝利说，如果那次成了，现在他也就有家了吧。那次，他认识了兰州某经贸学校一个20岁的女大学生。他第一次有了爱的感觉，第一次为了一个人朝思暮想，也是第一次那么强烈地想娶一个女孩回家。于是他认真地去追求了，但是女孩却没有接受他。

汪孝利说，不能怪那女孩现实，只能怪自己无法给她一个像样的未来。他没房子，没有正式工作，觉得根本配不上人家。虽然爱情有花无果，但这却是他长这么大，离幸福最近的一次。

后来他又认识了一个女孩。但这次他连考虑都没考虑就拒绝了。因为女孩一见面就问，你有正式工作吗？有房子吗？这样的问题让他觉得尴尬，也让他没有勇气和她交往。虽然他认为爱情应该是单纯的，两个人的幸福应该一起去创造。但更多的时候他会因此而自卑。很长时间以来，汪孝利都不敢谈恋爱，甚至一度放弃了成家的念头。

但在内心深处，汪孝利还是想找一个能够与他共度一生的女人。他说，"在这个城市里，只要想到还有一个人在心中牵挂着我，关心我，能够让我心甘情愿为之奋斗，那么吃再多的苦都不要紧。"可是那个人还在多远的将来？越是孤独，汪孝利对家的渴望越强烈，他想到了老家。他发现即使当年他逃离了故乡，故乡却仍然牵动着他的心。虽然1995年父亲去世后，老家就没有亲人了，但是每逢过年,汪孝利还是会回到老家那个已经荒芜的三间土房。因为在他心里,那里依然还是他的精神家园,也只有在那里,他才能够感到和那些早已经逝去的亲人们,依然保持着血脉相连的关系。

后来在兰州的街头,我再次遇见了汪孝利。他穿着一件洗得很干净的白色棉质T恤,水蓝的牛仔裤,白色运动鞋,刚洗净的头发,在阳光下闪动着淡淡的金色光芒。他说,他刚找了一份陪护的工作,现在正在照顾两位老人,工作还行。前不久,他经人介绍还交了个女朋友,虽然还不知道结果如何,只是希望一切都能顺利。

主编点评:

每个人都可以有自己的梦想。

农民工汪孝利的梦想,就是能够融入他所在的这个城市,和城里人在同一片天空下平等地生活。他希望有一天可以自由地出入,不被拦阻在政策的大门外;他希望有一天可以不再受那些身份歧视的约束;他希望可以和城市人有同等的就业机会;他希望可以有尊严地活着,和城里每一个受尊重的人一样。

这些对于城里人来说司空见惯的权利,对他来说,却是可望而不可及的,甚至是有些天真的幻想。

和汪孝利有相同遭遇、相同梦想的农民工们有很多很多,他们怀揣着梦想,却不知道梦想到底在何方。他们细细丈量着从梦想到现实的距离。但是即便如此,他仍然说不出,梦想和现实之间到底有多远。在这期间,我们没有看到梦想的力量,却只看到一个人的孤独守望。我们谁也说不清楚,在这条时间的长河里,有多少梦想破碎,又有多少梦想沉淀下来。

给自己打工

秦 娜

张江瑜：坚持需要一种勇气

　　张江瑜来自通渭农村，1999年，他考入了兰州商学院经济管理学院，现在他开办了一家博遨英语辅导中心。谈到创业，张江瑜可谓是"经验老道"，因为大学四年里，他一直在实践着他的创业理想。至今张江瑜仍然清楚地记得他的"第一桶金"：

　　大一的寒假，很多学生由于理财出现问题，连回家的路费都不够了，也不好意思再向家里要钱。张江瑜看到舍友的窘境，就想着怎么能找个办法让大家赚点路费。张江瑜经常到各宿舍检查卫生，发现有些男生宿舍堆着很多啤酒瓶，没人收拾。他想如果能回收过来再卖给废品收购站，就能赚取中间的差价。大家一听都同意了，四个人凑了80多元钱作为本钱，由于又能挣点小钱，又能清理垃圾，所以男生们都很乐意把酒瓶卖给张江瑜。3个小时下来，他们把六层楼走了个遍，收回来的酒瓶子堆在地上厚厚一层。第二天，他们叫来废品回收站的人，拉了满满两三轮车，最后一数钱，每个人能赚100多元，大家拿着钱高兴地回家了，张江瑜也第一次从自己的劳动中尝到了甜头。

　　过完寒假，张江瑜开始利用课外时间带家教。在找家教的过程中，他发现当时家教中心还很少，只有兰大一家，社会上普遍对大学生带家教不认可。他就想办一个专门为大学生提供服务的家教中心。他跑了很多部门，于2000年9月创办了兰州高校家教联合中心，为了联系起来方便，他还自筹1000多元买了当时刚兴起的小灵通，印了2000多份传单散发出去。可是由于没有固定的办公场所，上课时很多咨询电话也接不上，中心成立后只是给一些熟人介绍家教，并没有达到预期的效果，后来就停下来了。

　　张江瑜家里条件不是很好，为了减轻父母的负担，四年大学的所有费用都是他自己挣来的，其中最主要的就是带家教、稿费和帮别人做策划文案挣的钱。上大学的几个暑假，张江瑜都在兰州打工。有一年暑假，他挣了4000多元，每天三四个家教，他穿梭于红山根和晏家坪之间，常常是中午随便吃点就赶往下一个点。与其他同学越到期末越"贫困"的情况相比，张江瑜则是越到期末越"富裕"，很多同学回家还向他借钱。

快毕业了，有几家企业主动向张江瑜伸出了橄榄枝，可是他还是决定自己创业。于是，他和3个同学多方筹措资金10万元，于2003年9月注册成立了自己的策划公司。公司成立之初，没有什么名气，而策划这一行，讲的就是知名度，很多企业愿意把生意交给那些大型的、有名气的、有成功案例的策划公司，他们很少接到生意。几个同学一商量，停掉了公司。不到一年，他一个人赔了1万多。散伙的时候，他对几个哥们儿说："谁还想跟我干，来年再开始。"后来几个同学有的去了外地工作，有的家里给找了好工作，只有张江瑜一个人揣着1300多元，回家过年去了。过完年，张江瑜又回到了兰州，那时候他兜里只剩100多元钱，他也想着再去找工作，可是心里却对自己说：既然选择了，就不要再回头，否则就等于承认失败。

在大学期间，张江瑜带家教主要教中学英语。在这个过程中，他总结出的一套办法，在一些学生身上进行了实践，并取得了满意的效果。张江瑜进一步考察了市场，准备开一家英语培训班。没有资金，他找到一位南方商人，把自己的想法说完后，南方商人决定投资10万元与他合作。他的好朋友陈军强告诉记者，在筹备培训班的那段日子里，为了省钱，张江瑜经常吃大饼，以步代车，一双皮鞋穿得不像样子，睡在租来当教室的房子里，但他还是坚持了下来。由于培训班收益不是很多，也比较慢，南方商人就不想再做下去了。张江瑜把几个月挣到的1万多元钱都给了南方商人，还清了他的投资，于2004年10月一个人接手了培训班。停掉了学生不多的课程，只开了中学英语一门课程，但参加培训班的学生越来越多，现在已有100多人，还增设了"合同班"，他的事业也慢慢步入了正轨。张江瑜说："在生活中，要处处留心，认真对待每一件事情，往往会有意外的收获。就比如做家教这件小事，很多人也许是带完就完了，可是我用心去整理了，现在就用上了。"目前他正在编写自己的语法书，对扩大自己的事业也有了进一步的打算。

回想自己的经历，张江瑜说，开始的时候，对自己的认识不是很清楚，被大学里的各种荣誉、光环冲昏了头脑，认为自己什么都能干，但事情其实并不简单。刚毕业的大学生想创业，要有雄心壮志，但更要认清自己，定位低一些为好，眼高手低是很多人容易犯的错误。

张振华：积累点经验再去闯

　　兰州伟图软件有限公司总经理张振华，2002年毕业于兰州大学地理专业。毕业时他被保送继续上本专业的研究生，可是由于他不是很喜欢地理专业，就放弃了读研的机会。大学的时候，他一直对计算机很感兴趣，学过不少相关知识。毕业后，他在兰州找了份工作，三个月后，他又到了"飞天网景"，一直工作到2004年5月。在那段日子里，张振华从最开始的只是对计算机感兴趣，到学会制作网页，学会编程。人们熟悉的"西部宽影网"的第一版和第二版就出自他手。

　　张振华毕业的时候，就想自己去创业。当时，他听说兰大要成立科技园，就拿着自己费尽心思写的《商业计划书》去找老师，但老师只是表示想法很好，让他继续等等，等科技园成立后再说，后来张振华看一直没有什么动静，就去找工作了。

　　2004年兰大科技园一成立，张振华就辞了职，和同学开始筹备他们的公司，最终"伟图"成为了兰大科技园第一批入园企业。与很多创业的大学毕业生相比，张振华是幸运的，因为科技园专门以孵化有科技项目的中小型企业为主，对进园企业都有相关扶持。刚一入园，就有专门的创业辅导员帮助他去跑各项手续，直到拿到执照，这让张振华省了不少心。目前他的公司主要做软件开发、网络服务以及政府、企业的信息化建设等业务。

　　公司创办一年多，张振华经历了合伙人退出、公司发展低迷等窘境。他坦言，当时很多人都看不到希望，团队也开始动摇，好在都挺过来了，现在伟图公司也算是小有规模。张振华是个很细心很有想法的人，作为总经理，他除了要谈业务、见客户外，平日里他还很关心时事，对国家针对大学生创业以及国家扶持科技创新的政策尤为关注，他懂得运用国家政策去发展自己的事业。2005年，他抱着试试看的想法申请了科技部中小型企业科技创新基金，没想到真的批下来了。当时张振华给一些朋友讲这件事情，很多人都不敢相信。目前这笔资金已经投入到公司新项目的研发当中，虽然还远远不够，但这不仅解了燃眉之急，还给整个公司增加了信心。张振华很清醒，他说："这笔资金是用来让你发展的，不是让你生存的。它是给公司持续发展提供一个机会，所以一定要用好它。"

说到给别人打工的日子,张振华说对他的帮助非常大,最重要的就是从技术上学到了很多东西,同时懂得了公司经营管理的基本模式,也使他更清楚地了解了社会,学会了怎样和别人打交道。张振华一直提倡刚毕业的大学生应该先去就业,等经验积累得差不多了再去创业,那样会更有把握一些,成功几率也会更大一些。他说,刚一毕业想靠一个人的力量去创业太难了。此外,在创业过程中,合作伙伴的选择也尤为重要,合伙人一定要是个有责任感的人。

做了一年多的老板,张振华尝尽了其中的辛苦。他告诉记者,以前给别人打工,不用考虑那么多,现在自己做老板,什么事都要去操心,深感肩上的责任比以前重了许多。张振华开玩笑说:"现在总觉得自己老了很多,心老了。"

当然张振华现在也有他的担心,在多次与客户的接触中,他发现由于年纪比较轻,所以总有些这样那样的问题需要解决,管理方面还有很多的东西要学习。他告诉记者说:"公司才算起步,都要慢慢来。"

王洋:怀揣梦想走四方

嘉峪关女孩王洋,2005年毕业于兰州大学艺术学院声乐表演专业,2006年,22岁的她已经被人称为王总了。

2005年11月份,王洋和同学梁爽注册了自己的公司——天地人企业策划咨询有限公司。这个角色的转换,让她还有些不适应。记者联系采访她的那几天,她有些忙,因为公司有新的业务,需要她去谈,去签合同。当然,这也是很让她高兴的事。

王洋3岁起开始学小提琴,5岁学钢琴,音乐一直伴随着她的生活。进入大学后,王洋的学习生活更紧张了。对音乐的热爱,使她从来不敢懈怠自己的专业。她自学了长笛、架子鼓。她深知,学音乐需要的是综合素质的积累和提高,她说:"学艺术的人,要头顶哲学,脚踩文学,中间要有丰厚的艺术理论。"王洋告诉记者,她用来学习专业的时间只占到所有时间的三分之一,平时除了常去琴房外,就是去图书馆和自习室,她阅读了大量哲学、文学、历史等方面的书籍,经常去听其他院系的讲座。她还自学了意大利语、德语等5种语言,因为她知道如果要参加国际赛事,这些都是必须的。而这些丰厚的知识为她的创业也带来了很大帮助,感触最深的就是一些法律知识在签订合同的时候派上了大用场。

在校期间,王洋是个很忙的人,同学们经常能看到她骑着自行车"飞驰"

的身影。她曾经担任学校舞美协会、合唱团等5个部门的负责人，还多次参加外语学院的外事活动，结交了许多外国友人。她告诉记者，通过这些社会活动，对她是一个极大的提高，她获取了很多信息，开始思考一些问题，也有了许多新的想法。她每天早上6点多就去上自习，中午吃完饭还要去洗衣房勤工俭学，下午下课后，匆匆吃过饭就赶去体育部教健美操，之后去合唱团排练，已经晚上9点多了，还要去自习，那些日子她总是最晚回到宿舍的。闲暇时间，她还在学校做产品推广，偶尔带家教，周末去城里演出，还有一段时间在西餐厅弹钢琴……可以说大学期间王洋已经可以养活自己了，可是她挣的这些钱，很多都用来到处找老师学习，继续提高自己的专业水平。

"Just do it"（说做就做）是王洋很喜欢的一句话，凡事只要尝试就有机会。2004年初，王洋得了一场大病，病情很严重，妈妈常常暗自落泪。动过手术后，王洋瘦了很多，她也知道学声乐的最忌讳动手术，这样会伤元气，很难恢复。几个月的时间，她的成绩也下滑了很多，重新回到学校后，她努力补课。5月，身体还没有恢复好，她就参加并进入了由中国文联、北京市文联共同主办，首都老艺术家协会承办的第十届全国推新人大赛的决赛，最终，王洋凭借自己作词作曲、自己演唱的原创歌曲《西部，我的母亲》，从数万名选手中脱颖而出，以全场最高分获得该组比赛的唯一金奖。同期她的乐队还获得了"冰力先锋"第三届校园乐队全国选拔赛甘肃赛区的最佳乐队奖。2004年的她从年初的大悲转为年底的大喜，这是令很多人没有想到的，因为当初王洋准备去参赛的时候，很多人都说去也没用，全国性的比赛还不知道会怎么样呢。大三、大四时王洋就这样奔波于北京、上海等地，参加比赛、采风，不断开拓她的视野，为做音乐积累了很多。

现在一些大学生毕业后找不上工作，就不敢去想自己创业。王洋在筹备公司之初，也是要钱没钱，要经验没经验。但是王洋说："没有资金可以想办法去筹，没有经验可以去学，如果等什么都好了，那还能做什么呢？你没有试一试，怎么知道行不行？" 2005年快毕业的时候，王洋有了办公司的想法，和同学梁爽商量。原本梁爽在重庆家乡已经找好一份不错的工作，可是听到王洋的想法，两人一拍即合。就这样筹集资金、跑执照、签合同，这些她们以前从没接触过，现在都是边干边学。

王洋的公司主要是做企业咨询、策划，同时承办大型明星演出、礼仪、各大赛事等等，范围比较广。目前她主要侧重于演艺和培训，因为那是她更为熟悉的领域。而她也一直有一个想法，就是希望通过她的努力挖掘西北的音乐资源。她走过很多地方，认识到西北音乐是一个大的宝藏，只是缺少开发和推广。西北这片热土给了她许多做音乐的灵感，作为一个音乐人，没有灵感那还能做什么？不知疲倦的王洋依然忙碌着，白天去忙她的生意，晚上会去西餐厅弹琴。因为她现在没有琴，她怕放得久了就生疏了。同时她还在继续音乐创作，也在做关于藏传佛教音乐的课题。

王洋选择了创业，但这并不等于放弃了音乐梦想。

杨昕霖：我们的团队让我很感动

"我们的团队让我很感动。"这句话是杨昕霖在接受采访中说的最多的一句话，也是近两年的创业经历中他感触最深的。

2003年，杨昕霖毕业于兰州理工大学计算机专业，在兰州一家单位干了半年之后，辞职去了上海一家软件公司工作。2004年年初，兰州理工大学的大四学生张雪林去上海实习，当时几个年轻人租住在一起，晚上经常聊天。有一天晚上，大家不知怎么就聊到了创业，一直聊到很晚。第二天大家都忘了前一天晚上那些类似于开玩笑的话题，倒是杨昕霖想起来了，问大家对创业到底什么想法。就这样一来二去，大家开始积极实施这个创业的"大计"了。

之后的日子，跑投资、做调研……就这么忙活起来了。杨昕霖发现，在上海，手机无线增值方面的业务已经很普及了，而且已经进入市场规范阶段，但在西北仍是空白。他很想在西北把这项业务做起来。再回到兰州的时候，一次偶然的机会，杨昕霖遇到了一个朋友，他就把这些创业的想法和企划告诉了这位朋友，这位朋友专门去上海进行了考察论证，之后，决定给杨昕霖100万元的风险投资。这样，杨昕霖的信息科技公司在上海注册成立了。

2004年，张雪林毕业后也加入了这个创业团队。其实大学的时候，杨昕霖就和张雪林是最佳搭档，虽说张雪林是学自动化的，但他一直对计算机"情有独钟"。两人的合作始于2002年，当年他们俩一起制作了学校大学毕业生就业信息网站，之后两人在甘肃省第四届"挑战杯"大学生课外科技制作大赛上得了二等奖，后来他们得到的奖项也越来越多，周围的同学们都开玩笑说他们这是"不务正业"。而从一开始，老师们都给了他们最大的支持和鼓励，这也使两个年轻人越发信心十足。

杨昕霖刚刚辞掉工作来到兰州的时候，的确很不顺利，他说："创业在外人看来很风光，但其中辛苦只有自己知道。"当时他满怀信心地回到兰州，找一些大单位去谈项目，可是很多人都觉得他们像小孩子胡闹，几经周折后才找到一家肯合作的单位。创业初期，为了省钱，杨昕霖托朋友找了个免费的小仓库，连个窗户都没有，六七月的时候，小仓库里闷热难耐。三个人平均每个月的生活费一共才有五六百元，买衣服、买鞋都是拣最便宜的。杨昕霖笑着说，那时真是比上学时穷多了。杨昕霖说他们那些日子基本上就是重复着被打击——振作——再被打击——再振作的状态，但是创业的激情一直激励着几个年轻人，没有一个人抱怨，也没有人因为困难而退出。他们记着一句话：有福同享，有难同当。靠着相互鼓励，团队支撑了下来，正是艰苦让这个团队在后来更加稳定和团结。至今他们还经常回忆那段三个人共吃一碗炒面的经历。

最难熬的日子终于过去了，在第一款手机游戏顺利卖出并推向市场时，公司得到了第一笔收入。之后他们又推出了WAP(手机上网)、手机铃声下载和IVR(手机语音增值)等增值业务。后来，昆明、成都、西安等地都有他们的业务，公司刚成立一年就盈利70万元，现在已经翻了一番。

杨昕霖创业之初，父母并不支持。在他毕业的时候，父亲曾经给他写了一封信，告诉他择业标准，一是政府机关，二是事业单位，三是如果实在没地方去，也一定要进大型企业，可是没想到儿子最终选择了自己创业。父母看到儿子的努力和成绩，逐渐理解了，对他很支持。

记者采访他们的时候，公司刚刚有新的资金注入，近两年的摔打使他们感觉现在"路会走了"，也使他们深刻地意识到稳定的创业团队的重要性，他们也将继续坚定地走下去。

主编点评：

"你工作找得怎么样了"成了现在毕业生见面最常见的问候语。面对不容乐观的就业形势，一些毕业生选择了自主创业。

对于创业的大学生来说，大学期间是一个准备时期。但要准备什么，并不是所有的人都很清楚的。创业者的故事，其实是一本本活教材。

"有了想法就要赶紧去做"，这是创业者们一致赞成的。创业需要一股激情，而激情来源于自信。有了目标后，就要用年轻人的激情支撑着自己走下去，这个过程也许困难重重，但是贵在坚持。这种创业的激情也体现在胆识上。

大学生创业着实不易,所以很多人也提到并不是所有的人都适合去创业,大学生要认真分析自己,给自己一个明确的定位。同时,想创业的大学生要做好应付各种情况的心理准备,包括面对失败。

年轻是人生的一大资本。趁着年轻,独自到市场里闯一闯,或许就能为自己的青春写出最好的注脚,为自己的资本寻找到最好的收益途径。

走出乡村

张 琳

小胜在学校的食堂打好快餐，一份肉，配了西兰花、冬瓜、菜花、豆腐四样小素菜。他放下餐盘坐下来吃。我觉得他的午餐似乎有些太丰盛了，因为他来自甘肃自然条件最为艰苦的农村，而且是家里举债供他念大学的。

个头很高的小胜穿着西装，不过一眼看上去就知道是价格很便宜的西装。戴了一付金丝边的眼镜，显出些斯文的感觉。他读的是本科，但是因为最初上的是预科班，所以要比一般的本科多一年。前四年的大学生活在兰州市区度过，到了第五年，学校迁到了榆中。校区的三面都围着农田，这让已经习惯了市区的小胜感到既陌生、又熟悉。

他觉得自己好像是刘姥姥进了大观园

"我高考的分数很低，还不到大专的录取线。城里的一个亲戚建议我上本科的预科班，不过要交3.8万元钱。"小胜说。

一次要交3.8万元，这个数字确实太巨大了，虽然心里充满渴望，但是理智上他知道这个学是不能上的。父母只靠着种地和几亩籽瓜过日子，而且，因为沙尘暴的侵害，这些年来水质恶化，土地贫瘠，收成微薄。再说哥哥快要结婚了，也需要一大笔钱。他在去与不去之间彷徨着。父母也是左右为难。最后，父亲到银行取出了少得可怜的一点积蓄，从亲戚处借了一些，又贷了一些，总算是凑够了钱。2001年的秋季，小胜走进了大学预科班。

"我在县城中学念书的时候，大家的差别不大，所以能保持一个好的心态，专心读书。"小胜说，"那时候，农村的孩子对大城市没有太多的了解，以为上了大学，就实现了梦想。"

下了火车，一出兰州火车站，小胜觉得自己好像是进了大观园，眼花缭乱。

第一天报到，在体育馆交费办手续，他明显地感觉到自己和城里来的学生就是不一样，真是土啊，一言一行还有穿着，都和他们格格不入。

最明显的是语言，自己的普通话差，刚来时用方言说话，不但发音蹩脚，而且吐字不清，那些说着普通话的城市同学就学着他的腔调说话。"他们学出来的跟你自己说出来的味道截然两样，他们不是直接嘲笑你，但是这种方式让你感到羞辱，使得你闭上嘴不要去说话，保持低调的态度，独来独往。"小胜说。他的表情很平静、很坦然，仿佛这些与自己无关。

在预科班的学生中，只有两名是从农村来的，一个是小胜，另外的一个来自江苏，这个同学虽然是农村的，但是父母有自己的工厂，他每个月的消费是2800元，这个花销数字让小胜感到不可思议。当时给他的感觉就是：有钱就是好啊。

第一年的预科学习，小胜很少与同学来往，他埋头读书。"我只能靠学习充实自己。"他说。"那时候觉得自己没钱，想干啥都干不成。"

第一学期，小胜花去1500元钱，大多数都是吃饭了。因为觉得自己家庭的生活状况和条件不佳，所以班上或同学之间的活动都是能推就推了，不怎么参加。

只有调整自己来适应环境

预科学习结束后，大学生活正式开始，分班时小胜选了法律系。他新住的宿舍里有5位同学，有兰州市的，也有来自临夏和宁夏固原的，虽然不是什么大城市来的，但是他们的父母不是政府部门的领导就是企业的经理。不过他们并没有对他另眼相看，可能是因为他的学习非常好吧。而且，经过一年的校园生活，他的普通话很有长进，虽然不是非常标准，但是他懂得多，很能说。

"在新的班级里，差不多有一半学生来自农村，他们都是只顾学习，而不去关注与他人的交往，"小胜说，"对于农村学生来说，城市是一个完全陌生的环境，我们在从低处往高处走。这个过程中，常常能感到自己的不足，比如你的普通话讲不好，不懂音乐和计算机，没有那么多见识等等。这些短处常常在折磨着我们，让我们无法自信。"

而且，他看到的情形是，学习好只能让老师认可，同学并不认可。所以，他虽然一心一意学习，但是并不想继续封闭自己。

"出身状况是天生的，不能改变。那么只有调整自己来适应环境，改变别人对自己的看法，让别人认可。我觉得自信是和个人能力成正比的。"小胜说。

　　这时候的小胜，胆量和勇气足一些了。第一次民主选举班干部时，他就上台演讲竞选团支部书记。他这样做的原因有4点：一是担任班干部会对以后的综合测评有好处，二是对人际交往有帮助，三是可以锻炼自己，四是可以在实际中得到一些好处。结果他被选上了。

　　担任学生干部后，他有更多的机会、条件与老师和同学交往，体会和积累了一些为人处世的方法和经验，在处理人际关系方面提高特别快。到大二时，重新民主选举班干部，他再次当选为团支部书记。

　　同学们搞活动的花费都是AA制，不过大家都不让他出钱，但他不好意思参加。渐渐地，他觉得这样太封闭自己了，无法了解到外面以及同学之间的一些情况，而且这也是一个和同学联络感情的途径和机会，所以就开始慢慢地参加起来，一次出个10块20块。这种同学们在一起的聚会，让他感到愉快并有收获。一些外地同学的父母来兰州，吃饭时都会特别叫上他，但他很不愿意去。特别叫他的原因，有些是因为关系好，有些则是为了别的目的，比方到考试的时候，这些同学会说："位子我已经给你占好了，你过来吧！"他也是能帮就帮，答完了让人家看一下也无所谓。

在花钱的问题上，小胜觉得自己的脑子还是比较清楚的

　　小胜的花费一年比一年多。主要是伙食费，其他再买一点书、上网看看新闻，还有同学聚会的花费等等。大四的上学期小胜花去3500元，其中家里给了2000元，因家庭困难学校补助了1500元。小胜说，虽然自己总是在尽量克制，但是不知不觉钱就没了。

　　在校园里，贫困生为节约伙食费，一天只吃两顿饭或饥一顿饱一顿的现象很普遍。曾有一则报道说，一位在西安读书的贫困女学生，洗澡的时候晕倒过两次，医院说是严重的营养不良。但是，小胜他在吃饭问题上并不亏待自己，一般是打三块五一份的，米饭、一勺肉、四小勺素菜。食堂也供两块钱一份的，就是米粉、清汤卤面片，小胜觉得这种饭吃不饱。"吃不饱就没有精力学习。"

　　衣服就买便宜的、打折的，一条裤子也就20多块钱。"穿的倒无所谓，只要穿着舒服就行，再说你的裤子是20多块钱的还是200多块钱的，别人一眼也看不出来，而且也不会有人去特别注意的。"他说。

　　每一次从父母手中接过钱的时候，他心里都很不舒服，"我老在想，自己

什么时候才能挣钱给父母呢？"他的语气很重。

小胜觉得在花钱的问题上，自己的脑子还是比较清楚的，而且做得也还算可以。但是在他的周围，就有一些农村同学，在花钱的问题上走入了误区。系里一个农村来的学生，家里能给他的钱太少了，但是他平日的花销很大，吃、穿、用、活动，一样儿都不比城市同学的水平差，钱不够用，就向同学借，借了却还不起，一次又一次，结果是越积越多，心里压力非常大，终于有一次在酒后闯进白银路一个住户家里抢劫，被判刑了。"一个学法律的大学生，却无视法律去入室抢劫，就是因为家庭贫困，却又想在生活上跟随城市的同学，于是在举债无力偿还的情况下，做出了违法的事儿。"他说。

他的同学当中另有一个农村来的男生，就因为要请班干部吃饭，借了一笔钱。为了向同学还上这笔钱，落得自己在很长一段时间里只能天天吃馒头。

"我觉得请吃饭其实没有什么实际效果。"他说。同学请吃饭一般是出于利益驱动，比如说，想要入党，但是入不了，就通过请班干部和老师吃饭的方式拉关系。虽然入党是一件公开的事情，但实际上有许多人为的因素，你再差，班主任认可你，你就能入；你再好，同学们再认可，班主任不认可，报上去也会被撤下来。

"在这近5年的大学生活中，我从没有请老师和同学吃过饭。"他说。"我没有什么目的要通过这种方式来实现！"

就看你能否找准适合自己的平台

回想这几年里走过的路，小胜说现在的自己和大一时相比，在思维方式和思考内容上都截然不同了。"在大学里，展现自己的平台很多，就看你能否找准适合自己的平台。"现在他的能力和为人处世已经被同学基本认可。只有被老师和同学认可，才能在学校里过得轻松、自在，才能不生活在别人对农村学生的歧视中，才不用忍受屈辱和压抑并为此耗费精力。他认为自己之所以被认可，主要是学习成绩好，其次是积极参加各种活动，还有很重要的一点是和老师交往，面对面的交谈，在被了解之后，老师会对他有一个定位。大学本科的4年里，他都担任学生干部。当学生干部也会让班主任有更多的机会了解自己，因为常去老师办公室，还可以乘此熟悉其他带课老师，而在综合测评中，老师的印象分很重要。一些老实用功的学生，得分却并不见得高。所以他深深地体会到，人际关系实在是太重要了，他正是将此作为一个突破口，慢慢地改变了自己在学校的处境,在别人的眼光里坦然行走,而不是自惭形秽地低下头去。

现在小胜也能适应各种场合了,清楚在每一种场合里自己该怎么去说话,哪些话该说,哪些话不该说。"有人会认为这是虚伪,但这是社会因素所致。在有些场合,明知这样做不对,但是为了保全自己,还是要按照有利于自己的方式去做,顺着别人的思维去做。只有保全自己才能发展自己,个人力量是不可能掀翻一大片的。我们最终还是要面对这个社会,接受社会的考验,所以不能让自己一直处于幼稚状态。"小胜说,他要尽可能地让自己融入这个社会,融入"中层人"当中去。

在这一两年里,小胜对父母的辛劳也体会得格外深。看电视时任什么内容他都不会流泪,可是看到讲述父爱母爱的内容就忍不住落下泪来。暑假回家,他常常下地帮父母做农活,浇水、收麦子、打麦子,也会为父母做饭。其实上中学时并不能体会到父母的辛苦,那时候很怕干地里的活,总是以看书为借口呆在家里。但是现在不怕了,太阳很毒的夏天,他带个大草帽,周围再用布一裹,只露出两只眼睛。

小胜说,这个转变,一是自己长大了,二是来到城市,看到了城市人的生存状态,尤其在学了法律专业之后,有机会也有意识地接触和了解到社会中的现实,对于一些问题的体会和思考都比较深入了。

"等以后自己独立了,我不会让父母种那么多地,经济条件好时一定要将他们接到自己身边来。"小胜的声音变得很轻。

要在城市里干出个样儿来

无论走到哪里,小胜都提着课本,争分夺秒地看。他说,必须抓紧复习,因为要考研究生。家里困难,他本应该赶快找到一个工作,挣钱自立,缓解家里的经济窘况。为什么还要考研?

小胜说,读书和体恤父母并不相悖。正是读书的过程使他学到了好多东西,成长了许多,包括更懂得了父母的爱。虽然考研意味着要继续依靠父母的经济支持,但是这种情况是暂时的,不会长久,读研究生以后他会做得更出色。当自己能独当一面时,就可以给父母更好地报答,让父母得到更多。

"其实,父母最大的心愿就是子女有出息、能成功,特别是农村的父母,虽然子女也可能有其他一些机会出去工作,但是他们还是希望孩子通过上学的方式出去并改变自己的前途,哪怕贷款、哪怕举债,因为在他们看来这是非常光荣的。父母的苦是一个历史，他们不希望孩子再受同样的苦了。"在大学里，他每年都是三好学生，父母看到他的获奖证书后非常高兴，他们很看重这个。其实对他自己来说，当上三好学生只是一个很小的方面罢了，在大学里他的收获实在是太多了。不过看到父母为此那么高兴，自己的心里感觉也就特别好。

"现实中，有钱有地位的人常常是高高在上，没钱没地位的人很难抬起头来，生活得太辛苦。"他说。

农民的生活就太苦了。在学校的综合测评中，为一分两分的成绩而特别计较和争执的，都是农村学生。因为这关系到奖学金的等级和数目的多少，农村来的学生看重那些钱，虽然不多，但是对他们来说，帮助就很大了。小胜班上的一个农村女孩，学习非常好，就是因为常常为了测评中的一分两分去争，弄得老师和同学都讨厌她。"因为多几百块钱对她来说就是不一样。但是计较和争执的结果却是老师和同学不认可她，那就只能是自己跟自己较劲儿。"小胜说。

印象最深的是，今年新学期开始的时候，小胜和叔叔去西安送考上技校的表妹。"从表妹的肤色和衣着，一眼就能看出是农村来的，从上车到报名交钱，你从人家的眼神里就能感觉到一种蔑视。"小胜的神情里有一种尴尬，仿佛受到蔑视的人就是他自己。报名后3个人进学校餐厅打饭，要了一份肉，只有几小块，就好几块钱，叔叔不由得问："咋这么贵？""嫌贵你不要吃啊！"窗口那个打饭的人漫不经心地扫了叔叔一眼，以轻慢的语调对过来。

"还有呢，上宿舍楼时，那些城市学生对农村来的就格外注意，问得特别多。"小胜说。后来，在排队帮表妹办理"一卡通"时，和三叔走在西安的大街上时，他都能感觉到人家看他的那种眼光。"对于这些，三叔和表妹也许都体会不到、意识不到。"他说。

"你在城市里念书快5年了，看到三叔的情况，你会不会觉得自己已经从那个状态中走出来了？"我问。

"没有，这种状态会持续很长时间，不是一下子就能改变的。"他说。"虽然在城市念书快5年了，但是，别人一看就知道是农村来的。"比方说，有一次他也是去学校餐厅打饭，打饭的人瞪了他一眼，不理，他气坏了，吵起来，向着对方大声说："充其量你也就是个打工的！"还有，到商场和超市买东西，当售货员向他介绍某种东西，他不要时，对方的那种眼光，让人觉得非常不舒服，很受刺激。

"过去多少年的生活留下的痕迹太深了。经济只是一个方面的因素，还有农村和城市巨大的文化差异，接受与融入的过程也是漫长的。"他说。"无论从哪个方面看，农村人总是处在被城市人歧视的境地，只有达到特别高的层次，你才有资格、才可以理直气壮地说你是从农村出来的。"

小胜认为，这是社会的一大顽疾，作为个人、作为一个学生，不可能改变，只能去关注和了解，所以他上网的第一件事就是看新闻，他关心三农问题，关心农村税费改革，关心自己家乡沙漠化的治理情况……前不久出现的一些场合不允许农民工进出的问题也让他非常气愤。

"虽然说人人平等，但是现实却不是。即使法律，其效力也更容易在不具权力和经济能力者的身上体现，而在权力和经济能力较强者身上就体现得弱。"小胜说。

愤怒归愤怒，不平归不平，小胜感觉这5年里自己的心态还是挺好的。他觉得关键是要正确认识这个社会，同时也找到自己的准确定位。很多东西，你想明白了，也就无所谓了。有些事情，只要你换个角度去思考，都可以过去了。在某些情形之下自己可以吃点亏，但这并不表明自己软弱。

在小胜的心里，不但要摆脱继续做农民的处境，还要在城市里干出个样儿来，他想将来从事律师职业，而考研是一条最切实可行的路子。如果考不上研究生，先找个工作干着，再继续考。或者先通过司法考试，再考研究生。

"以现行的教育体制和用人机制，也是一种考试的竞争、学历的竞争。本科毕业工作很难找，即便找到了，也是体力的、不被世人所认可的，而且工作后的状态也不理想，而研究生则有可能得到高层次的脑力工作。从已经工作的人的现实状况中也反映出，只有通过各种考试提升自己，才能达到一种较理想的状态。用人单位更关注的是你的学历，如果你没有高学历，即便你有实力、有工作能力，也不给你展示的机会和平台。而且，作为一个农村孩子，没有任何权力和背景可以依靠，只有靠自己。"小胜说。据说考研从复习到初试再到复试，每个人大约要花5000元钱。小胜说这也没关系，相当于股票投资，不投入就没有收益的可能性。

我和小胜走在环校路上。校区里的教学楼和宿舍楼都是崭新的，但是没有树，为了绿化，校园的空地上种着麦子，有一拃高的样子，到了冬天，已经枯黄了。面对着这些枯黄的麦苗，小胜说，虽然他看到，农村出身对一部分农村同学的心灵和生活产生了负面影响，但是对他自己来说，几乎没有负面影响。当然，从乡村来到城市，他也不能完全把握自己，但是他会尽量去认识各种情况和事物的实质。其实乡村带给他更多的是积极影响：从乡村出来，面对广阔的大千世界，他产生了强烈的好奇心，有一种激励的作用。而且农村出身养成了他吃苦的精神，"看书很辛苦，到了晚上时常觉得头疼。但是想到父母的苦，就觉得不算苦。"他说。

尽管如此，小胜还是想要走出乡村。

后　记

我是在榆中校区采访的小胜。得知他要考研时，一开始，我心里确实有惊讶与不满——经济窘困的父母东拼西凑，为他交上了上预科班的3.8万元费用，并供他5年里所有的学费和生活费。现在面临大学毕业，他没有积极地去找工作，却还要继续靠父母的接济来念研究生！我甚至认为他当初就不该交那3.8万元去上预科班。

但是听完小胜所有的讲述之后，我却理解了他，甚至在感情上支持他的选择。

主编点评：

小胜进入城市之后所经历的和所改变的，都缘于成长中环境对他的影响，不禁让人想起众多为命运而抗争的农家子弟。

在校园里，来自乡村的大学生在家庭、学校环境和求职择业等方面的压力显著高于城市学生。这一切都让他不得不做努力，从形象上、语言上、行为上、心理上、思维方式上来改变自己。为了被认同，为了改变自己的命运而努力。

也许，当小胜回到家乡时，被丢掉的许多东西将会复原，但是对于小胜来说，他可能再也回不去了。人是回不去了，那么他的心是否还能回去？

我们虽然不知道小胜最终会走向何方，但是，我们能知道的是，为了自己的前途，他在尽自己最大的努力。

我的夜晚有多长

徐爱龙

采访达洁是件很麻烦的事，她来自武威市凉州区河东乡达家寨村，在一家私人开的超市工作，几乎没有多少空闲的时间，晚上下班时间没有定点，经常是匆忙地从幼儿园接孩子回家，然后做饭等丈夫回来。丈夫在酒店做厨师，每天回家的时间也很晚。达洁会趁着这段时间给儿子辅导一下功课。有时候达洁下班晚，接孩子就成了丈夫的事。如果太晚下班，丈夫会打电话过来问问情况，每次都会过来接她回家，风雨无阻。他们这对打工夫妻的夜晚都是在这样的忙碌中度过的。

谈到和丈夫的感情，达洁的脸上露出了一丝满意的微笑。达洁说，对于他们这些在外打工的女孩来说，找对象不会过分强调男方的处境和外表，在达洁心目中人品是第一位。和现在的丈夫谈恋爱时，他在一家酒店帮厨，一个月就500块钱，也极不稳定，但是她就看上了他的为人。

与丈夫相识的过程对于达洁来说是一段很美好的记忆。在认识丈夫张行之前她一直在和一个陕西的小伙谈恋爱，谈不上喜欢或者不喜欢，内心的感觉一直很平淡。直到有一天张行出现在达洁的眼前，他看起来是那样的腼腆温和。和达洁睡在同一宿舍的姐妹们都会七嘴八舌地聊起酒店里的小伙，大家一致认为张行是做伴侣的最佳人选，达洁也渐渐开始动心了。达洁经常会给张行打电话，但从来不说自己是谁，她就这样默默而含蓄地表达着内心的爱意。直到有一天，张行觉得老板给他待遇太差，准备和工友离开时，达洁的内心开始急躁不安。张行来自定西，而达洁来自武威，分别就意味着难有再见的机会了。达洁的朋友知道她的心思，就把她前晚写的日记悄悄给了张行。当张行踏上车准备离开时，达洁急匆匆赶过去将写的一份信递到了张行的手上。张行看了信默默地下了车，约达洁和她的朋友去了咖啡馆。就这样，她挽住了自己的爱情。事后达洁问张行为什么会留下来，张行平静地告诉她，达洁的一句话感动了他：

"也许以后你再见到我的时候，我就已经是别人的新娘了……"张行说他想让达洁做他的新娘。至今想起来达洁仍会流露出一丝感动，"是不是觉得还有点浪漫的意思？"达洁问我，并咯咯地笑起来，完全沉浸在了当年的幸福感觉中。

到了谈婚论嫁的时候，达洁给张行提出的唯一要求就是不回他的老家渭源县麻滩村，希望能留在兰州。1999年他们结婚了，那一年达洁22岁，两年后他们有了一些积蓄，生了一个儿子。对于他们这对在外打工的夫妻来说，生活开始变得更加艰难。达洁转到一家超市工作。2003年"非典"时期，他们更是经受了一场严酷的考验，张行在酒店打工，由于酒店生意惨淡，工资一律减半，酒店老板甚至克扣不发。心酸的经历仍旧让达洁记忆犹新，那段时间没钱的时候，她经常抱着不到两岁的孩子去讨薪。

他们也常常会遇到经济危机，但这些都没有对他们的感情构成威胁。小吵小闹有过，达洁的直率，张行的腼腆不语，两个人互补的性格总是会很快化解这些生活中的摩擦。达洁经常会受到一些未婚小伙的骚扰，"这些对我来说都是'小儿科'。"达洁爽朗地笑了。丈夫对她很放心，她对丈夫更是加倍的信任。每当情人节的时候张行都会尽量陪在达洁身旁。达洁说今年的情人节是他们过得最有意思的一个，那一天丈夫和她都刚好空出了时间，孩子也正好不在身边，他们一起出去逛街，张行给她买了件漂亮的衣服，两个人还逛了逛超市买了许多好吃的东西，达洁觉得特别开心。身边的一些打工朋友也常常流露出对他们的羡慕。"今天是我的生日，他每年都会给我送一个小礼物，当然都不会很贵。"达洁说，今天张行会送什么，她心中充满了期待。

这样的打工生活已经持续8年了，虽然没有厌烦，但达洁也想过改变。达洁有一个梦想，就是等有一定的积蓄和能力的时候，和丈夫开一家自己的饭馆或者超市，不再为别人打工，能够自由地支配业余时间。"我们倒无所谓了，只是觉得有点对不住孩子。"达洁说。到现在为止达洁只带儿子去过一次动物园，达洁也想带着孩子逛逛书店，爬爬山，每天锻炼锻炼身体。由于儿子还小，还没有意识到自己与城里孩子有什么不同，但是儿子和他们的对话有时候会让达洁的心里泛起一阵酸楚：

"妈妈，我们为什么不买高高的房子住啊？"

"我们没有那么多钱啊。"

"爸爸，这些钱我们用来买高高的房子吧！"

"傻孩子，这些不够。"

"妈妈，怎么这么晚才来接我呀？"

"因为那个换班的伯伯来不早,所以妈妈也就晚了。"
……
达洁今年 4 月参加了会计从业资格考试。丈夫是职业高中毕业的,达洁也希望他能有机会深造一下。
"8 年来你觉得自己收获了什么?"
"最大的收获就是有一个好丈夫。"
"你觉得你的业余生活和城里人相比有什么不一样吗?"
"城里人能享受到的我们享受不到,但我觉得我们这样也挺好的。"

我离城市有多远

梁发苫

小张和小何是一对30多岁的夫妇，来自秦安何家湾，在兰州给人刷墙挣钱。

刷墙的时候，两个人都穿工作服。因为要把墙上原有的白灰铲下来，还要用砂纸打磨，白粉就落一身；刷的时候，油漆涂料又经常掉到衣服上，所以，工作服上就到处是灰尘油漆。出门的时候，两人不同。小张仍然是灰头土脸，有时还穿着落满灰尘的工作服，鞋子上也是灰尘，头发中也是灰尘，一眼就看出是农民工，是刷墙的。但小何不是这样。小何带着干净衣服，装在塑料袋中，拿到工地，收工出门之前，梳洗打扮一下，换上塑料袋中的干净衣服，才出门，走在街上，没有人看得出是农民工，是来自农村的"劳动妇女"，而是和城市的人差不多。

不会被当成农民工，这给小何很大的自信。但小张就免不了遭受白眼。他满身灰尘，坐车时，人们就不愿和他靠近，尽量要躲开他，穿着这样的衣服去吃饭，小饭店也不大欢迎。他知道这些，他清楚自己就是一个农民工，这个城市的一个过客，所以并不在意人们怎么看。在他看来，每次出门都换一次衣服，太麻烦了。

小张夫妇的孩子刚刚上小学，在秦安的老家上学，由爷爷奶奶照看。虽然小张两口子在兰州打工已经好几年了，但是，仍然无法把孩子带出来在兰州上学。他们托人问过兰州的学校，据说要交很高的一笔借读费，又听人说，办什么手续可以享受一些优惠，但是他们也不知道到哪里去办手续。每当看到兰州的孩子们高高兴兴成群结队上学，他们心中就很失落。把孩子带到兰州上学，这在小张来说是不敢想象的事情，他们知道，兰州是城里人的兰州，不是打工者的兰州，他们也没有什么奢望和抱怨。现在，小张夫妇在城乡接合部租住一间很小的平房，只能放下一张床，放一个做饭的电炉子。给别人刷的房子如果是还没有入住的新房子,他们一般是日夜工作,在人家新房子中做饭,找木板和包装纸箱之类在地上简单地弄个地铺,晚上在上面睡觉。他们说,如果把孩子带来,可能也照顾不到。

小张夫妇认识了兰州一家卖油漆涂料的小老板,一般的活都是由这个小老板介绍推荐。有时客人买涂料油漆刷墙,却不知到哪儿找工匠,小老板就不失时机地说,他认识一个刷墙的,手艺不错,价钱公道,1平方米才3元钱,还可以讲价钱,低于湖北的工匠。因此,小张的生意还是比较多的。大多人家对于出苦力刷房子的小张夫妇还是客气的,也不会太为难他,也不会赖工钱,但也有一些东家态度很差,动辄挑刺骂人,威胁要扣工钱。这时候,小张都陪着笑脸,说好话,不敢据理力争。因此,小张经常感到心中很是憋闷。他说,在老家耕地种田,就不会看这种脸色。可是老家种田没有多少收入,刷房子的收入一个月有一两千元,苦一些,但有用。

虽然小何出门的时候打扮得和城市人没有区别,但是,她自己内心也清楚自己与这个城市的一切无关。她坐车的时候,看到许多人都刷卡,据说刷卡比现金省钱。但是,她的房东能办上卡,她办不上,因为她是外地人,没有本地户口,而没有本地户口,就不能享受这项优惠。

小张夫妇在兰州的生活是孤独的,与城里人挺隔膜。虽然兰州这个城市是美丽的,乡下人说起来总是羡慕不已,小张回家后给孩子说起来兰州时,也把兰州描绘成天堂一样动人。但是,他们夫妇在兰州没有去过什么地方。有闲工夫时去过五泉山公园,平时哪里都不去。热闹非凡的大商场他们从来没有去过,因为没有钱,没有必要进去;蓬首垢面的,自惭形秽,知道人家商场也不欢迎。娱乐休闲的地方也从来没有去过,小张认为,去那里需要钱,而且这种生活方式也是城里人的生活方式,民工并不习惯。就是一般的地方,如东方红广场、滨河路边、步行街,他们都不去,主要是没有时间。小张虽然租住在一间小平房中,但也不经常住,因为总是在别人家的新房子中凑合。和房东及周围邻居的关系也很一般,房东不过就是到期收钱;周围的邻居也都是租住的,今天来了,明天走了,很少有很熟的邻居。如果没有活,小张经常在卖油漆的小店里,帮人家做点活,等上门的客人。小张夫妇认为,他们不过是城市的过客,虽然在城市打工,但离城市仍然很远。他们打工赚点钱,还是要回到老家去。

 **主编点评：**

农民工受到关注，似乎总是在为讨工钱扬言跳楼、为讨公道爬上塔吊之后。但是，那是些"不明智"的做法，因此而受到关注的农民工，总的来说，并不能算做农民工的"正面形象"。在一些人的想象当中，农民工就应该干最苦的活，吃最差的饭，拿最低的工资，说最少的话，因为这样才最像农民工，才具有农民工的"品质"。

正是因为人们的这种"默契"，农民工成了社会上最应该怨的人，最应该受气的人。文艺作品中，农民工甚至就是被欺骗、被愚弄的当然对象，也成为被嘲笑、被讽刺的当然选择。

走在街上，每时每刻都有农民工从我们面前走过。已经看不出来是农民工的人，我们好像不再把他当农民工看了。一眼就能看出来是农民工的人，好像才是我们心目中的农民工。农民工就这样被"风格化"了。于是，影响城市卫生的人，被认定为进城打工的人；影响城市治安的人，也被认定为进城打工的人。但是，面对这一切，有多少农民工意识到了，有多少农民工站出来了？

报纸上的言论专栏，电视上的评论节目，态度不可谓不明确，言辞不可谓不尖锐，但大多都只能是逞一时之快，引起反响的最多不过是进一步的讨论，而讨论的主人公仍然不会是农民工。我们不能说农民工被忘却了，好像应该说农民工还没有找到自己！

他们的身份没有被普遍认同，他们的地位没有被普遍认可。他们出去打工的目的是为了挣钱，这和任何一个行业的人并没有什么区别。但是，其他人都有自己的"事业"，农民工却没有。任何时候，农民出去打工，都被定位成一种"增收"途径。至于"事业"，不是被接纳农民工的人独享，就是被组织农民出去打工的人独享。农民工成就着"别人"的事业，但他们的事业就是"挣钱"吗？

农民工知道，他们虽然受到了不公正待遇，但前提是他们为了给自己挣钱，所以很容易放弃一些东西。农民工也知道，他们虽然付出了更多的劳动，但却因此有了挣钱的机会，所以很少会争取什么东西。

这就是农民工为什么活跃的原因，也是农民工为什么沉默的原因。

打"洋工"的农民

白育庆

2008年4月,走进中国梯田模范县——庄浪,层层梯田构成了一幅美丽的天然画卷。麦苗儿绿得发亮,油菜花开得正黄,花丛中蜜蜂飞来飞去,路边的养蜂人正忙着收拾蜂箱。路随山转,绕过一道道弯,便是大庄乡杜家庄村。杜长益的家就在村西头马路边。

4月16日早上,见到杜长益是在他家百货店门口。"你们要是再迟来几天,我就到哈萨克斯坦了。"杜长益笑呵呵地说。个头不高,衣着朴素,面目清瘦,古铜色的脸上布满了皱纹,一双大眼睛透着一种刚毅和自信,说话时底气十足。

今年54岁的杜长益是庄浪县有名的劳务带头人。从2005年开始,他连续几年带领乡亲们到哈萨克斯坦烧砖,是庄浪县首批走出国门打"洋工"的人。目前,他组织了120人,已经到哈萨克斯坦去了。他说:"还有43个人的护照要再等几天才能签下来,等拿到了护照,我再和大伙儿一起出去。"

与他握手时,我感到有点扎手。留意了一下才发现,老杜双手都是老茧。显然,这是一双饱经岁月风霜磨砺的双手。杜长益家临马路百货店有两间大小,紧挨着的是车库,后面是二层小楼,是一家人居住的地方。这是典型的"前店后院"。走进宽敞的客厅,窗明几净,34寸的液晶彩电、古香古色的实木家具,让人感受到这个家的富裕和温馨。杜长益说:"楼房是1992年修的,孩子们在县城上学,为方便老伴接送,前几年又花了几万元买了辆小车。"

杜长益是当地较早富起来的人。他说:"我一辈子打工,觉得人只要能吃苦,没有赚不了的钱。人只有享不了的福,没有吃不了的苦。"

小时候家里穷,杜长益只上过一年半学,就回家放羊了。十几岁就是家里的壮劳力,下地干活,到当地砖厂挖土烧砖。1977年,22岁的杜长益来到庄浪县公路段,当上了一名合同工人,参加了庄浪县南河大桥工程建设。那一年过春节的时候，他挣了500多元钱回家。听说他回来了，一块长大的穷哥们围坐在他家土炕上，分享他的快乐，他们都想跟着杜长益去搞副业挣钱，这可难住了他。看着大家期待的眼神，杜长益把自己挣来的钱给每人发了10元，让他们回家。

1980年，改革开放的春风也吹到了庄浪大地。土地承包了，人们也能自由地外出搞副业了。杜长益不安于在公路段上当合同工的日子，开始寻找新的出路。这年春天，和杜长益一块上班的一个工人说，内蒙古那里正在建设黄河引水工程，需要大量民工。听到这个好消息后，他立刻回村召集了30多人，打起被卷赶往那里。他承包了内蒙古临河北门生产队一段水渠，带着乡亲们干了一个多月就完工了，每人分了300元。在当时，这可是一笔不小的数目，相当于普通干部好几个月的工资。这时，杜长益买的第一款家电，是一台小型的袖珍收音机。"我不会读书看报，只能通过听收音机，了解国家的方针政策。"杜长益说，"最初听收音机，有些事当时还是听不明白，后来才渐渐清楚了。"杜长益有着惊人的记忆力，诸如政策、法规之类的许多事，他就靠听广播记在了心里。

初次当包工头，就让大伙挣到了钱，大伙儿高兴，杜长益更有劲儿了。他又带着乡亲们辗转在内蒙古的一些砖厂打工。乡亲们闻讯而来，他的劳务队发展到了200多人。这一段时期，他积累了丰富的烧砖和带工经验。从砖厂的制坯、码坯、装窑、出窑等工序，他精通每一个环节的技巧和难易，更能按照不同的劳动强度，分配收入。他说："烧砖是个技术活，也是个苦力活。"回忆那段日子，他说："那时刚开始改革开放，人们可以搞副业，只要下苦出力，像蜜蜂一样的不停地辛劳，总会有甜头的。"

1982年，杜长益听说新疆地区烧砖能挣钱，春节过后，他只身一人来到新疆找活。不巧碰上连续天下大雪，跑了好几个地方，都没谈成合作砖厂，身上带的一点钱很快就用完了。一时，杜长益陷入了困境。举目无亲，他不得不到人家门口讨饭。有人给一个干馒头，有人给一碗剩饭，这些都让杜长益感激不尽，但有人给了一句话："你一个大小伙子的，上门要饭你羞不羞？"这句话深深地烙在了他的心上。往事历历在目，杜长益说话时眼睛有点发湿，"那种情境，让人一辈子都忘不了。你说我能不羞吗？"那是一种怎样的刻骨铭心！多年来，杜长益没有丝毫的怨恨，相反却是深怀感激。"人家又不知道你是来承包砖厂的，一个大小伙子，有胳膊有腿的，有的是力气，怎么就不能挣钱吃饭呢？"

讨饭的日子，让杜长益深深地感受到了出门在外的艰辛。"那个时期，缺吃少穿，家乡不知还有多少人在讨饭！"杜长益说，"当时只有一个念头，就是一定要想办法找到活干，争一口气！"杜长益走出了蒙羞的阴影，从乌鲁木齐向西走，过昌吉、呼图壁，最终在玛纳斯，找到了一家可以合作的砖厂。杜长益与砖厂负责人谈妥了承包协议，借了几十元车费，马上回乡来找人。听说杜长益回来了，乡亲们一听是好消息，很快就有50多个人跟他来到了玛纳斯，到新疆砖厂打工。由于吃苦耐劳，杜长益带领的庄浪人在新疆站稳了脚跟。

20世纪80年代初期，对于尚未解决温饱的庄浪人来说，一人打工全家不饿，打工是解决生计问题的一个重要门路。杜长益能给大家按时给上工钱，跟着他干活的人越来越多。这几年，杜长益陆陆续续带出了二三百人，活跃在新疆各地的砖厂。

慢慢地，杜长益成了庄浪县小有名气的包工头，成了村里最早的一批"万元户"，家里买了收音机、自行车，日子过得红红火火。1986年初，庄浪县召开了大会，表彰农村致富带头人。杜长益从县里领奖回来，却感到了一丝不安。他说："人怕出名猪怕壮。那时也天天听广播，自己文化程度低，搞不明白中央的政策究竟变不变？"于是打消了继续当包工头的念头。

这时，没有人能明确地告诉杜长益他做的是对还是错，前面的路该怎么走。杜长益心中没底，刚放开的手脚就这样又缩起来了，刚开了头的路也就这样暂停了下来。

那时，社会上一些人把包工头称为"黑包工头"，说剥削的有之，说"资本主义尾巴"长不了的也有之，这让杜长益这样的劳务带头人确实感到了压力。

不当包工头了，但杜长益坚信一点，"我自己出苦出力，靠劳动致富不犯法。"本着这样一个朴素的想法，杜长益和媳妇苏转兄合计了一下，决定开一个百货店。"我干什么都信一个理，一口吃不成胖子，要薄利多销。"恪守简单的生意经，杜长益的百货店生意很好。

随着形势的发展，杜长益也渐渐忘却了曾经的担忧。靠着经营百货店的收入，他家里买了电视机，屋里也有了像样的家具。"我只会写个自己的名，识字太少，读书看报不行，一直喜欢听广播，看电视。"杜长益说，"原来听不明白的事，看电视觉得直白多了。"

1992年，杜长益拆掉了原来的旧房子，花了几万元，在村里第一个修起了两层小楼。"那一年，电视上经常播邓小平南巡讲话，鼓励人们要胆子再大一些，改革的步子要再快一些。"杜长益说，"对1992年的印象太深刻了！邓小平太伟大了！"杜长益最直接的感受就是政策比以前更开放了。

家里修楼房时，杜长益把百货店的门面也扩大了许多，但百货店的经营收入并没有增加多少。杜长益琢磨出了一个道，"还是人们穷。吃饭问题解决了，但人们缺钱花。"有人赊欠，杜长益从来不催账。但细心的杜长益却把百货店当成了村庄人家收入的"晴雨表"。在他不当包工头的这几年，杜家庄村的年轻人继续外出打工，也不断有过去的朋友请他"出山"，再带着弟兄们干。是继续经营百货店还是外出打工，杜长益犹豫了很长时间，毕竟百货店收入稳定，妻子苏转兄又很贤惠能干，家中孩子还都小，这些都让杜长益难以割舍。

"村里有许多人是本家，因为穷，有的大小伙子30岁出头了还没媳妇，叫人心急呀。"杜长益看在眼里，急在心里。他说："杜家庄的问题，打工是个出路。"杜长益话语很简单，但把问题看得很准。在这样一个山大沟深，十年九旱的地方，人是没有回天之力的。

"杜长益不是小富即安的那种人，他有点长远眼光。"大庄乡书记杜峰这样说。确实，杜长益是个不安于现状的人，他在家中再也闲不住。

1994年春，他再次踏上了西去的列车，信心百倍地来到了新疆。"我走烂了3双布鞋。"杜长益说。他走访原来干过活的地方，寻找过去认识的老朋友，最终在昌吉县承包了一个砖厂的劳务。他签好烧砖的劳务合同，马上回乡，再次召集了50多人，来到了砖厂。重操旧业，杜长益是行家里手。这一年干得比较顺，砖厂老板很满意，称赞老杜能干，不误事。跟他出来的人们收入都不错，多的有四五千元，少的也有两三千元。

"第一年我不挣钱，把全部的收入都分给下苦的人。把人带出来，就是要让人能挣上钱，这样人们回来就传开了，第二年他们就会跟着我来。"杜长益简单的想法，透露出他原始朴素的经营理念。

从承包砖厂烧砖，到挖砖窑建砖厂，杜长益摸索出了自己的一套管理经验。他说："谁下的苦多，谁出的力多，谁就挣得多。码坯、出窑等都是计件工资，只有个别的地方是死工资，如烧窑值班是一晚上10元。"谁干得多谁干得少，杜长益心中有一本明白账。"我从来不黑民工的一分钱！"杜长益说，"咱是从苦日子里泡大的，打工出身，不能亏了吃苦干活的人。"

杜长益在新疆承包砖厂的消息，像长了翅膀一样传遍了大庄，也传到了庄浪许多地方。许多人都慕名而来，请老杜带着他们走。对要求跟他干的人，杜长益最爱说的是："要能吃苦，就能挣钱，就能致富。只要你干得好，保证5年能盖起一院房。"对已经跟着他干的人，谁家要盖房子了，他预借1万元，谁的家人生病了，他也预借几千元。多年来，杜长益说到的都做到了。1995年开始，他每年带出的庄浪人都有100人以上，还有清水、张家川、甘谷等几个县的几十个民工，多年来也一直跟着他。村里一些30多岁的大龄青年，跟着杜长益打工挣了钱，盖房子，娶媳妇，生活面貌发生了很大的改观。

"年轻人有文化，跟我干一两年，就能到外面包一个砖厂，再带一帮人来干。"杜长益鼓励跟他打工的年轻人也当老板，并且经常帮他们看砖厂、谈价格，"这样才有出息，他们把事业干大了总会记得我的好。有时过年了，他们来看我，说老杜提拔了他们一把。"跟着杜长益打工的人，后来承包砖厂当老板的有30多人。还有许多庄浪人，也跟着杜长益来到了新疆承包砖厂。"2000年以来，在新疆承包砖厂的庄浪老板有100多人，干活的民工有上千人。"杜长益说，"这些老板大部分都跟我熟，我们庄浪人几乎垄断了新疆的烧砖市场。"2004年，杜长益在石河子承包了4家砖厂的劳务，带去了220多人干活。

多年来，杜长益在新疆走过30个以上的地县，从南疆的和阗县到北疆的阿勒泰市，都留下了他的足迹。他不断地打听行情，哪家砖厂给的工价高，哪家砖厂的老板好打交道，不断寻找挣钱的机会。2004年初，他听说哈萨克斯坦的砖价每块高达1.40元，比新疆的高出了好多倍。这个消息让杜长益激动了好长时间。他决定出国到哈萨克斯坦去亲自看一趟。

2004年7月份，他请了一名翻译，前往哈萨克斯坦的阿拉木图市考察成品砖市场。他发现，那里的砖厂生产工艺与国内完全相同，但烧砖的工价比国内翻了一倍多，生产每1万块砖的劳务收入相当于人民币800元。回来后，他与昌吉县一家公司达成协议，带领劳务队加入了这家公司，以此进入哈萨克斯坦。

2005年春节刚过，杜长益便出国到了阿拉木图，与当地的一家公司签订合同，承包了这家公司的80门红砖煅烧轮窑一座。然而，初次组织农民工出国，杜长益还是遇到了意想不到的麻烦。他打算组织80人出去，并按此计划办理护照，没想到最后只出去了40个人。他当时组织人员，答应从4月1日起，出国前每人每天发30元，出国后再按劳分配。没想到的是，到了9月20日，还有40人的护照没签下来。这些人在新疆沙湾县等待出国的日子里，杜长益照样给他们如约支付工资，并承担了住旅馆和往返的车费等。这一次，他垫进去了近50万元。

对这次遭遇，杜长益显得很平静。他说，"人要讲信誉，我亏多少都成，但不能亏了每一个下苦的人。这些没出去的人，在沙湾县还能打些零工，每月收入也都在1000元以上。"但在阿拉木图，杜长益还是尝到了甜头。他说：

"承包了一个砖厂，后来又承包修建了两个轮窑，把亏损补平了。"

2005年10月底，杜长益回国后，开始下一年的出国准备。2006年，他给劳务人员办理护照时，经验丰富了，陆续带出去了80多人。2007年，杜长益组织出国劳务输出更顺利了，他带出去了123人。他说："5个月工期，我们建了10座窑，收入折算成人民币，工人最多的挣2.6万元，少的也有1.6万元，平均是2万元。"2007年年底，作为出国劳务输出带头人，杜长益受到了省上的表彰。他说："这几年，从省上到县乡，大力号召发展劳务经济，支持劳务带头人，这是对我们是最大的奖励。"

跟杜长益打工多年的杜富海说："哈萨克斯坦缺乏烧砖设备和技术工人，我们国内的烧砖工很受欢迎，工作环境好，劳动强度低，收入高，每月按时发放工资。5个月工期内，我挣了2.4万元。"大庄乡书记杜峰说："大庄乡跟着杜长益打工的有近百人。老杜讲诚信，有信誉，口碑好，乡亲们感觉跟他放心。"大庄乡下王村的王保生，跟杜长益打工10多年，自己年龄大了，就让儿子继续跟着杜长益。在杜长益带领的打工队伍中，跟了他10年以上的有50多人，大部分都是跟了三四年的。杜长益说："人不要独富，一个人富了没意思。一个人人品怎么样，要给后人留个念头。30年来，我风里来雨里去，尽管没文化，却受人尊重，就凭名声好。金钱买不来好名声，有了好名声，如果哪一天自己没钱了，别人肯定会帮助。"

庄浪县劳动和社会保障局局长马殿富说："杜长益是庄浪梯田人的典型代表。他的为人处世，很好地诠释了'庄浪精神'，也为出国劳务输出创造了有利条件。2007年，有11万庄浪人走出大山去打工，挣回了3.6亿元，占农民人均纯收入的51%。"大庄乡党委书记杜峰说："在杜长益的带领下，杜家庄村是庄浪县劳务输出的领头羊。去年，大庄乡的农民人均纯收入的86%来自劳务输出。"

这几年，对县上大规模组织的劳务输出，杜长益感觉到了一种明显的变化。他说"初高中毕业的娃娃，几乎没有人到砖厂下苦力了，都到南方的电子厂当工人去了。"他认为这是好事。他说："老一辈的文化不多，只能出苦力，后生们赶上了好时代，上学念书有文化了，应该到条件好、收入高的地方去。"对自己干了多年的烧砖行当，他说，"现在的砖厂机械化水平高了，自动化程度高了，出窑、进窑都用电瓶车，用的人也越来越少，砖厂用人也要求文化程度高，我明显感觉到自己力不从心。"他常常感叹自己的文化知识太少。

杜长益大儿子初中毕业后，这些年一直跟着他打工，二儿子在兰州大学物业管理专业学习，最小的姑娘在县高中上学。杜长益说："从娃娃们身上，我也学到了好多新名词，现在电视新闻都能看明白。今年国家发布了《劳动合同法》，农民出门打工的政策是越来越好了。"对大儿子，杜长益寄予厚望，希望能培养成自己的接班人。他带着儿子走了新疆很多地方，如今又走出了国门。他说："人走的地方多了，见识才能广，胆子才能大起来，才能增长胆识，干成大事情。"这是杜长益30年来在打工实践中悟出的道理，也是他最想传给儿女的传家宝。

 **主编点评：**

  改革开放的春风，吹醒了广大农民的致富意识。20世纪80年代初，庄浪农民杜长益开始走出家门去打工。30年来，杜长益与乡亲们走遍了内蒙古、新疆等地，并于2005年出国到哈萨克斯坦烧砖，每年挣回数百万元，成为庄浪县首批走出国门打"洋工"的人。

  杜长益不喜欢过漂流的生活，但是他愿意到处奔波。他说："人走的地方多了，见识才能广，胆子才能大起来，才能增长胆识，干成大事情。"

  打工难，打"洋工"更难。杜长益的经历，是一种财富，这与挣多少钱有关，也与他挣多少钱无关。

有一种事业叫追求

京师同业公会来文

一粒种子

杨 恒 宋振峰

1978年3月，王一航在渭源五竹老家种了9年的庄稼之后，走进了大学校园。1982年，王一航在甘肃农业大学读了四年的农学之后，走进了渭源会川省农科院马铃薯试验站的庄稼地。

从五竹到会川不过20公里，从农民到学者只有短短的4年。然而，空间和时间的小小转变，却让他获得了一种科学的品质——创新。

创新需要积累。大学毕业后的3年间，他努力地准备着。

他向自己身边的前辈学，利用出差开会的机会，向外地专家学，他在图书馆、书店里学，他在实验室、农田里学。3年的积累，使他精通马铃薯育种的全部方法，也拥有了一个科学家创新的品质。

当时，我省马铃薯育种和全国一样，都是注重品种产量的提高与抗病性的改良，而品质与加工工艺性状改良，尚未列入育种目标。

就在这个时候，他思考，随着改革开放、农业生产的发展和农民生活水平的提高，人们对马铃薯品质的要求会迅速提高，马铃薯加工业将会有一个较大的发展，我们的育种不能老是跟着别人走，育种方向应该转向品质育种，品质育种首先就应该从提高淀粉含量上取得突破。

一个毕业仅有3年的大学生，提出改变育种方向的新思路，自然没有引起全省育种行业的重视。王一航只好开始了自己孤独的育种之路。

马铃薯杂交育种周期长，培育一个成熟的优良品种需要12年的时间，然而，谁都不能保证，12年之后，会有好的结果。研究就是从无到有的尝试。王一航知道，坚定的信念就是最大的动力。

1984年，他从育种材料中选出了淀粉含量超过18%的品种，进行"超亲遗传"。他想得到超过父本和母本淀粉含量的新品种。马铃薯杂交聚优的机率仅在万分之一到十万分之一之间，也就是说，杂交得到一个优质品种，要从1万个甚至10万个材料中去寻找。质的突破是由量的积累得来的。然而，并不是有量就有质。王一航说，就算超亲遗传可以得到高淀粉含量的品种，但这个品种不一定抗病毒，不一定高产，不一定适合于当地气候土壤。他要培育的新品种，就是要从10万个材料中找出最优化的一个。

科学实验，就是这样枯燥艰难。王一航坚定地走在这条枯燥而艰难的道路上。

下种，他亲手做，他怕工人们盯不住行距株距。他有这个能力，9年的农民生活，早已让他成为扶犁的高手。种子发芽、成长，他得记录每一天的变化，他蹲在田地里，戴着破草帽，将细小的变化记在本子上，也记在心里。观察得久了，他觉得每一株苗就像他的孩子，长相、脾气、习性都印在他的心里。他爱它们，他每天第一个到地里，最后一个走，他怕一点点的大意，让他与优秀的孩子失之交臂。

就这样，他为了这个心目中的孩子，将12年的细微的心血倾注在它们身上。

当然，12年间，他不仅仅培育一个品种，而是每年都有新的实验。不仅是实验，还有一些优良品种的扩繁。他把培育新品种比作教学生，每年有毕业的，每年有入校的。他要追求的这个高淀粉品种，可以算作是他的"大弟子"。

12年过去了，他从而立之年进入了不惑，他的第一届学生也该毕业了。1995年，陇薯3号通过选育成功，通过鉴定，成为我国第一个淀粉含量超过20%的马铃薯新品种，技术成果填补了国内空白，达到了国外高淀粉育种的先进水平。

"搞出来一个品种，就像培养一个孩子，孩子成功了，所有的苦都忘记了。"

经过推广种植，陇薯3号以它优质的高淀粉含量，赢得了薯农的喜爱，直到2002年，陇薯3号种植面积达到100万亩。"这就是一个孩子走上了工作岗位，并且受到了肯定。"同年，陇薯3号科研成果获甘肃省科技进步二等奖。获奖的当晚，王一航和他的研究小组，高兴得开怀痛饮，他们谈论18年来的艰辛，他们把艰辛当成了幸福。

"那真是一个幸福的夜晚，那晚我们一直笑到天亮。"直到今天，我面对面采访王一航时，他绛紫色的农民一般的脸上，依旧浮现出当年的笑容。

"我是幸运的，多少育种专家，穷其一生，结果什么都得不到。"

现在，陇薯3号种植面积达到300万亩，甘肃种，陕北种，宁夏种，新疆的伊犁地区也种。也正因为有了这个高淀粉品种，淀粉加工业也如雨后春笋般成长。

从1984到现在，20多年过去了，那年科学创新的信念终于在今天得到全方位的印证。从种植到加工，马铃薯形成了产业化发展的格局。

王一航计算过，陇薯3号这一个品种至少会创造18个亿的财富。

陇薯3号，仅仅是他的众多优秀学生中的一个。抗病能力强的陇薯号，高产量的陇薯6号，适合于薯条薯片生产工业用薯的陇薯7号，都已发挥出了它们各自的优势。

如今，土豆豆变成了金蛋蛋，王一航就是这个点土成金的人。

"他影响了我们的性格。"王一航的同事们如是说。

甘肃省农科院马铃薯研究所会川试验站，是全省唯一的一个马铃薯试验站。这里是全省种薯的源头，也是点土成金的地方。

然而，这个地方，却是渭源县会川镇最破旧的建筑。房子是20世纪80年代建的，屋顶漏雨，地下泛潮，盛夏六月，坐在房间里，也会打冷战。办公的桌椅更旧了，书架裂着一寸宽的口子，床头磨得看不到油漆，最现代的工具是一部电话。这电话倒是热线，就在我们采访的几个小时之内，来自全省各地农民的咨询电话响个不停。

王一航就在这个破旧的泥巴院子里生活了18年。他的两个女儿都在这里长大。

"站上穷，有一点钱都用在科研上了。"会川实验站站长李高峰说，"这个传统是王老师带头形成的。"

种子能赚钱，这是谁都知道的事。同样，这个全省唯一的良种实验站也能赚到一些钱。李高峰说："不多，每年也有几十万元，王老师规定，这些钱不能用于发福利，也不能用于搞建设，要投入到下一年的科研中去。"

就这样，挣到的钱又贴到良种培育和繁育中去了。27年过去，这个为甘肃和西北地区创造数百亿价值的实验站一贫如洗。

"这都怪我，让大家跟我过苦日子。"对此，王一航显然有些自责。"但是，科研不能停，农民等着你的良种呢。"这句话算是解脱吧。

显然，在义与利之间，王一航靠着前者。王一航带过的学生，他的后辈学人，整个马铃薯研究所的同事们，都染上了他的品质：安贫而乐道。

跟王一航工作多年的文国宏副研究员说："跟王老师久了，性格上受他的影响很大。受影响的不止我一个人，还包括全所的老老少少。"

李高峰讲了一个王老师"抠门"的故事。有一次，王一航和他到青海进了两箱种苗，一路抱着来，到兰州刘家堡下了车，实在抱不动了。他说叫个2元钱的车，拉到农科院，王老师说不行，就几步路，花这个钱干什么。王一航扛起来就走，他只好满头大汗地跟在后面。

马铃薯所种苗培育，都在实验室里。实验需要三角瓶，王一航说罐头瓶消毒也一样。三角瓶5元钱一个，罐头瓶3角钱一个。罐头瓶封口要用橡胶带，王一航看准了自行车的旧车胎。"这东西又便宜，又好用。"王一航对他的发现沾沾自喜。以前实验室种苗需要日光灯照射。他觉得，灯贵，电费更贵。他便研究改用自然光。这一系列的改动，使得育种成本降低了40%。"成本低了，种子就便宜了，老百姓才能种得起呀。"很难想象，如此"抠门"的王一航手中掌握着数百万的项目资金。

现在，马铃薯所的人已将王一航的"抠门"变成了自己的习惯。有人给他们评价：远看是要饭的，近看是卖炭的，一问才知道是农科院的。说起这些，王一航和大家一样，都是笑笑。显然，他满意这个评价。

安贫是做到了，乐道却更难。文国宏说，有一次一家外省机构要种薯，王老师接到电话后，就叫上他，一路走到"种子户"家里去看。边走边看，不知不觉天黑了，算算路程，已有20公里。要回没车了，他们又一路走了回来。王老师说，不亲自看不行，万一出了错，怎么对得起用户。

乐道，需要毅力。王一航就是一个有毅力的人。有一年，江苏省农科院需要种子。王一航带人从陇西装车，他怕种子出问题，坐在"闷罐"车箱里，陪着种子。八九天后到了南京，他早变成黑人了。要住宿，旅店不让，说让他先洗澡再来。江苏的同行知道后，感动坏了。他说，算作义务劳动吧。

在科研上，王一航就更认真了。种试验田，他亲手扶犁，他怕工人不能按要求种；观察记录，他去得最早，天还没亮他就到了地边上，是全所起得最早的人；选种，他亲手选，他怕工人把良种错过了。只有一样，谈种子价钱，全所人都不希望他去谈，他一谈，价钱准上不去，等于白送了。

20世纪90年代中期，王一航从一本权威的专业杂志上看到一篇论文。论文讲"实生苗"栽培过程中加一些化肥，有助于种苗生长。他觉得有必要试验一次。他就亲手按论文提供的数据配方施肥，结果第二天早晨，种苗全死了。王一航站在温棚里，气得一言不发。后来发现，有一片没有施肥，结果长势很好。10年过去了，李高峰回忆王一航当时的怒容，还是直摇头。"一棚苗子死了，当然心疼，更让人心疼的是，权威杂志上也登虚假的文章。用假科学骗人，这个他受不了，他的良心不安。"

他容不得科学做假，他也从来不会做假。定西市安定区内官镇镇长游世成说，这些年，他们常请专家培训干部和农民，但很少听到货真价实的，假学者或者以学术的名义赚钱的学者讲课，听的人越来越少，坐着的人只打瞌睡。王老师则不同，一个小时的课，能讲两个小时，讲得农民越听越多，干部心悦诚服，可他从来不收一分钱，不售一本书。王一航说，这是良心问题。

去年，马铃薯所一个良种项目实验区配种子，结果当地老百姓发现，配来的种子不纯，坏死的占4%。试验区的人给王一航打电话，王一航说换，必须得换。上百万斤的种子，说换就换了，马铃薯所受损，不能让农民受损失。

不唯利，求科学，这就是王一航的追求。王一航说："农业科研在外人看来是很辛苦，但我觉得，当你钻进去了，就不再是苦，反而觉得是一种乐趣。尤其是当你经过那么多的辛苦而选育的新品种受到广大农民欢迎时，你心里会有一种无法言表的满足，真是一种莫大的享受。"

王一航爱马铃薯如同爱自己的孩子。其实，他给孩子身上倾注的心血远没有在马铃薯身上倾注得多。他为了马铃薯研究，将全家搬到会川小镇上，一住就是20年；他为了马铃薯研究，规定孩子们只能考本地的大学，只能考安宁的大学，他说省外大学花钱多，他没有钱供。他为了马铃薯研究，常常把妻子也派到田地里，帮他看管试验设备。

他说，现在想来，他对不起妻子，对不起孩子，也对不起父母，他只对得起科学。现在，他看到各地大面积种植着他培育的良种，心里感到无比的踏实。马铃薯就是他的家人，就是他的孩子。他就是马铃薯的父亲。

如今，他年近花甲，仍然在用他一个科学家的崇高品格感染着同事们。"他影响了我们的性格。"跟他一起进行研究不过两三年的副研究员陆立影亦如是说。

"他就像我的亲戚、兄弟一样。认识他，我感到很幸福。"渭源县五竹镇石头沟村村民杨雄如是说。

花白的头发，绛紫色的脸，便宜的短袖，便宜的裤子，满口的渭源方言，还有一双粗壮的手，这些甘肃中部地区老农的特征，在王一航身上全能找到。好在他戴着一副近视眼镜，看上去像个有文化的人。

农民种地，他也种，农民希望洋芋卖个好价钱，他也希望。农民叫他"王洋芋"，他听着，心里喜欢。他浓郁的农民情结，让他的一辈子都想着农民的事。

王一航是"老三届"高中毕业生，正要考大学的时候"文化大革命"开始，他只好回到家里种地。他的老家渭源县五竹镇是个苦地方,在这个苦地方当农民,干的都是苦活。他是个认真的人,犁地,他比别人犁得好;担粪,他比别人担得勤。9年,他在地里整整劳作了9年,他成了一个地地道道的农民。他知道农民的忧愁,也知道农民的悲伤,农民的苦与乐成了他的苦与乐。

1977年恢复高考,他已经在农村成家,他的大女儿也在农村出生。然而,这个农民却考上了大学,毕业之后,他要求回到渭源,去会川农科院马铃薯试验站工作。他的工作在农民看来,也不过是种地而已。

"农民就是吃苦,吃苦就是磨难,9年农民的磨难,成了我一生中一笔难得的财富。"当农民,他学会了坚强,锻炼了他不屈不挠、坚韧不拔的意志。1982年,当他背着行囊回到他的故土时,他清醒地知道,他不再是一个农民,而是一名从事农业科学研究的科技工作者。他也知道一个来自于农民的科技工作者,要为农民干些什么。

"用科学技术改变农村贫穷落后的面貌,让广大农民能过上幸福生活。""让农民满意,就是我最大的心愿和追求。"王一航说这话时,脸色凝重,诚恳无比。

选育新品种,他总会把农民的喜好纳入育种目标。每选育出新品系,他就会最先拿给农民试种,农民喜欢了,他才参加全省区域试验。他研究开发一项新技术时,除了考虑技术的先进性、实用性外,主要考虑农民是否用得起。"农民用得起,科研才有价值。"

他的农民朋友杨雄说,他相信老王,他不会哄我们农民。1999年,他在一个偶然的机会认识王一航,便开始了他们近10年的友谊。

"我是老王新品种的第一个试种人,别人的一亩收2000公斤,我的收4000公斤,遇到灾年,别人的洋芋得病死了,而我的到挖的时候,叶子还绿绿的。"杨雄说:"老王就是科学,我们要相信科学。"

"我是个种子户,我到老王那儿要洋芋籽,总是老王请我下馆子;老王到我家里来看洋芋长势,给他杀个鸡,他就生气得走了。老王说他最爱我们家乡的'酸疙瘩'。"杨雄说这不公平,他不吃我的,我总不能老吃他的。

10年,杨雄种王一航提供的洋芋籽,日子渐渐好了起来,今年他花了两万元盖起新砖房,还给儿子买了一辆四轮拖拉机。"村里人盖房都借钱,我不用借。"杨雄说这都是老王的功劳。

现在杨雄像关心自己的兄弟一样,关心着老王。他问记者:"你从兰州来,知道老王的高血压好了没有,我托人从陕西带来的方子,他吃了药管用了没有?"

"他就像我的亲戚、兄弟一样。认识他，我感到很幸福。"回忆与这位科学家的友谊，杨雄的脸上乐开了花。

感激王一航的不仅仅是他老家的杨雄以及长期合作的种子户。还有安定区内官镇锦花村村民陈斌。

陈斌和王一航见面不过4次，去年正月初九，他请王一航给他们村的马铃薯种植户讲课。"正月初九请人家，人家果真来了。"陈斌激动得不得了，他组织种植户，在村口排成两排，给王老师来了个夹道欢迎。课讲完了，陈斌要在家里"招待"王一航，结果人家连饭都不吃就走了。

去年3月17日，内官镇又请王一航来讲课，几个村的村民都去了，镇上的礼堂里坐不下，农民们挤在过道里，站着听。内官镇永安村村民党宏说，他爱听，人家大教授比县上的农技人员讲得好多了。怎么种，配什么肥，配多少，清清楚楚，还有洋芋的病虫害，人家一讲大伙儿全懂了。种了多年洋芋，只有听了王老师的课，才知道王洋芋是怎么个种法。

王一航对于农民的邀请从来没有推辞过，也从来没有收过农民一分钱。不但不收，还要送，他每到一处讲课，都要给农民现场发放他编写的"马铃薯种植技术"小册子。三年之内，他已无偿发放10多万份。

王一航走到哪儿，就讲到哪儿。在渭源、临洮、安定、通渭、岷县、会宁、秦城、东乡、康乐、天祝、山丹等地薯农那里，"王洋芋"大名鼎鼎。去年，他到安定区一个乡讲课，刚讲完，农民围着他问问题，乡上的干部赶农民走，说是领导要和王所长照相。他发火了，他说他是来给农民讲课的，不是来和领导照相的。

"人家是大知识分子，到我们跟前没有一点儿架子。"渭源县会川镇农民李德龙说，"王老师就是个朴实。"

王一航说，对于农民没有什么可保留的，他的科研和科普就是为农民服务的。

王一航用他浓郁的农业情结，将科学的种子种在农民的心田里。

"作为一名科学家，育种、科普还是不够的。要把一个品种发展成一个产业，让一个个品种带动全省马铃薯朝着产业化的方向发展，这才是科学的推动力，这样才能让农民真正地过上好日子。"

近年来，王一航放眼全省，思考全省马铃薯产业的布局和规划。去年，他参与撰写的《甘肃省马铃薯产业重点项目规划研究》，获得了甘肃省科技进步三等奖。这一项目的完成,将他从一个实验室和农村讲堂上带出来,思考更多的事情。

站在任何角度思考,他的中心都离不开农民。

王一航坚信:"一粒种子可以改变世界;一个品种可以带动一个产业。"如今,他坚信的目标正在一步步实现,他培育的良种遍布西北,已经撑鼓了老百姓的钱袋子;他讲授的技术应用于生产中,改变了千家万户千百年来的传统种植模式;他培育的加工用薯,延长了马铃薯产业链,马铃薯也成为现代农业大家庭中的一员。

近水楼台先得月,渭源县会川镇马铃薯种植面积由"九五"初的1万余亩,扩大到现在的4万余亩,亩产由不足1500公斤,提高到现在的2000多公斤,人均马铃薯收入由不足200元,提高到现在的678元。仅2006年,全镇种植洋芋4.5万亩,平均亩产2130公斤,年收入达3800多万元。王一航的故乡渭源县,在他的指导和带动下,已经形成马铃薯良种培育、繁殖、销售的产业体系,渭源县当之无愧地成为"中国马铃薯良种之乡"。

在王一航心血所系的甘肃省中部地区,马铃薯产业已经成为当地农民奔向小康之路的主导产业,当地农民人均纯收入的三分之一来自于马铃薯。

整个甘肃省,马铃薯产业已经成为农业的主导产业。2007年,全省马铃薯种植面积达到900万亩,产量首次超过1000万吨,产量跃居全国第一。

从养家活命的"土豆豆"到脱贫致富的"金蛋蛋",马铃薯在甘肃经济发展的天平上举足轻重,而王一航就是那一枚最重的砝码。

作为"感动甘肃·2006十大陇人骄子"之一,王一航被称为"中国的脊梁"。

主编点评:

一位诗人说:"只有把你放在经济发展的天平上,才能称出你的分量;只有在老百姓的心中,才能找到你的位置。"

诗人说的这个人,就是甘肃省农科院马铃薯研究所所长、研究员王一航,一位洋芋育种专家。

他最喜欢人叫他"王洋芋",他觉得这个名字包含着自己几十年的"人生精华"。

"勇于坚守自己的创新信念,不轻易放弃,是科技创新取得成功的秘诀。"王一航如是说。认识王一航,也应该从此始。

爱心接力

梁发芾

高怀民夫妇的不幸生活

1961年，当时在乌鲁木齐工作的高怀民在劳动时不幸摔成重伤，高位截瘫，从此他就与轮椅和拐杖结了缘。

1966年，高怀民与他所在的兰州铁路机械学校一起迁到兰州。残疾的高怀民后来成家生子，与他结婚的李正月也是个残疾人，双目失明。婚后他们生了一男一女两个孩子，这样的一个家庭，日子比别人过得更加艰难。

2003年3月的一天，高怀民在自己的家里，叙述了他们当初的艰难情形。

本来是一对残疾人，生活自理都有困难，而两个孩子的到来，生活的担子就更加沉重。他们夫妻一个不能走，一个看不见，孩子小，帮不上忙，而高怀民还在兰铁二中上班。买菜买面买煤这些在普通人看来平常的事，在他们，几乎就有登天之难。给孩子买鸡蛋，买多了他腋下撑着拐杖，腾不出手，无法拿；妻子眼睛看不见，跌跌撞撞，也拿不成。有次他去买了五个鸡蛋，衣服的上下四个口袋里各装一个，还剩一个没有地方装。

有次买了两斤鸡蛋，高怀民要扶着看不见道路的妻子，而李正月又要帮助行动不便的丈夫，两人一步步往前挪，花了半天时间才把鸡蛋挪回家。

从粮店买面买米，得走好长的一段路，过两个十字路口。买了，要拉回来，也十分困难。高怀民就做了一个小车，把面和米放到车上，由孩子拉着走。有一次，他5岁的儿子拉着车子过马路，正好走到马路中央的时候，两边汽车交错飞奔，孩子吓得不敢前进也不敢后退，旁边的高怀民吓得一下就瘫了下来……冬天到了，要贮存白菜。高怀民要上班，没有时间。李正月便带着孩子去买菜，买了却拉不回来。那时他们的女儿才4岁，她就把孩子带上，和孩子一起往来抬。高怀民知道后吓坏了。他心酸地想到，他和妻子都是残疾人，如果孩子再被压成残疾，以后可怎么办呢？

那时没有液化气和煤气，他们住的屋子也没有暖气。做饭要用煤，烤火取暖也得用煤。他们家一年得两吨煤。可是这么多煤要拉回家里，也是一个很大的问题。不仅如此，为了节约，煤拉到家里还得打成煤砖。可是打煤砖用的红土，只有到红山根去拉，几吨红土，跑那么远的地方去拉，高怀民自己根本没有能力解决。女儿5岁那年，他就让女儿扶着三轮车到红山根拉红土。他自己解决不了的，都得请亲戚帮忙。但一来亲戚也忙，二来当时没有电话，联系也不方便，再说长久让人帮忙，人家也会烦。所以，这些活成了他最为头痛的事。

一对残疾人夫妻，两个嗷嗷待哺的孩子，这个不幸的家庭面对的是常人想像不到的困难。高怀民夫妇不但生活上遇到难以克服的困难，而且精神上时时处于几乎绝望的状态。

三位素昧平生的女子来到高家

1982年初，三个素昧平生的女子来到了高怀民家。高家的情形令人心酸：狭小的屋子里，只有几件破旧的家具，拥挤不堪，四壁布满灰尘，轮椅上的高怀民虽然刚刚中年，却已满面沧桑；三岁的小男孩在地上玩耍，而他的母亲双目失明，不知所措地坐在床头。她们被深深打动了，就动手擦窗子，洗地板，冲厕所。辛苦了半天，三个女孩子累得满头大汗，尘土满面。临走时，她们一定要高怀民脱下身上穿的脏衣服拿去洗涤。高怀民感到衣服太脏了，不好意思，执意不脱，但拗不过三个女孩子的再三相劝，只好把旧衣服、脏被套和床单都让她们拿走了。第二天，三个女子不但拿着洗好的衣服被单，还提着一些蔬菜，再次来到高家，帮他们切菜做饭，打扫卫生。

这三个女子是兰州铁路机械学校通信310班的学生，与这个不幸的家庭素昧平生。她们来这个家庭，是由于一件很偶然的事。

高怀民那时住的房子就在兰州铁路机械学校后面，学校与家属院并没有隔开。高怀民6岁的女儿常常到学校的操场去玩双杠。有一次，孩子遇到了两个大姐姐刘文霞和侯佩君，她俩和这个小姑娘玩耍，问她家里的情况。小姑娘就告诉她们，她的爸爸妈妈都是残疾人，爸爸高位截瘫，妈妈双目失明。她下面还有一个3岁的弟弟。高家的这种悲惨状况引起了两位女学生的深切同情。回到学校她俩把这事告诉她们最要好的同学杨冬梅。三个女孩子一个晚上都没有睡好，想着如何给这个不幸的家庭提供帮助，让他们的生活少些艰辛痛苦，多些方便快乐。她们商量好要到高家去看看，给他们做些力所能及的家务，帮助这个可怜的家庭克服困难。

于是她们去找高怀民。但由于高家的屋子在一个七拐八弯的地方，走廊也是长而且曲折，没有灯，白天也很黑暗，找了三次才找到。

从此之后，高家多了这么三个如同亲人一样的女孩子。她们帮高家打扫卫生、劈柴生火，帮高家做饭，帮高家买菜买米买面买煤，给高家的孩子辅导学习，给他们讲故事；有时还用自己的饭票从学校食堂买些稀饭馒头送到高家。后来，她们还把班上的男女同学也动员来，一起帮忙。女同学打扫卫生，收拾屋子，男同学买米买面买煤。

刘文霞她们来到高家后，一向被生活重担压得喘不过气来的家庭，常常传来欢乐的歌声。而成为高家严重负担的各种重活，再也没有麻烦过他们的亲戚。

助残小组的助残义举

三个女孩子的出现，给高家解决了不少实际困难，而高怀民心中也充满了感激之情。转眼之间，三年时间过去了。

1984年，这几个女孩子已经面临毕业分配。高怀民知道，在这三年时间里，同学们都是自发到他家里来帮忙的，学校对此并不了解。他既感谢同学们的帮助，也不想让同学们这样做无名英雄。于是，高怀民就给兰州铁路机械学校写了一封感谢信，信中说了同学们三年帮助他家的事，最后他说："每当我说要表扬她们的时候，她们说她们还做得很不够，不让我给学校讲。她们像雷锋一样，做了好事不留名。"这时候，学校才知道这个班同学助残的感人事迹，他们的助残事迹引起了学校领导的重视。

据兰铁机校团委的负责人说，在此前的1983年，由刘文霞、侯佩军和杨冬梅牵头，兰铁机校通信专业310班成立了助残小组。这个助残小组规定，每个通信班只能担任一年，一年年往下传，事实上不是小组的班，也常常去高家帮忙。到现在为止，通信专业的19个团支部、170多个助残小组的近700人都参与了这一活动，为高家帮过忙出过力。

1997年，他们获得了"全国助残先进集体"的称号。

助残小组帮助高怀民做的主要事情，如打煤砖，送他去医院看病，经济上的资助，精神上的支持，直到今天，高怀民说起来还是如数家珍。

当时，因为家里需要大量的煤炭做饭、取暖，但煤炭比较贵，高家为了省钱，就买些煤粉，再加入一些土，掺和做成煤砖。这是一件很费体力而且也很脏的活。

1984年5月，312班的陈志青、王惠发现许多人家在打煤砖，便和班上同学从家里拉来架子车、铁锹等工具。陈志清等还自己凑钱，买了1200公斤煤粉，十几个同学干了一个下午，将一堆煤粉打了一排煤砖，200块码得整整齐齐。不料，到半夜的时候，天下起大雨来。高怀民听到外面的密集的雨点声，心想这下完了，刚刚打好的煤砖怎敌得过雨水的浸泡。他拄上拐杖出门看时，却发现几个同学已经赶来，在煤砖周围忙碌地堵水，并筑了一道坎，把水引向别的方向，水流不到煤砖上。同时他们还在煤砖上覆盖了塑料薄膜。而这时，高怀民已经看到，雨水顺着这些没有穿雨衣的同学的头上、脸上流了下来，浑身早已湿透了。

不但男同学帮高怀民打煤砖，这样辛苦的重体力活女同学也争着做。

1995年夏天，314班的女生邹彩梅、王莉、段桂琴三人发现高家没有煤了，就说要打煤砖。高怀民看着三个弱小的女孩子，舍不得让她们干这样的苦活，就说，算了吧，买点煤块烧就行了。

三个女孩子说，还是打煤砖吧，这样便宜些。三个姑娘租来架子车，到老远的煤厂买了1200公斤煤粉。

每车拉300公斤，她们拉了4趟，又到附近一个建筑工地拉了5车土。她们干完的时候已近傍晚，连高怀民都不认识这三个姑娘了：头上全是土，头发已经变成灰黄色，汗水把头发沾到脸上；脸上是一层黑色的煤粉，汗水从脸上流下，冲开了一道道的痕迹，从这痕迹上可以隐约看出她们白皙的面容；衣服已经整个成了灰黑一片，没有本色了。这天，平时从来不吃高家饭的姑娘破例吃了高家做的凉面。

高怀民说，前些年，他身体很差，经常得病，尤其褥疮经常发作，而一旦得病，都是机校的同学们送他去医院。

有一次，高怀民发起高烧来，几乎要昏迷过去了。

312班的李达、王惠、陈志青、何锋等同学借来一辆三轮车送他去医院。但同学们从来没有蹬过三轮车，都不会蹬三轮车，结果还是推上三轮车一顿猛跑来到医院。同学们排队挂号，办理住院手续，助残小组的同学们分成几拨，轮流照顾住院的高怀民和家里的李正月母子。每天他们为在医院的高怀民和在家的李正月母子准时送去三顿饭菜，有些同学还带着水果去医院看望、陪护。

1996年，高怀民的儿子意外车祸住院，同学们就天天到家里安慰两个老人，到医院看护病人。

　　让高怀民心里过意不去的是那些帮助他的学生，尽管有些家庭并不富裕，却总是拿出自己的生活费给高怀民买东西，几乎每个人都为他花过钱。来自内蒙古自治区的王春龄，本来是甘肃榆中一个贫穷家庭的孩子，由于困难，后来她随母亲逃荒到了内蒙古。她家里困难，自己平时从来没有好衣服，不吃好饭菜，有时是与别人合吃一份素菜，甚至啃干馒头，但每次去高家她总要买东西。有一年的中秋，学校发的月饼她舍不得吃，拿到了高家。另一个来自内蒙古自治区的叫祁艳萍的姑娘，从家乡回学校，得骑马走好长一段路，然后换乘汽车，再换乘火车，十分辛苦，但她每次回来，都给高怀民带许多土特产；还有哈尔滨的焦雪，虽然路程十分遥远，而她每次回家返校时总要大包小包地给高怀民送东西。家住河西的许辉、李军等几个同学，回家返校时，也总是给高怀民带来家乡的面粉。许辉的哥哥在家里种地，许辉前后给高家带来的面粉就有4袋，而每袋都是六七十斤的新鲜白面。还有4个同学商量说毕业挣了钱要给高怀民买辆电动车子。其中两个毕业早，两个还在上学。早毕业的已经凑了钱，未毕业的还没有钱，早毕业的两个说先为他俩垫上。高怀民听到这事，为了阻止他们，就赶快让铁二中为自己买了一辆电动轮椅车……

同学们带来了精神抚慰

　　兰铁机校通信班的同学们不但把实实在在的物质和服务带到了高家，而且也把欢声笑语带给了这个家庭。

　　刘文霞这一班毕业后接他们的是唐光明做团支书的班。高怀民记忆中的唐光明是一个十分热情、社交组织能力很强的小伙子，干什么事都是井井有条。高怀民的女儿那时还小，非常喜欢这个唐叔叔，甚至连作业也是缠着唐光明帮她做。

　　1985年临毕业的时候，高怀民和李正月都很伤感。唐光明、李达、王惠叫来同学们在高怀民家里组织了一个联欢会，买来糖果瓜子，大家围在高家包饺子。

　　吃完饭后又跳舞唱歌。李正月至今仍忘不了那个晚上。平时就十分喜欢唱歌的李正月，那个晚上十分开心地唱了歌，孩子和平时不唱歌的高怀民也唱了歌。李正月兴奋得一个晚上都没睡着觉。第二天早上，唐光明他们又来了，拉着一家人去照相馆照相留念。李正月想起那张照片已经被人拿走，至今耿耿于怀，虽然，他们照的相是什么样子，她从来都不知道。

1996年，高怀民的女儿已经高中毕业，成为一个大姑娘了。她看到家里困难，就不想再上学，要到社会上闯闯，承担家庭的担子。这种做法引起了家里的矛盾。高怀民认为，现在是一个充满竞争的知识型社会，必须有文化知识，才能在社会上立足，所以他坚决反对女儿过早地去闯社会，要让她继续学习，考大学深造。但李正月对孩子一直比较娇惯，偏向孩子，认为孩子想工作，就让她找工作。结果姑娘到一个舞厅当迎宾小姐。高怀民在家，她就不想回来，也不告诉高怀民她在那儿干什么。高怀民一问，女儿就火了，父女俩一点都说不到一起了。后来女儿不辞而别，离家出走。高怀民也与妻子闹起了别扭，认为妻子的娇纵惯坏了孩子。他一气之下，背上修理箱在外面开了个修理铺，修理收音机之类，轻易也不回家了。

这个家庭面临的危机难坏了助残小组的姚旭华这些年轻人。他们到高怀民的铺子，给他送饭，虽然他们骗高怀民说饭是李正月做的，但高怀民知道是他们自己掏钱从街上买的。他们还劝他回家和和气气过日子。

另一方面，他们还要到家里去看李正月，帮她做些家务。后来，高怀民就托姚旭华去做做女儿的工作，让她不要去舞厅，还是回家好好学习，争取考大学。姚旭华和班上的同学杨凡、王芳等多次去舞厅，不断做说服工作，并解决了高怀民的女儿在舞厅的一些纠葛，硬是把她拉回了家。高怀民的女儿经过舞厅的一段碰壁，加上助残小组同学的开导劝说，认识到自己的不当，开始认真复习，准备好好考试。然后，他们又两边做老两口的工作。高怀民其实也想回来，但面子上还放不下。王芳就来来回回在两边跑，说好话。看到女儿回了家，真心悔过，在大家的劝说下，高怀民也就回到了家里，一家人又重新和和美美地住到一起，过上了好日子。高怀民的女儿发奋学习，先是考上了民族学院的专科，毕业后又考上了兰大的本科。

兰州铁路机械学校团委书记介绍，助残小组刚成立的时候，高怀民的孩子小，那时没有煤气，没有暖气，烤火做饭都用煤，买面买米都不方便，同学们家务做得多。现在，煤气也通了，暖气也有了，买米买面很方便，所以，同学们更多的是精神方面的帮助和关心。我在高家看到，电信0030、0031班的同学到高家，就像到了自己家一样随便热乎，高家也把这些孩子看作和自家孩子一样。同学们有空就去，讲讲学校和外面的新鲜事。据说李正月由于长年的残疾，心里一直很自卑，对生活没有信心，同学们到家里去总是给她讲各种新鲜事，经常带她到外面走走，还给她送些录好的歌曲磁带，给她唱歌。遇到假期，李正月天天盼望的就是假期快快过去，这样她又能"见到"那些孩子们了。开学了，同学们到高家时，她就说："怎么假期这么长啊！快把我闷死了。"李正月认为这些孩子给了她坚强活下去的勇气和力量，更加懂得怎样爱生活、爱社会、爱别人。

毕业后的同学仍关心着高家

一个班的走了，又一个班的来了。从1982年起，时间过去了21年，小组换了一个又一个。高怀民的女儿说："当初，我把他们称为叔叔阿姨，后来的称为哥哥姐姐，现在的已经是弟弟妹妹了。"但是，已经毕业走上社会的，无论在不在兰州，都没有忘记兰州的一个普通楼房里的那个残疾夫妻组成的家庭，并继续给这个家庭不断的帮助。

当初的刘文霞和侯佩君毕业后一直在兰州工作，而杨冬梅则去了青海的格尔木。刘文霞和侯佩君常常到高家，去的时候总是不仅买礼物，还要给钱。高怀民说，据他算来，只刘文霞单独给他的钱就有500元。

杨冬梅因为去了格尔木，见面的机会很少，1996年她丈夫有病来兰州看病，她抽空来看过高怀民。由于见面少，高怀民说他对杨冬梅更加思念。

2000年，兰州铁路机械学校校庆，这三个当初资助高家的发起人，被母校特意邀请来参加集会。三个好姐妹终于又走到一起，联袂去看望高怀民夫妇。当年还是十几岁的小姑娘，这时候已经是年近40的中年人。

让她们感到高兴的是，她们当初发起的爱心接力，经过近20年的时间，一班班地传了下来。她们临走的时候还给了高家600元钱。

王勇也是当初的学生，毕业后留在了兰州，他的父亲是一家医院检验科的医师。有一年高怀民拉肚子，很严重。王勇说后，就把高怀民接到这家医院，由王勇的父亲出面找合适的医生，为他检查，为他治疗，并垫付了所有的医药费。

吕继文和邹彩美毕业后在景泰成了家，专门从景泰送水果到兰州看望高怀民。后来他们到北京工作，每次路过兰州，总要来看看高怀民一家，来了之后，不是给钱就是买东西，一次一两百，大概早已超过1000元了。今年春节前他们来到兰州，就拉着高怀民的姑娘到超市为她家买年货。高怀民说，现在他女儿上大学，学费中的不少就是这些已经毕业了的热心同学资助的。

主编点评：

没有谁着意组织，也不是为了配合形势。兰州铁路机械学校通信专业一届一届的学生，用他们的爱心，连续 20 多年，帮助一个素昧平生的残疾人家庭。他们没有任何企图，也没有得到任何报酬。

这一活动的发起人刘文霞、侯佩君、杨冬梅，自始至终都拒绝媒体的采访，就是受助的高怀民亲自出面请她们，她们也不见记者。她们说的只是："应该多宣传宣传高老师自强不息、克服困难的精神。"

也许，这就是他们为什么要帮助高怀民的原因。

走在自己的大路上

李晓君

徐健和田广峰,是上海同济大学的硕士。

2001年4月份,他俩自愿从上海来到定西县(今安定区)工作。半年后,我才采访到了他们。他们给我最深的印象是,上海生活的印迹仍然很深地烙在他们身上,从外表到内心。

"瞧,这就是那两个神经有毛病的人"

在同济大学经济与管理学院,徐健和田广峰都是品学兼优的好学生,前者是研究生会主席,学的是管理科学与工程;后者是社会实践部部长,专攻产业经济学。虽然两人研究方向不同,但个人志向却是一致的,那就是做一番事业。

事业,这个词在如今的年轻人中常常被提及,但大多只是个概念,很空泛,很模糊。反复揣摩他们的话,或许这样的表达较为准确些:这条生活轨迹不像是一般人那样,毕业后到某大公司打工,然后一点点升职、加薪,多年后才能拥有一定的职位和积累——他们不想给别人打工,而是要自己当老板,做自己的公司、大公司,这个公司不一定非要开在上海,哪里有机会就去哪里。

不能不提及影响两位学生作出选择的重要人物——同济大学经管学院党总支副书记张佩英老师。她极为关注定西的发展,在她的建议下,经管学院从1995年开始,把这个全国出了名的穷县确定为学生社会实践的基地之一。

每年假期都有十几名学生来到这里,与当地群众同吃同住,并联合当地的中小学校搞一些师资培训和社会培训。徐健和田广峰就是这样走近了定西,也走进了定西。

田广峰第一次面对荒山秃岭,"零距离"感受贫困,觉得定西和上海完全是两个世界。第一次在农民家睡土炕,觉得脏,不脱衣服就睡;第一次看到农民喝窖水，好惊奇，雨水怎么能喝呢？他买矿泉水喝。不过，当他第一次看到农村的夜晚满天的星星时，竟激动得掉泪了，一直仰着脖子看到夜里三四点。

田广峰说自己是个"很感性"的人，有许多东西会很容易触动他的心。第一天到定西县中驿村，看到几十位农民站在村口迎接他们这些参加社会实践的大学生们时，自己哭了；第一次在中驿村中心小学讲课，看到讲台下一双双期望的眼神，泪水禁不住就流了下来。

"有件事让我难以忘怀。一次，下了大雨，中驿村边的一条河水涨得很高，我们正发愁怎么过去的时候，中驿小学的老校长主动要把我们背过去，我们执意不肯，可他说，乡里人没啥好的方式能表达对大学生们的感谢，就背一次吧。当老校长趟着冰凉的河水，把十几名大学生一个个背过了河时，每个人都流下了感动的泪水。

"这种感动是纯感性的，但不能说，这就是我们来定西的全部缘由——真正的缘由是对定西的资源状况的了解和对西部大开发的认识。"田广峰说。

"从商业化的角度来说，东西部的差别不仅仅是相对发达与相对落后的差别，也是发展机遇上的差别，我深信，西部地区一定会成为本世纪发展的亮点。"徐健的眼睛里闪着熠熠的光，样子像一个经济学专家。

徐健和田广峰以他们敏锐的商业眼光，发现了定西蕴藏的丰富资源和巨大商机：定西地区马铃薯的种植面积有200多万亩，占全国马铃薯主产区的1/10、占全省马铃薯面积的近一半；中药材面积80多万亩，其中当归种植面积占全国的70%、全省的80%，还有蔬菜、花卉等其他特色产业。

如此凸现的资源优势在东南沿海是不多见的，尤其是在懂经济的人眼里，这等于是一座金矿。从定西搞完社会实践，感性的田广峰找到了理性的徐健，两个人萌生了共同的想法：围绕定西的资源做自己的事业。

正好在这时，经管学院通过一次学术上的交流结识了原美国德克萨斯州仪器公司副总裁、邵氏夫妇基金创立者邵子凡先生，这位美籍华人早就想为西部贫困地区给予真情帮助。但邵子凡并不想直接给钱，而是投到利于一个地方发展的某个事业上。

徐健和田广峰通过E—mail同大洋彼岸的邵子凡频繁地进行交流。甚至谈到了如何帮助定西，如何围绕定西做事业，直到邵先生表示，愿意通过他们，为定西的发展尽一份力。

事情发展得很顺利，赴定西创业的想法也越来越清晰。在由邵先生全额资助的第一期西部工商管理人才培训班举办期间，徐健和田广峰也在不断地同定西的干部们进行交流。2001年1月，两人又专程到定西进行了考察。回去后，正式向学校提出，要到定西创业。

田广峰把自己的决定通过电话告诉家里人时，家里人以为是开玩笑。等回到家，才知是真。父母和自己儿子的谈话一直进行到深夜3点多钟，后半夜三个人谁都没睡着。田广峰心里感到有点愧疚。

"我们并没有认为自己有多高尚。个人奋斗与为西部出力其实是一回事，我们的事业如果成功了，定西一定会从中受益。"

"即使我们失败了，也会从中学到很多东西，这段路也不会白走，这些经历会成为人生一笔宝贵的精神财富。"

高材生的话听起来句句像名言，而且富有个性。他们把这些话说给自己的导师、朋友和家人，敬佩者多，理解者寡。

来定西之前，徐健和田广峰在上海跟一帮朋友在餐馆吃饭，因为电视上报道过，不少人都认得他们，临座一位小姑娘指着他们说："瞧，这就是那两个神经有毛病的人！"

徐健和田广峰并不想让所有的人都理解他们，也能够理解一些人对他们的不理解。不过，更多的人对他们表示佩服。到定西工作以后，两个人处处有种"被尊重的感觉"。到兰州某商场里买东西，被几个售货员认出来，非要让他们签名。

新闻界给予了很大的支持。毕竟，绝大部分毕业生都想留在上海这样的国际大都市，很少有人会到西部地区发展，何况又是到这个全国出了名的穷地方。

徐健说："到定西工作不一定就要成为定西人，我们最终还是要回去的，来这里是为了干成一番事业。"

田广峰也说："现在来西部地区创业，同过去上山下乡的'热血青年'不一样，历史背景和经济环境都发生了很大变化。自己的行为方式，不能不考虑市场和商业的因素。不一定就要在这里吃多少苦，呆多少年，而要看能在当地做什么。我们并不是一时的冲动，我们知道自己做什么，该怎么去做。"

他们的话让人深信：两个人的西部创业，少了许多悲凉和愁苦，多了几许轻松和释然，尽管这中间有的是压力。

"这件事经媒体公开后，对我们立足定西是有好处的，但是也给我们造成了很大的心理压力，好像没有退路，只能向前。"

说到退路，其实就是其他出路，他们两人很轻松地表示过，这种出路仍然很多。至今，他们的户口仍然留在上海；同济大学的校长吴启迪曾对他们说过：

母校是你们永远的后盾；而且上海不少大企业的高层管理者都是同济的校友，凭着这层关系，找一份高薪的工作并不难。

不过现在，徐健和田广峰正在信心十足地朝着他们心中的目标努力。田广峰说："如果做不出点事情来，我是不会离开定西的。"

在工资不能按时发放的定西，他俩的工资是县委书记的近三倍

4月20日，徐健和田广峰从上海乘火车来到定西。临行时，在上海参加培训的几十名定西干部、还有许多同学，到火车站送行。第二天晚上列车到达兰州火车站时，定西县委副书记、副县长等十多人早已迎候在站台上，还有人给他们送上鲜花。

凌晨两点多钟到了定西县。第二天在热情简短的欢迎仪式之后，县上领导把他们带到了早就布置好了的"家"里。居室中家具齐备：沙发、电视、床、电脑等等。县上还为每人提供了1万元的安家费。县委书记王冠军拍着他们的肩膀笑言："你们住进来以后，这个家就缺个定西媳妇了！"

不仅如此，徐健和田广峰还被安排了两个非常适合他们的职位——县经贸局的副局长和县干部培训中心副主任，待遇是正科级。要知道，县上不少机关干部混了半辈子都不见得能到这样的位子上。

定西县招贤纳士的诚心让两个人感动。田广峰经常上网，他发现，至今还没有一个贫困县能花这么大的代价引进人才。县上给徐健和田广峰两人每月的基本工资为3000元，虽然这3000块钱的工资在上海并不算什么，可是在工资不能按时发放的定西，3000块钱是时任县委书记王冠军工资的近3倍，96平方米的住房面积也比王冠军多出18平方米。

花这么大的代价把两个学生请进来，他们能发挥相应的作用吗？王冠军说："他们两个人从上海来这里创业，这本身就是对定西发展的激励和促进，他们应该被视为定西的'一等公民'。定西在引进人才方面，应该说是求贤若渴，人才是一种资源，我们会给他们时间，给他们空间，让他们发挥更大的作用。"据了解，张佩英老师也被聘为县上的经济发展顾问。

同样在定西工作，本地人看着心里能平衡吗？县上的一位干部说："他们的学历比我们高，又是从上海来的，跟我们不一样，工资比我们高是正常的。"不知是不是真心话。

据了解，除了上述条件之外，县上还为徐健和田广峰配备了手机，并报销一部分费用，这种待遇，相当于县委常委。

王冠军说："如果本地人才达到一定的条件，也会给予奖励，不会出现'招来女婿，赶走儿子'的局面。"

徐健和田广峰两个人也实话实说："其实没有这些条件，我们也会照样来，我们看重的，不是这些待遇，而是这里的资源，是能有一个实现自己目标的软环境。"但不管怎么样，这些优惠条件为他们创业提供了很多意料不到的便利，两人对此心存感激。

干部培训中心是虚设的单位，田广峰没有固定的办公地点，他的主要工作就放在了与同济大学合办的"西部工商管理人才培训班"上，每年两次，每次三四十人。虽然有了先期的经验，但作为一班之长，干起具体工作来，操心自然不少。人员选择、费用预算、课程设置、住宿等等，都要自己跑。好在田广峰在上海是熟门熟路，再加上直接上司、培训中心主任由县委副书记兼任，协调起来比别人还要方便些。如今，培训已举办到了第三期。

徐健作为经贸局的副局长，主要工作是协助领导管理信息采集和企业技术服务方面的工作。信息搜寻、各种调研、各种报告、各种招商活动及日常的大小会议都使得徐健忙忙碌碌，前段时间学习"三个代表"，还花了不少时间。这一个时期，他正在搞全县工业企业的调研，考察改制后企业的运行情况。

徐健和田广峰一边忙于公职，一边筹建自己的公司，这一点县上是默许的。地点就选在了县城西关市场北四楼，名曰：甘肃智正管理咨询有限责任公司，从事企业策划、咨询和流程再造等。这个公司从申办到办下来用了不到10天，这种办事效率完全取决于县上对这两个"特殊人物"的"特殊照顾"。8月2日开张那天，同济大学的吴启迪校长专程赶来为他们剪彩。

管理咨询，这个词很专业，按照徐健的解释就是，帮助企业找到发展中的滞障，并做作出相应的对策，使企业更好更快地发展，同时，积极寻找合作机会，与当地企业一起成长。应该说，田广峰和徐健，一个学经济，一个学管理，正可发挥他们所长。这类公司目前在发达地区非常多，业务量也非常可观，但在西北，还寥寥无几。即使有了这样的公司，由于当地企业认识不足，也是门庭冷落。公司目前刚刚起步，还谈不上有什么业绩，说到发展，困难颇多。

不过，按照徐健和田广峰的想法，管理咨询只是暂时的经营范围，他们更大的目标，是正在操作、而且已经有些眉目的"产业开发"。说到产业，他们并不是很情愿把信息透露给记者，因为他们说那是"商业机密"。

其实所谓的"商业机密",就是针对定西马铃薯、中药材等特色资源所作的一些产业开发初步规划。徐健和田广峰很谦虚,他们在事情没做成之前并不想多说。

半年来,徐健和田广峰以及与定西有联系的张佩英、邵子凡都在通过各自方方面面的关系,寻找合作伙伴,专搞农产品的营销和加工。

每次到上海出差,除了忙公事,两人剩下的时间就是跑市场。"定西以前也派人在上海市场跑过,但西北人给东部人的印象并不好,所以,往往难以合作。现在以我们两个人的身份,很容易同不少大公司达成认可,从而使合作成为可能。"不知不觉中,田广峰和徐健在沟通市场信息的同时,也在树立着定西的新形象。

目前,智正公司联合定西地区旱农中心已经同上海上好佳食品有限公司签订了年购销7000吨马铃薯的合同,并与北京辛普劳公司签订了有关马铃薯购销的合同。眼下,智正公司正在与地区旱农中心筹备专用薯的基地建设。

对于中药材产业,徐健和田广峰也有所考虑。"中药材市场有一定的饱和度,盲目扩大种植面积是不可取的,应该在品质的改进和标准提高上下功夫。在这一点上,政府和企业应与科研单位联手,规范中药材的种植和管理。"先前,两人对中药材一窍不通,现在可称得上是半个行家了。他们正同美国、台湾的客商联系,准备将定西现有的中药材产品先作为保健食品取得美国市场的准入资格,然后再作为药品取得FDA认证,这样,定西的中药材产品将会有一个巨大的市场。目前,合作的大方向已经确定,马上就要进入具体操作阶段了。

田广峰说:"你们知道湖南旺旺食品公司吗?一个企业的发展带动了整个区域经济的发展,非常成功,我们就要做那样的公司。如果将定西的特产通过我们的运作源源不断地找到市场,那才是真正为定西人民作出了贡献。"因为一直在保密,所以定西本地人并不太清楚他们两个究竟在忙些啥。徐健说,再给我们半年时间,那时候就有东西了。

田广峰不太习惯别人称他为"田主任",上海的朋友不少都叫他"田总",于是,我们便称他为"田总"。徐健也显得很谦虚,他说怎么称呼只是个标记,不过我们看他行事谨慎,觉得还是叫他"徐局长"更为合适。

"想要既保持自己的个性，又能使自己融入到现实环境当中去，这不是一件容易做到的事情"

怎么看田广峰也不像个"科级干部"。平时戴一副黑框近视镜，爱穿名牌牛仔裤、休闲装，一只手掌大的时尚小包带子很长，从左肩一直延伸到右胯，短短的头发在摩丝的作用下根根直立，在阳光下泛出栗色的光。徐健要比田广峰显得沉稳，说话的时候深思熟虑。

田广峰穿名牌，用名牌，连吃的零食都很讲究牌子。不过在定西这个穷地方，没多少人去关心名牌，也没人知晓他身上穿的是啥名牌。可他并不在乎，仍旧怡然自乐地享受着自己钟爱的名牌。田广峰在大学时给自己取过一个英文名叫"Pongo"，他解释说是从意大利语转过来的，"唯美之神"的意思。

不过，要是遇到个稍稍懂一点的人，田广峰的话题也自然多了起来。看我们从兰州来，田广峰拿过记者随身携带的小包仔细看，记者自嘲道：那是便宜货，不值钱。田广峰耸耸肩。"我发现，兰州虽然是省会城市，但同上海的差距也太大了，很多东西都没有。比如U2、LV（服饰品牌），比如亲嘴、德芙（食品品牌）。"

记者注意到，田广峰身上穿的，正是这几个兰州找不到的牌子。那件皮质细腻的小皮衣和黑色小挎包都是U2的，他手里经常拿着的、类似钱包似的黄色真皮小包，其实是个烟盒，他举起烟盒说："这就是LV的，1000多块。"这个价格在西北人看来，的确有点玄乎，要知道，定西一个农民平均一年的纯收入不过1300元。

一位跟田广峰同一个级别的定西干部看着他的大头皮鞋挺好，问道："你这双皮鞋恐怕得上百块吧！"田广峰小声嘀咕着："这是意大利皮鞋。"

徐健不大讲究名牌，倒十分注意自己的言行，他常对田广峰开玩笑："一件名牌究竟能给你带来多少愉悦？"

其实来了定西以后，田广峰在着装方面已经"收敛"了不少，这次从上海过来，他光T恤就带了60多件，各种颜色的都有，但在定西都没怎么穿过，每到换衣服的时候，他都会仔细想想，究竟合不合适。

也难怪，田广峰从小在山西太原市的干部家庭长大，是家里的老小，上面5个姐姐对他宠爱有加，姐夫们有的是厂长，有的是经理，家境殷实，为他提供了大后方的支持。3000块钱的工资不够用，家里还给补贴。

与田广峰比起来，徐健在生活方面很随意，他说，他的一床被套整整用了8年，是张佩英老师前些日子来定西实在看不过去，硬让他换了新的。不过，表面看来，徐健仍然显得很体面：合体的西装，庄重的领带，精致的男式夹包，走在定西的人堆里，仍能被一眼认出来。

从繁华多姿的上海生活里走出来，来到西北这个闭塞的小县城，田广峰和徐健其实多少有些不适应。在上海时，两个人闲暇时经常与朋友聚会、泡酒吧、品咖啡、听歌剧、唱卡拉OK。在定西，现在他们也学着划拳、喝酒，但总不太习惯。

一有条件，两个人就会尽量地满足自己"高品位"的享受。田广峰从上海带来了100多张唱片，他随身的小包里，常装着随身听；有机会去兰州，他也会到酒吧转转。记者趁机给他介绍了几家去处，没想到他都非常熟悉，他掏出钱包，亮出某咖啡厅的贵宾卡，说："这地方我常去，我对兰州比对定西还熟。"田广峰一头时髦的发型，也是专门到兰州一家有名的美容院花200多元做的。

对于他俩这种完全不同于定西人的消费观念，人们各执一词。"人家是从大城市来的，如果把他们的消费降到定西的水平，也不现实。怎么花钱是他个人的事情，我们没必要太计较，关键看他们能在定西发挥多大作用。"

不过也有人说："他们现在还在创业阶段嘛，应该注意一点。如果他们在定西的事干成了，公司做大了，收入高了，你怎么消费都无可厚非。"

抽空，记者去田广峰家里坐了坐。田广峰热情地招呼我们："我这里喝的东西特别多，你们喝咖啡还是喝茶？"他打开柜子，拿出一筒一筒的饮料。"看，这里的咖啡都是朋友们从法国、日本带回来的，你们喝炭烧的，还是上选的？"

田广峰给客人让烟，都是清一色的高档烟，十几二十块一盒。我们问他是不是别人送的。他笑着说："哪里会有人给我送东西，这都是自己买的。"

环顾四周，除了县上配备的家具，房间里多了些小摆设。茶几上一束鲜艳的黄菊花，是从兰州买回来的。

门后边挂着一副网球拍，像是很久没有用过，田广峰遗憾地向我们诉苦："本想业余时间打打网球，可这儿根本没地方，只好挂在那儿当摆设了。"接着，他又找出了一辆滑板车，"瞧，这东西也没法用，害得我大老远从上海背来。"据说，田广峰有一次踩着滑板车上街锻炼身体，被县委的一位机关干部叫住，好心地劝他：你好歹是正科级干部，要注意形象。从此，田广峰只能关起门来在家里玩玩。

"也许有人对我这种生活方式表示不屑，但这毕竟是我的一部分，否则这就不是田广峰了。"

不过田广峰和徐健也在试图改变自己。田广峰说："在定西做事，就要适当改变一下，但并不是把什么都改变掉。想要既能保持自己的个性，又能使自己融入到现实环境当中去，这不是一件容易做到的事情。"

田广峰和徐健住得很近，一般情况下，每到下班，两个人都会在一起聊天、吃饭。在家务活儿方面，两个人也是互补的，田广峰细致周到，炒菜做饭很在行，徐健自称有点大男子主义，不怎么会干家务。要是赶上田广峰出差，徐健就得天天吃面条了。

田广峰和徐健说，他们在生活上面临的最大痛苦就是孤独：心灵上的孤独。生性活跃的田广峰，晚上一个人呆在家里的时候最怕安静，这种安静最容易诱发他内心的孤独。所以他一个人时总要开大音响的音量，或上网聊聊天，也欢迎有人到他家作客。他们说，虽然定西不少朋友对他们很友好，可是，真正可以进行心灵沟通的朋友并不多，这比起上海来要差得很远。上海毕竟是大都市，是人才流动、信息流动最快的地方，在那里，可以找到很多思想上共鸣的人。

"有时候回上海跟朋友聊天，就明显地感到自己落伍了，很多信息都不知道。"田广峰说话时略带忧伤。

徐健说："我深信自己仍是一个比较'嫩'的人，不断提高自己的渴望非常强烈，在上海，有很多高校、图书馆，只要你愿意，可以参加各种各样的培训，可在定西，没有这样的环境。"徐健每到兰州出差，总要到省图书馆去借书。没事时，也常给上海的朋友打电话探听消息，每个月电话费就要七八百块钱。徐健正准备在上海买房子，打算明年结婚，女朋友是将要在明年毕业的同济大学的硕士。徐健是一个不太注意细节的人，但从他的言谈举止中看得出来，他对自己的"另一半"信心十足，有时也会带点浪漫色彩。每次回上海时，他总会提前到花店订一束鲜花，人未到，花先来了。

徐健祖籍江苏泰州，父亲年轻时支援三县建设，来到了安徽六安，几年前父亲去世了。在母亲眼里，徐健到定西等于走了他父亲年轻时的老路，不同意徐健的选择。"妈妈觉得，事业不重要，只要我生活得好就行了。所以，我一定要在上海安家，因为女朋友会在上海发展，另一方面，让妈妈在大城市度过晚年，这是对她的一个安慰。"徐健是家里唯一的儿子，他的内心有一种沉甸甸的责任感。

说起徐健的女朋友,田广峰很羡慕:"那个女孩很懂事,我们来定西,她没怎么反对,还参与制定了我们的发展计划。"2001年8月份,她还专程来到定西看望徐健。令田广峰一直伤感的是,来定西之前,在上海的女朋友就和他"吹"了。"失去朋友,对自己是一个痛苦的经历,但我还是看重自己的事业,不得不放弃一些东西。"

上海电视台曾做过一档节目,是关于田广峰和徐健的,题目叫《理想和现实有多远》。"理想和现实究竟有多远?其实我们也在思考,我们也害怕失败。靠勇气来西部,靠意志克服困难,我们必须这么做。"这是闯西部的两个年轻人的话。

主编点评:

在"孔雀东南飞"成为一种时尚的时候,徐健和田广峰两个年轻人,从上海"逆向飞翔",毅然来到甘肃省定西市,开始了自己的事业。

他们的选择,引起了上海、甘肃乃至全国媒体的广泛关注,两个人几乎成了媒体"明星"。

虽然成了媒体明星,但他们并不情愿接受采访。他们一直认为,到哪里发展,都是自己的事,其实是我们自己的事。

而且,所有的报道,并不都是赞扬的。但他们内心很平静,就像在做一件一直在做的事情,就像在面对一直在面对的东西。

村官·大学生

叶 海　李欣瑶　李满福

杨牛忠：种地也得有学问

2007年4月底，虽已春末，可是受高寒阴湿气候的影响，岷县仍然不是太暖和。从县城驱车前往秦许乡扎那村，一路上都伴着微微的寒意，路边农田里新嫩的绿意才刚刚形成。

车从公路拐入通往扎那村的土路，没走多久，就远远看见一个年轻人等在路边，他叫杨牛忠，是此行我们采访的第一个村子里的大学生。

有些发旧的西服、西裤，加上脚上的一双旅游鞋，虽然长年的田间劳作让他的脸变得黑里透红，杨牛忠还是比我们碰见的村里人稍稍洋气一些。听说是要接受采访，他有些拘谨，带着我们顺小路往他的日光温室走去。

小路的尽头，就是杨牛忠的日光温室。钻过一道窄小的门，一股湿热气扑面而来，1亩多地被一道道的黄瓜架挤满，大大小小的黄瓜已经挂上了架。闲聊中，杨牛忠渐渐放下了初见时的腼腆，如数家珍地介绍起大棚里的黄瓜、辣椒苗等。"尝尝，最新鲜的黄瓜，甜得很。"杨牛忠端上一盘刚摘下的黄瓜招待我们，脸上带着一份骄傲。

1993年高考落榜后，家庭的拮据让杨牛忠没有继续上学，他回到了扎那村。1997年，他从银行贷款1万元，建起了这座扎那村最早的日光温室。

最初，杨牛忠摸索着在温室里种西葫芦、黄瓜，和村里所有人一样，他并不懂得种植技术，杨牛忠说："那时候不知道化肥怎么用、农药怎么打，好几年，温室的收入一直不高。"1万元的贷款也压了他们全家整整5年，直到2002年才全部还清。

"定西苦瘠甲于天下"，这样的描述一度成为外界对定西最深刻的印象。定西之苦苦于贫困、苦于自然环境的恶劣，更苦于没有人才、留不住人才。

2004年，中央广播电视大学组织实施了由教育部设立的"一村一名大学生计划"试点项目，学制两年，可以取得大专文凭。2005年，该项目在定西市启动，所不同的是，学生们全部是免费上学，由市扶贫办拿钱，电大提供教材，实施远程教学。招生对象是贫困村的村干部，设农村行政管理和设施农业技术两个专业，目的是为偏远落后的农村地区培养农业实用人才。

2005年秋季，第一批来自7个县的103名村官大学生入学。

杨牛忠幸运地成为"一村一名大学生计划"中的一员，成了设施农业技术专业的学生，用杨牛忠的话来说，他是高高兴兴去上学的，因为这是花钱也买不来的机会，多少年前上学的梦终于圆了。

种植业基础、蔬菜的栽培技术、园艺设施……这些与农村息息相关的实用课程让杨牛忠真正学到了种地的学问，他一边学习，一边用学来的日光温室管护技术管理自己的温室。村里有些年轻人闲了聚在一起喝酒打牌，而杨牛忠白天种地，晚上看书、跟着光盘学习，有时候教学点组织集中学习，他就和同是搞大棚种植的邻村同学聊个不停，交流温室种植经验。

去年，杨牛忠自己投入1.1万元扩大了温室。由于采用科学的种植、养护方法，他家温室里的黄瓜，产量高不说，品质也上乘。现在仅卖黄瓜，一年可收入2万多元，是以前的5倍。

杨牛忠只是少数当地村干部和致富带头人中的幸运者。在定西，多年来都存在着这样一种状况，从农村考入大学的学生毕业后不回去，而农村薄弱的基础教育又使多数人上不了高中，多数高中毕业生考不上大学。他们没有一技之长，又得不到很好的继续教育，跟不上知识更新的步伐，成了新的文盲。现实的情况反映出广大农村尤其缺乏掌握一定专业知识和技能，懂经营、善管理，具有复合型特质的实用人才，而"一村一名大学生计划"试点项目的目的正在于此。

张红霞：用技术为村民服务

2007年4月23日下午3时，我们从岷县县城出发，前往20公里外的茶埠乡树扎村，采访该村的妇联主任张红霞。前来迎接我们的是该村的会计包小玉，他和张红霞是这个村选拔的两名"一村一名"大学生。

树扎村有170户712人，是汉、藏、回多民族聚居村，这里还出土过我省著名的马家窑文化彩陶。在没有见到张红霞之前，包小玉的简单介绍让我们对这个村的历史、文化、现状有了初步了解。

今年只有20多岁的张红霞，长得文静秀气，一双大眼睛很有灵气，她担任村妇联主任和计划生育自管小组长已多年了。由于上过定西卫校，还考上了妇幼保健师，在村子里开了保健室，握有中专文凭的张红霞是村里少有的"文化人"。

提起上学的经历，不善言谈的张红霞打开了话匣子：她家在文斗乡，兄妹4个，上有两个姐姐，1个哥哥，小时候家里穷，父母经常生病。由于贫困，她周围的人家几乎都不让女孩上学，即使这样，她的父母还是咬牙供她读书。没有钱买课本，就用别人用过的，就这样读到了初中毕业。虽然她学习一直很优秀，但还是没钱上不起高中。一次偶然的机会，她听说县卫生局要招考培训乡村医生、保健员，可以拿中专文凭，学费还要免一半，于是她就去考了。

提起家里的穷和父亲生病所遭的罪，泪水盈满了张红霞的眼眶，她说，小时候经常见父亲因生病饭也吃不下，水也喝不进，让她萌生了学医的念头。因没钱上医院看病，在父亲的鼓励下，她就拿着村里诊所开的药在家里给父亲打针。

上中专期间，有人给她介绍对象，小伙子省卫校毕业，在乡卫生院工作。也许是职业上的"志同道合"，她同意了，嫁到了树扎村。一样贫困的树扎村由于受重男轻女思想的影响，全村女孩几乎没有一个上过高中，大部分也只上个小学一、二年级，她成了全村唯一的中专毕业生。村里的老妇联主任看她学历高，人又勤快，就选她当了接班人。

在村里，她的工作主要是育龄妇女的计划生育、生殖保健，还要调解邻里、家庭矛盾，事情琐碎，报酬低。但她干得认真，在村里威信也高。她说，村子里推荐她和包小玉上学，机会很难得，学完后要用知识和技术更好地为村上服务。

说到上学，一旁的包小玉也按捺不住喜悦，他说，养殖、种植技术，沼气池的建设、使用等课程最受欢迎，最管用。包小玉说，村子里有几项工作都走在了前列，退耕还林后，村子里种了460亩红豆草，主要用于养殖。去年建了80座沼气池，是全县沼气能源建设最好的村。由于上了学，学到很多实用的东西，指导村民时，就能指导到点子上。

包小玉今年36岁，1986年初中毕业后，家里穷，上不起学，就上了县职业中学学缝纫，毕业后回家务农。包小玉说，近10年村里只有两个人考上了大专，毕业后没回来，都在外工作了。村里劳务输出今年有160人-170人，大部分都在 20 岁－30 岁之间，很多人初中一毕业就走了，村子里现在年轻人少，有时老人过世了都没人抬埋。

近些年，随着农村劳务输出和考学出去的青壮年越来越多，把少数像包小玉、张红霞这样有文化、有知识的青年培养成留得住、用得上的村级管理的顶梁柱和致富带头人，成为实施"一村一"计划的初衷。据介绍，"一村一名大学生计划"主要是依托电大的网络优势和 VCD 光盘等教学软件，学生们除了自己学习外，每个教学点都还定期从农业部门聘请专家进行集中授课，授课的形式多种多样，有多媒体形式的讲座、也有走入田间地头的实习。教学点的老师也经常下到村里与学生交流，帮助解决学习中的困难。

尽管上学困难重重，可素质就是不一样

在选择这 103 名学生时，定西市扶贫办和定西市电大定下了这么几道"硬杠杠"，由村上推荐，市、县、乡各级组织严格审核，层层把关：他们必须是来自定西市的 52 个"整村推进"扶贫村，必须是村干部、村后备干部，年龄在 45 岁以下。定西市扶贫办文主任说，把扶贫款直接拨给贫困村只能救一时之困，而我们投入资金提高村级干部素质，为村子里培养会管理的人才和致富带头人，普遍提高贫困农村行政管理能力，带领乡亲发家致富，这是长久之计。

在我们采访的学生中之所以提起王兴龙，不仅是因为他是所有学员中年龄最大的一个，更值得一提的是，2007 年，他 44 岁时，已经当了 11 年村干部，可是这位"老干部"的思想却很新。

在漳县西南边有一条盐场沟，要到达王兴龙所在的盐井乡前进村，盐场沟是必经之路。沟里景色很美，两边山上山花烂漫，野生的樱桃树、李子树郁郁葱葱，顺着沟往里走，越走越安静，颇有些世外桃源的味道。

就是这条沟，每年秋天都会发洪水，洪水不仅会把沟里的路冲毁，有时候甚至会将山上巨大的石块冲下，挡在路的中间，也挡住了村里人进城的唯一通道。

王兴龙就是以发动乡亲们义务修路而远近闻名的，这一修就是好多年。每年都是反复修好几次。前进村修路基本不花钱，全靠村民出工出力，在王兴龙的带领下，从前进村通往县城的路越来越好，以前村民们进趟城只能靠牲畜，来回就得一天时间。现在路变宽了，开着农用车 3 个小时就能跑一个来回。说到自己 40 多岁了还能成为大学生，王兴龙说："把事干到人前头了，大家都看

在了眼里,所以这个上学的机会就给了我。"

虽然农村行政管理的课程都是像"农村政策法规"、"农村环境保护"、"土地利用规划"、"农村卫生与健康"等理论偏少、实用技能偏多的课程,但是对高中毕业已经20多年的王兴龙来说,重新拿起书本仍是一件困难的事情。在班主任李维征眼里,王兴龙是一个很刻苦的学生,可是学习起来很吃力。虽然他曾经有过考试不及格补考的经历,可是他却把学到的东西真正用到了村子的管理上。

通过学习,环保的观念在王兴龙头脑里扎下了根。前进村周围的山上树木很多,前几年农民随意上山放羊、砍柴,150斤柴才卖1.5元,林木破坏得很严重。近两年,村里封山育林,规定农民不能随便上山砍树,牛羊也不让上山了,还雇了专职的护林员看山护林。王兴龙指着周围的山说:"你看,那些开花的是野梨树、樱桃树,以前砍伐严重的桦木也都长起来了。"现在,前进村家家户户用的是蜂窝煤,根本无需再砍柴了。有的还用上了电磁炉,60%的村民家安装了电话。

王兴龙长得憨厚,说话也不太利索,但他的脑子很活,小女儿在浙江的一个工艺品厂工作,王兴龙通过女儿为许多村民联系去这个厂子打工。他算了这么一笔账,全村按500人外出打工计算,每人每年挣3000元,全村一年仅劳务输出就有150万元的收入。以前,人的观念不行,孩子外出打工,老人哭着送行。现在,村民们的观念变了,老人们还求情下话托人把他们家的孩子也带出去打工。前进村的劳务输出近几年一直是全乡第一,这有王兴龙很大的功劳。

在当初制定教学计划的时候,最大程度地适应农村需求成了定西市电大考虑最多的问题,一定要在专业设置、教学形式上尽量与当地农村现实状况和经济需求相适应,让学员一看就懂,一学就会。整个学习计划采用农闲时间集中学习,农忙时间边学习边生产的方式。受当地农村通信技术状况的制约,电视机、VCD已成了学员们日常学习的"老师"。

为了避免学员经常到分校教学点学习的困难,尽量减少他们的经费负担,定西市电大专门在全市7个县分别设立了学习中心,由各地的电大分校配教师、配资源,让学员不用出县就可接受集中授课。

即便如此,对于一年四季都忙在地里的农民来说,每天坚持学习、定期参加教学点的集中授课和考试仍然存在一些困难,特别是有些村子地处偏远,每次集中授课,学员们都要放下家里的农活大老远赶来住在县城参加学习。

岷县的班主任姜田忠在和我们交谈时,聊到了一些学生们的情况,这些学生大多是初中毕业上不起高中，或高考落榜的学生，都很珍惜这个学习机会，可是有的学生家里的情况不好，连集中授课时在县城住宿吃饭的费用都让他们很为难。

入学教育那天，姜老师带着学生们到市里，住三个人一间的房间，晚上凑钱一起吃饭，不够的他垫上，他还拿出自己平时都舍不得抽的好烟——5元钱的精装海洋让给学生，让这些农民大学生们很感动。他理解学生们的困难，但是他更希望学生们能够克服困难、完成学业。

观念变了，天地更宽了

一路采访，与这些农民大学生们接触，我们发现，虽然他们是在家中完成学业的，可是这些教材、VCD光盘带给他们的不光是知识的积累，更多的是观念的变化。他们开始敢于走出去，接触新鲜的事物，学习新的技能，敢于从土地上脱离出来，寻求更大的发展空间。

"病魔使我在高考中败阵，我是一路流着泪被送回家的。自此，我发誓苦几年，在扎根家乡、带领村上更多人富起来的同时，再圆我的大学梦。"

2007年4月的一个下午，岷县西江镇哈岔村村主任方品合，在他家的热炕头上，提起他的成长和求学经历时，说出了上述一番话。

西江镇哈岔村离岷县县城不足30公里，自然风光倒很吸引人，古城电站的水库将整个村子来了个半包围，洮河水在村庄边缘盘延而过。郁郁葱葱的树木花草倒映在清澈的水库中，格外美丽。但由于地处偏远，人均耕地面积不足0.15亩，生产条件恶劣，加上交通不便，这里的绝大多数村民生活依然贫困。

在起伏颠簸的乡村公路上，我们驱车跑了一个多小时才到哈岔村。进村的一段路更难走，随行的县职教中心副主任常克杰不断提醒我们，车开慢些，如果对面来车，根本没处会车。遇到下雨天，情况更糟，一不小心，车就会滑出路面，而下面就是深不可测的水库。

但就在这样一个条件艰苦的山区，村民们的生活却一天天地发生着变化。全村148户人家几乎家家囤积着数量不等的中药材，男女老少都在自家院子里加工药材饮片，全村的自来水入户率达到100%，90%的农户安装了卫星地面接收系统，看上了有线电视，有的外出打工，有的收购、运输药材，村民们的手头一天比一天宽裕了。说起这些巨大变化，村民们异口同声地说，关键是他们的村主任方品合"攒劲"，不光自己致富了，还带领全村人走发家致富的路子。

　　方品合姐弟四个，他排行老二。自在村小学念书开始，他就是班里的好学生，正当他上高二时，一种莫名的偏头疼病改变了他正常的求学经历。病魔使他不得不三天两头请假，为此班主任无奈地给他起了个绰号叫"方病号"。1987年高考时，他自然就落选了。

　　想到自己上大学无望，方品合想到了经商，他说只有这条路可以把家里从贫困中解脱出来。这一年他开始在当地做小本生意。

　　尽管是小本生意，但由于家里困难，根本没有做生意的本钱。方品合想到了到经济条件较好的一个亲戚家借钱，为了能借到钱，他在亲戚家帮了两天活，亲戚家答应秋后借700元。等到秋后取钱时，亲戚只给他勉强借了100元，原因是怕他家太穷还不起钱。

　　拿着这100元，方品合和村上一个人合伙凑了800元开始收当归到陇西卖，当时赚了200元，两人平分了。之后，他整个冬天来回在岷县和陇西跑生意，过年时已赚了800元。

　　1989年，方品合坐上了开往新疆的列车，他来到哈密，从开始时的给人搬砖头到第三年自己当包工头，三年挣了1万多元。1992年，他回到了家乡。当时的"万元户"非常稀罕也显眼。他花8400元买了一台带棚农用三轮车，这是村上第一台三轮车。之后，用剩下的2000多元继续收药材，日子逐渐好起来了。

　　1996年，方品合被选为村会计，开始了村干部生涯。2004年12月，他又当选为村主任。方品合拿出县政府颁发的红色"当选证"打趣地说，别看这个红本本小，但揣在怀里压力大！

　　2005年，方品合被通知，成为首批"一村一名大学生培养计划"中的一员，选修专业是设施农业技术。他说，村上懂农业技术的人才是"零"，让更多的村民知道这方面的知识，很有必要。2006年5月，在全村农业技术培训会上，方品合把电视抬到村上的大戏台上，向村民播放养殖、种植类的光盘，而这些是他在电大上的课程。

　　方品合说，他打算用所学知识，加上外地实践，在村上搞大棚栽培黄芪苗实验，还打算在村上建立黄芪饮片加工基地。目的是让更多的村民脱离贫困，走上富裕的道路。

 **主编点评**：

很多农村孩子都是这样，考上大学，然后远走高飞。

但是，也有很多农村孩子，上完大学生之后，仍然回到了农村。

离开农村是为了实现自己的理想，回到农村也是为了实现自己的理想。这两种选择，本身没有高低之分，也没有贵贱之别。但是，我们仍然对"村子里的大学生"表示敬佩。

他们在实现自己理想的同时，改变着农村人的观念，也改变着大学生的观念；改变着农村的面貌，也改变着农民的面貌。

建设新农村，首先需要的，就是这样的新农民。

过一种善的生活

徐爱龙

"我想在将来建立一所伏羲文化大学,让更多的人继承并传播天水的优秀文化。"王晋一边说着,一边轻弹烟灰,"2000年我弃商从文便是这一努力的开始。""现在我们天水计算机专修学院正在策划'百村·千人'项目,这是天水'教育移民'工程的一个分项目,我们每年都会有一个项目,去年的项目是'百万·百人'幼才保护工程,都算是智力扶贫光彩事业,现已有75个农村贫困孩子受益。"隔着一张堆满了文件和书的办公桌,王晋用一种平和的语调谈论着他这个非公经济人士将来的理想和如今的事业。

王晋的办公室里,四大柜子书很是引人注目,从古典书籍到贤人哲思,从怡情养志到现代企业管理,应有尽有。"我比较喜欢读书,在读书的过程中会发现很多乐趣。"王晋说,将这种乐趣如何传递开来,这是他一直以来在思考的问题。今年他准备发起甘肃省读书节活动,建议书已经草拟完毕。"人一定要读点书,道理很简单,只有知识才能改变人的命运。"说话时,王晋那副大框眼镜后面的眼睛里流露出一种异样的神采。

"去年我在学院所在小区举办了一个'荧光送暖'活动,了解了一些特困户的情况,对一些吃低保的居民进行了资助。我们还利用学院教育资源,以超低收费为无业青年和贫困家庭学生进行电脑培训,同时对社区开具证明的特困户,实行免费培训。很多人都已经走上了工作岗位。"做这些事时王晋的身份已然从院长转换成了民选的人大代表。

"点亮国民的精神灯塔这是我们行动的目的,听起来似乎有点大,但却很有实际意义。"不知什么时候,王晋已经不知不觉地将话题转到了他所发起的天水市创建学习型战略研究会上。"这个研究会在全省是第一家,也是全国唯一的一个以民间组织身份发起成立的城市发展战略研究会。"王晋谈起这些并没有丝毫炫耀的成分,他说这为他提供了一个很好的平台,全民阅读、智力扶贫等等,这一切看似有点不搭边的活动和项目都开始能有机地归整到一起了。那个如何分享自己的学习和读书乐趣的扰人问题，也渐渐找到了一个答案。

三个多小时的采访，一个丰富而多彩的人生展现在了我们的眼前。身为天水计算机专修学院院长、天水创建学习型城市发展战略研究会会长、天水工商联副会长的王晋，身为省市两级代表的王晋，通过多年的发展和对社会所作出的贡献，被评为全国劳模、全国优秀青年创业领头人、全省十大杰出青年等各级荣誉近100项。看似身份有点杂乱，但是外表的繁华搅扰不了内心的平静，一切都在印证他当初的信念"有为才能有位，有位才会更有为"。

当我们循着时间的轨迹梳理，和王晋在他的记忆中徜徉时，我惊奇地发现王晋的知行和西班牙曾经的一位智者巴尔塔沙·葛拉西安的一些金玉良言有了些许不期然的契合。

"我们并非生来就是完美的。我们的品格，我们的事业，每天都在发展，直至我们登上生命的最高点，事业有成，功德圆满。"

一些成功的人往往从孩提时光开始回忆自己成功的点滴因素，但王晋没有将自己的回忆过分地提前。作为一个成功的商人，王晋从他15年前最初的资本积累之路开始谈起。

追溯起来那应该是1992年，王晋在天水市一知名企业工作。十几年之后的清晨，王晋依然记得当时的天水城，宁静、美丽，还没有如今这样的张扬和喧嚣。一棵棵古槐伸展着苍翠的树枝，悠悠古城之中，一趱身，便可顺着一条方砖小巷，曲折而入一家具有明清古建筑风格的小院人家。像这座城市一样，王晋当时的生活也异常的平静悠闲。"那时候年轻啊，渐渐厌恶了那种平淡的生活。"说起创业的原因，王晋不假思索地说道。王晋先后到两家电脑公司打工，一是挣点钱，二是取点经。计算机在当时许多人眼里还算新生事物，但王晋敏锐地察觉到，不久的将来计算机的普及将成为一种必然，于是他毅然辞去公职，用挣来的3000元钱，买了一台二手电脑，租了一间9平方米的小屋，办起了属于自己的电脑技术服务部，从打印材料开始，到硬件维修开展业务。这便是王晋新理念最直接的体现，要知道这如"吃螃蟹"的抉择，往往需要很大的勇气，而接下来王晋"一路春风一路歌"的历程，证明他的抉择是正确的。

从王晋的话里你总能发现他是一个善于自省的人，而这种自省在商业中往往演变为一种对市场的敏锐观察和准确把握。投身计算机行业之后，王晋发现，计算机要搞项目研究才有较为广阔的市场。他又一头扎入科研攻关项目，已过不惑之年的王晋说起那些让他至今记忆犹新的往事时，仍能让人感受到他年轻时的那种倔劲。1995年以后，王晋的事业开始有了变化，他相继承担了省市一些科技攻关项目，"行政事业单位工资管理系统"、"国家公务员培训管理系统"、"发票管税计算机申报系"等软件就是那时候陆续自主开发出来的。伴随艰辛的付出而来的是省市各种科技奖。其中"国家公务员培训管理系统"软件填补了省内空白，被省科委列为九八全省重点新成果推广项目，并得到了国家人事部、省人事厅的肯定。与西安交大专家联合开发的"便携式电子秤"更是填补了国内一项空白。

经营过程中，王晋又一次敏锐地发现许多单位的微机在逐年增加，但多数只相当于打字机。在有关部门的支持下，王晋又办起了当地第一所计算机培训学校，数以万计的社会各界人士在这里学到了计算机实用技术。学校被国家劳动部确定为"国家职业技能鉴定所"，被省人事厅确定为"甘肃省公务员微机培训基地"和"微机专业技术人员再培训教育基地"。

"那一段时间很辛苦，但很愉快，因为自己是凭知识赚钱的，并且赚得舒服而惬意……"王晋说这话时自豪之情写在了脸上。

当我们说知识就是金钱的时候，忽视了知识向金钱嬗变过程中所需的条件。而正是这些条件把许多人挡在了财富的门外。所以，当许多人还沉溺于"书中自有黄金屋，书中自有颜如玉"的古语中，幻想一幅幅美丽的风景时，王晋已经悄然转身，潇潇洒洒地步入了"书中的黄金屋"，用智慧赚钱，用知识赚钱。他的理解，对于商业可以这样划分：初级是原始的劳力赚钱，最高级的是利用智慧赚钱。于是，在这个"金字塔"顶，王晋可以逍遥自得地啜饮美酒一杯……

但是王晋并没有迷失，他自始至终都保持着一种清醒。"一切都没有真正意义上的完美，只要过程上相对完美就可以了。"评价起那段从创业到茁壮发展的商业历程，王晋的言语显得保守而谦和，"自信而不自负"的理念已经不折不扣地植根到了他的一切言行中。

显然王晋并不知足，但你又能明显感受到这并不是一种贪婪。长久养成的发展的认识观让王晋始终保持着一种进取心，他憧憬的事业不会止步于此，那时候他觉得应该还有另一片独好的风景在他人生行进的前方。

"要过一种善的生活，美德是其自身的奖赏，恶行也是它自身的惩罚，善良的一生，不仅长而且丰富。"

金钱给王晋带来的自由、欢乐不言而喻，身穿高档西装，座驾原装进口轿车。当然金钱带给他的快乐迷人却并没有持续。财富的魅力在王晋的眼里逐渐发生了边际效益递减。这时候他的认识显然显得更为豁达了一些——人对于金钱只有使用权,没有拥有权。

"我经常在问自己,钱挣多少是个够,一个人赚了钱该干什么?"王晋自问自答,"如果说过去是为了挣钱,那么现在就是想如何拿钱去做事情了,得找一个实现人生价值的精神支柱,这个精神支柱必须是时代最时尚的东西。"对于王晋而言,作为一个慈善家可能比富有的商人更能代表他对自我的期许。他在商业上的成功,是一个智者打拼的缩影。如今,通过各种扶贫项目,他要向世人表明,人要富一世,而不是一时,依托到事业上才能保证一个人的生存和可持续发展。

商业上的成功促成了他第一次对人生价值的深思和个人意识的觉醒。

20世纪90年代末,完成资本的原始积累后,王晋开始大手笔地投资,也正是这时,他开始与教育结缘。而这一结缘也是缘于王晋的一个认识:未来社会是知识社会,企业不仅仅是盈利的组织,而更是学习的组织,教育将是重要而且时尚的产业,社会发展将以"教育"为中心。教育也是一项"送人玫瑰,手留余香"的事业。教育了别人的同时,自己也会得到成就和充实。

1999年2月,经省委批准,他创办了陇东南地区第一所民办高校天水计算机专修学院。主要面向广大下岗青年、贫困家庭学生和进城务工农民工子女等弱势群体免费办学,提供就业培训。多年来,为社会培养了许多人才,举办培训班200多期,培训学员8000多人。尤其重要的是他举办了20多期少儿计算机学习班,发起组织向自考生"助学献爱"活动,免费为下岗职工举办中级培训班50多期,培训下岗职工200多人。并相继完成了2万多名公务员的微机培训和继续教育任务,协助省人事厅开通了《甘肃省继续教育》网站,利用远程教育开展培训人才。

当一个个学员掌握了计算机技术,成为单位业务骨干,或者实业人员因为这份技术获得新的工作时,王晋脸上绽放了灿烂的笑容。这笑容的后面是更多人的笑脸。至此,王晋成为甘肃省非公经济中靠无形资产积累带动有形资产滚动发展的典型代表。

"如今,我们身边还有许多由于家庭困难而不能上学的优秀学生,他们的辍学是国家的一大损失,所以我们在社会上更应该形成传学助教的良好风气。"深怀忧虑的言语背后是王晋不可撼动的慈怀仁心。看着一位位辍学的农村学生,钟情于教育的王晋心中冒出了一个念头,能不能搞一个活动,来资助这些失学的优秀学生?于是,他多方筹划,最终实施了"天水幼才保护工程"。王晋在一开始就定下了不变的宗旨：帮助、扶持由于家庭或其他缘由辍学的优秀学生成才。首先启动的，是作为此项工程分项工程"百万·百人"农村贫困学生爱心传递助学成才活动工程。这项工程主要资助农村由于家庭困难辍学的学生，使他们学知识、学技能，成为社会的有用之才。为了实施这项工程，王晋自筹资金100万元，在计算机专修学院开设两个班，一个是由农村高中毕业女生组成的"大龄女童班"，另一个是由农村初中毕业生组成的"优智青少年班"，每班招收50名学生。"大龄女童班"学制两年，根据市场需求和用人单位要求，学习国家教育部所规定的承认高等职业教育自学考试的全部课程内容。"优智青少年班"学制三年，第一年学习高中课程，参加全国成人高等教育入学统一考试。后两年学习国家教育部所规定的成人高等专科职业技术教育全部课程内容。今年招收天水市两区五县学生75名，分成国际标准人数的三个班都已开班。这75名学生由学校配备了统一的校服、书包、文具，费用由学校负担，学生没掏一分钱，就连学生的作业本，也由学校分批发放。记者采访时看到，75名学生坐在宽敞明亮的教室里，穿着一色的运动校服听省人事厅有关领导的主题讲座，尤显意气风发。今年学校还和嘉兴的一个职业学校签订了合作协议，将从这75名学生中选出25名，两校共同培训并安排在嘉兴当地企业就业。如果成效良好的话，这又将是一条崭新的扶贫之路。

"'百万·百人'和'百村·千人'工程将通过几年努力，解决一大批农村贫困家庭失学的优秀学生上学和农民工留守子女就业的问题。"王晋的话显得铿锵有力，"让这些失去学习机会的优秀农村学生，重新回到教室里来，给他们一个实现自我人生的起跑线，让他们成才，回报社会。古人云：授人以鱼，不如授人以渔。帮助别人的最大境界应该是：帮人帮一生，助人助一世。"

如今王晋用在学生身上的钱已经不是小数目了，不仅没有得到一点经济回报，而且15年前那个在清幽的天水城散淡闲适地行走的王晋更是陷入了一种忙忙碌碌的生活漩涡。不过王晋知道，如今内心与日俱增的愉悦感却是以往任何东西都无法代替的。

王晋曾不止一次地说过，天下最富有的人不是达官显贵，不是富贾豪商，而是孔子！看得出，传学助教已经被王晋不声不响地当成了一种责任。当走进王晋，你会发现这种坚持的姿态后面是一颗达则兼济天下的心灵在支撑。从王晋的话语中我们更能感受到他对他所从事的事业的认知清晰而深刻，做到今天，王晋一直期望他的言行能激起更广泛地响应。他常说"对我自身而言，现在所做的一切绝不是要做给别人看，而是为了自己的社会责任和使命。更多的是为了实现自己的人生境界。我一直本着'平平安安就是福，平平淡淡就是真'的生活理念和'自信但不自负，需要钱但不是为了钱'的行动准则，去实现平淡但不平凡的人生，尽全力追求'不以物喜，不以己悲'的人生境界，从而体现一个非公经济人士的人生价值。"

"不断地把自己的生活乐趣传递给朋友或者追随者，从而丰富了他们的生活，通过一切美好的东西使自己受益，这是一门伟大的艺术。"

跟年过不惑的王晋谈话，他总是会不知不觉地将你引入他的一种情绪中，平和豁达又不乏激情。也许这与他自己所说的知识分子情结有关。王晋爱书，也读了不少书。他一再的提到《论语》、《中庸》中的片段，并将前者视为他行事的认识论，后者看成方法论。也不时地会引出《孙子兵法》等各种书本中的字句。涉猎的广泛和认识上的渊博使得王晋显得相当坦诚。他不时说出的感悟小语也显得真实而释然：

"一个人要做正确的事，正确地做事。"

"思之仁义，行之中庸。"

"大处着眼，小处着手，脚始终要踩在地上。"

……

王晋的善学，在天水非公经济人士中是出了名的。也正是这样，他被大家称为"儒商"。其实也是，与他交谈，那睿智的话语、敏捷的思维，无不让人佩服。在很多人眼里，读书已是很遥远的事了，尤其是成功的商人读书，更是天方夜谭，然而，王晋却显得有点例外。王晋的经商之道，也正是以丰厚的知识，敏锐地观察市场，在别人的不经意中，捕到了商机，获取了成功。计算机、培训、教育，他的每一项事业都与知识有关，可以说，王晋所经营的，是高品位、高档次的"商品"。

王晋对所有的学习机会都不放过。他说，他一年要参加各类培训班、学习班达40多次。他经常会去北京和上海一些大城市学习取经。他讲起去年去上海参加学习的感受，那次是美国著名学者演讲现代商学管理，他应邀前往，是甘肃唯一一名非公经济人士。那次上海之行，受益匪浅，对自己触动很大，回来还写了体会文章。王晋感叹说："古人云'听君一席话，胜读十年书'，这话可一点不假。知识是唯一大家能共享的财富，可是遗憾的是很多人却意识不到这一点……"一种理念决定一个人的人生态度，人生质量，还有一个人的社会责任感，这是真真的道理。王晋今天能走这么好，应该归结于他善学，通过学而知，知而生出的那一个个常人所没有的新理念，从而所创造出的财富……

海纳百川，有容乃大。知识的琼浆无穷无尽，一点点积累、吸收，厚积薄发，厚德载物。王晋成为了知识海洋里快乐的泳者。

王晋爱学习，也从中体会到了一种乐趣，如何将这种乐趣传播使更多的人分享受益。一段时间的冥想，王晋有了一个想法，成立一个学习研究会，来指导、促进社会学习良好风气的形成。他极力认同一个道理："一个人的精神发育史，实质上就是一个人的阅读史；一个民族的精神境界，在很大程度上取决于全民族的阅读水平。"基于这些理念，2004年，在天水市委、市政府的大力支持下，天水市创建学习型城市发展战略研究会成立了，经大会选举，王晋当选会长。当时，全国各地都成立了学习型城市研究会，而天水的研究会，是唯一一家由非公经济人士倡导成立的。参加全国创建学习型城市研究会年会，王晋作大会交流，产生了很大的影响，许多与会者对他心生敬意……

研究会成立以来，王晋积极开展工作，在短短的两年时间里，主编出版了两部研究成果：《二十一世纪干部学习力培训教程》和《学习力决定竞争力》，由陕西人民出版社出版。《二十一世纪干部学习力培训教程》一书，被甘肃省人事厅确定为全省技术人员培训教材，并获2006年度全省社科优秀成果三等奖，社会反响很大。《学习力决定竞争力》最近出版，该书注重知识性、启发性、趣味性，具有很强的可读性……

去年，王晋已经成功地举办了大学生读书月活动。今年将要举办的甘肃省读书节的建议书已经摆上了他的案头。对于学习型城市研究会，王晋有很多打算，想组织主办全国创建学习型城市研究会年会，每年举办读书节，策划市民读书月活动等等……这些活动，已按他的计划，在有条不紊地进行之中。

诚如其言，流水之声可以养目，观书绎理可以养心。多读书，多吸收，让自己的心灵高尚起来，王晋注定要走别人没走的路，看别人所看不到的风景……

"由一个闪烁的光点，发射出许多散乱的光斑。"王晋就是那一个闪烁的光点。他使财富、慈善、精神这一个个点映射出了一片广阔的天地。在这之中，他不遗余力地发出自身的光亮，成为了无论物质上还是精神上很富足的人。

主编点评：

每一个成功的商人都会最终面临一个问题，就是如何在金钱之外寻找自己的人生价值，金钱往往在此时会演变为一种条件。换个角度，确切地说，寻找这种意义也是一种必然。

"财富积累者需要为自己的财富赋予意义，帮助别人给予他们财富积累以某种道德上的正当性。"李嘉诚和邵逸夫等是最典型的例子，财富为他们营造了一种人生境界。

作为中国春秋时期最重要的战略家与商人，范蠡不断地改变自己以迁就社会，他先是逃离政治，在积累大批财富后，又将财富赠给邻居，以减轻财富所招致的嫉妒。富兰克林却利用财富，包括智慧、能力和奉献精神建立未来的社会，他修建图书馆，为年轻人写箴言……

财富拥有者的不同选择和不同的思考，显示出了不同的人生境界。

结局当然也是千差万别。

行走在湿地上

韦小红　张　琳

在不时倾斜晃动的镜头中，山峦、河流、蜿蜒的公路、绵延的草坡、纯净的天空、洁白的云朵……镜头一望便知并不专业，因为拍摄者并非专业摄影师，而是来自兰州大学达尔文协会的大学生们。作为"国际湿地使者"，他们在2004年的夏天走进青海、走进西藏。这些镜头，记录下了他们为期18天的考察、宣传、日常生活和总共长达8300公里的行程。

"我们一直遭遇着这样的尴尬，那就是经济收入和环境保护的冲突"

"湿地使者行动"由世界自然基金会于2001年在中国发起，旨在通过中国高校学生的参与，带动湿地保护并提高公众的湿地保护意识。今年这项活动的主题是："生命之河：从高山到大海"，强调将流域作为一个完整的系统进行研究和治理。使者行动的核心内容是调查流域内的物种保护、经济文化、外来物种的影响、污染、水坝和灌溉等等情况。

2004年的湿地使者活动首次采用了跨国联合的模式，由来自中国、缅甸、越南和柬埔寨等4个国家的12支湿地使者中心在暑期对湄公河和长江同时开展流域内湿地的综合考察和宣传。为此，兰州大学达尔文协会专门组织了一支以生物科学专业为主、兼顾历史民俗和资源环境的考察队伍。

2004年7月底，正逢考察地的雨季，为了避开泥石流等自然灾害的危险，使者们临时变更了计划，考察地点由最初确定的澜沧江3条支流汇集地昌都，改为西藏拉萨和青海玉树。

7月28日下午，赴青海玉树考察的队员张立勋老师和陈凯、陈爽、姚园园、张英4名学生到达西宁。因为经费紧张，他们不敢住好房间，光找合适的住地就用去了一个多小时。两天后，他们抵达玉树休整，随后到达考察的中心地点囊谦县。

在囊谦，使者们发现，藏传佛教对当地动物保护有着明显的积极影响。佛教提倡天人合一、天地合一，有"神山圣水"的说法，不能捕捉和杀害野生动物。队员们的帐篷设在当地一所寺院尕尔寺外，不远处有一条河，河里的鱼不允许捕捞，如果有人捕捞被寺院住持知道，一条鱼要罚款300元。在这里，队员们每天都能看到许多野生的岩羊在寺院门口跑来跑去，粗略数数，有190多只。这些岩羊和家养羊的情形一样，人拔了草执在手里，它们就会悠闲地走过来从人的手里吃草，寺院僧人的行动对它们几乎没有什么干扰。

队员们说，这里和谐原始的自然环境保持得非常好：拿起望远镜瞭望，远处白白的一片，有正在吃草的藏马鸡；还有高山上那黑压压的一片，是乌鸠……澜沧江上游的水土保持也非常好，河滩上没有人淘沙，也没有人炸石开山。队员们的驻地在海拔约4100米处，每天队员要爬到附近海拔4500米的山上去近距离观察当地的野生动物，张英说，山上根本没有路，只能拨开厚厚的灌木硬上，有的地段山体的倾斜度几乎超过60°。可是，当爬到山顶的那一刻，感觉就像上了仙山采到仙草一样美妙无比！

不过，和谐中也不时会见到不和谐的画面。有的山坡上倒着大片胸径1.5米左右的大树，树干中间已经朽了，令使者们触目惊心，心痛不已。"我们沿路都能看到山上的草皮大块地被翻开的痕迹，裸露的岩石直接暴露在阳光下和雨水中，这对山体的水土保持能力影响非常大。"在当地，农民挖虫草时只会翻起很小一块地皮，这样对环境虽有破坏，但影响并不大，最可怕的是那些外来挖虫草的。在青海省，每年虫草收获季节都有十几万外来人员到此采挖虫草。他们往往将草皮整块地挖开后任其裸露，这对只有薄薄10厘米的土层的破坏是毁灭性的。

使者们在囊谦县民族中学做了以保护湿地为主题的四场报告会，并在当地找了四个环保小使者，以带动当地的环保活动。"我们感觉到，他们接受能力很强，而且非常需要来自外界的信息。虽然每节课只有短短的45分钟，但气氛相当热烈，下课后跟我们交流的学生很多，看着下面一双双眼睛，我们觉得，我们所做的事是有意义的。"

使者们说，近些年，一些保健品公司对虫草功效的极力鼓吹，让外地人对虫草的需求量不断增加，造成虫草价格逐年攀升，挖虫草的人越来越多。今年，囊谦县及玉树其他县的中学经玉树州教育局批准，首次放了为期一个月的"虫草假"，每个学生在假期中可以挖800根到1500根虫草。部分家庭经济来源的70%来自虫草。来自生命科学院的大二女生陈爽说：我们一直遭遇着这样的尴尬，那就是经济收入和环境保护的冲突。按说当地学校的这种做法跟我们的宣传方向是相悖的，但是我们却并不能一味宣传不能挖虫草，除非我们提供出可供替代的致富方法。

"我下决心，回去以后，除了洗脸洗澡，再也不接触水了"

去拉萨的一组队员是由包新康老师和梁艳、商琦、张健、宋刚几名同学组成的。每到一地，分头到环保、林业、及新闻媒体寻求帮助或查阅资料是使者们要做的第一件事。他们在拉萨环保局和世界自然基金会的协助下，举办了大型露天宣传活动，在拉萨市最繁华的路段以展板、海报、宣传册、横幅和现场解说的形式，对当地居民进行湿地概念、作用及其保护的宣传。

梁艳，兰州大学历史文化院大四学生，身材虽然瘦小，声音也不高，但其他队员对她很是尊敬，都称她为"梁姐"。她说："在拉萨街头作宣传活动的前一天，我们与拉萨环保局长江白先生联系，希望他第二天能够到活动现场来看一看。他当时虽然挺客气，但口气还是有点漫不经心的味道。可是第二天他一下车，看到我们布置的展板、散发的宣传页和活动现场的气氛时，我明显地觉得，他的眼睛亮了一下！他有点不相信地问我们：'这些都是你们自己做的？'在得到肯定的回答后，他显得很激动，最后对我们提出：'能不能把这些东西给我们留下？我们也曾想做这方面的宣传，却没有做出过这些的东西！'"

这微小的变化给了使者们更多的信心。

7月是拉萨的雨季。使者们的考察区域是位于拉萨市西北角的拉鲁湿地，这是一片总面积6.2平方公里的典型的青藏高原湿地，湿地内自然景观，为种种生物特别是鸟类的生存提供了得天独厚的生存环境。在这里，使者们除了每天常规的考察内容之外，更多地体验了高原野外生活的艰辛。

张健和包新康老师在湿地里驻扎下来，每天定时观察、记录、搜集数据。梁艳和商琦除了跑外联，每天还负责给他们两个送早饭。张健笑说："现在我要给梁姐和商琦提意见了，当时送的早饭量倒是不少，就是水不够，我们只好眼睁睁看着那些压缩饼干。在我们考察点的附近只有一家饭馆，每天只有下午才可以去那儿好好吃一顿。"

因为对当地情况不熟悉，他们没少遇到麻烦。张健说，开始做拉萨河的观察，从拉萨东南行至北边的拉鲁湿地，骑自行车绕拉鲁湿地一圈。绕行到半圈时自行车的脚踏坏了，只好取了路边人家的一段铁丝，将坏的地方链在一起，然后自己拉着自行车走，一直拉出湿地，拉到公路上。

他和包老师住的帐篷就扎在湿地内。清晨，很多红脚鸭飞来停在帐篷顶上。在红脚鸭的振翅的沙沙声中，他被老师唤醒，不刷牙、不洗脸，啃点饼干，六七点钟出发开始横穿湿地，用GPS纪录湿地总长度，带着望远镜和相机，观察和统计鸟类的种类；然后按原路返回再记录一次，每天都要进行这样两趟。湿地里的水刺骨的冷，尤其是早晨，水更冷，一脚一脚地踩上去，真是冰得太痛苦了，"我下决心，回去以后，除了洗脸洗澡，再也不接触水了！"张健说，"那时候，我真是渴望沙漠里干爽的感觉啊！"

一天晚上，有一场中国队对伊拉克的足球比赛，包老师去附近的藏民家里看球赛，张健自己留下来看东西，无边的黑夜和陌生的环境让这个不到20岁的小伙子感到十分恐怖。天开始下雨。他灵机一动拿起相机拍照，为的是可以发出一些光亮来给自己壮胆。没想到，雨丝闪现在相机瞬间闪出的那一片亮光里，看上去仿佛是"流星雨"，非常的迷人。这一景象给他留下了异常美好的印象。

张老师叮嘱车里的队员说："不管谁敲车门都不许开！"

提起一路上的经历，青海组的同学又好笑，又觉得惊心动魄。

青海玉树地区平均海拔3500米左右，乘车通过已属不易。在穿过海拔5100多米的巴颜喀拉山时，同学们都不同程度地出现高原反应，全身无力。到达囊谦县城，大家一倒头就睡着了，一直睡了8个小时，老师还叫不醒他们。

在赴考察点之前，他们考虑到种种不便，在囊谦县城里准备好了四五天的食品，8月2日，他们租了一辆车沿便道前行。没走多少路程，油箱漏油着火了，司机赶快脱下自己的衣服蒙上去扑灭了火。想要换一辆车，但听司机说，由于这种路况常常发生塌方，进去的车有时至少会在里面待上一个月出不来，所以一般是不会有车开进来的。于是，他们只好一路颠簸着前行，一共只有200多公里路，他们早上10点出发，下午6点才赶到。

8月7日，他们像往常一样清早起来上山工作。到了下午，天气突然变冷，像要下雨———一旦下雨，要出山就很难了。可当时他们带的食物已经所剩无几，压缩饼干全部吃光，一顿饭连一包方便面也快要保证不了了。曾经有一个下午，老乡叫他们去家里吃糌粑，大家都无法接受那种味道，难以下咽。

因此，下午5点钟时，他们拆了帐篷乘车出山往回赶。夜晚来临，车在山路上走，陷入塌方的地段。此时没有一辆过路车，大家下车提着应急灯往里面垫石头，裤子和鞋子都被埋在泥浆里，推着、抬着……半个多小时以后车终于出来了。晚上本想就地休息，可是县城里唯一的一个招待所已经没有空房可住。他们只好在老乡家吃了点干饼，另外找了一辆车，打算连夜赶到玉树。可是新找的车在半路上又出了问题，21岁的藏族司机只会开车不懂修车。张老师说，肯定是电瓶里的电不够了，但是司机坚持说"不会"的。结果，赶了30多公里路之后，电瓶里彻底没电了，车灯不亮了。只好下来一个人在前面打着手电筒照亮，车继续往前开。又赶了30多公里路，车也不能走了。七八月份的高原，夜晚的温度在摄氏零度甚至摄氏零度以下，没有办法取暖，张老师决定，四个队员待在车上，他和司机徒步返回县城找援兵。临走时张老师又一次叮嘱车里的队员说："不管谁敲车门都不许开！"

　　走了十几公里后，两个人又累又饿，浑身是汗，在路边坐下来稍事休息。张老师笑着说，当时一坐下来就感到眼前发黑，而且冷得受不了。又担心车上的队员，所以只能硬撑着站起来继续赶路。两个半小时，走了25公里，总算返回县城。到司机家的时候已经是凌晨4点多。两个人的衣服从里到外全都湿透了。司机来不及休息，又赶快找了一辆拖拉机去接等在半路上的同学们。而张老师则在吃了点干饼、喝了几口水之后坐在沙发上睡着了。一个小时之后，4位同学被安全接回。

　　参加这次活动的同学都是独生子女，学校和老师都非常担心，生怕在这个过程中出现什么问题。所以，学校方面给每一位学生买了保险，进行了体检，在出发之前，考虑到不可预测的危险性，学校还同每一个使者签订"生死状"。要求必须有家长签字。梁艳说："当我把它拿给我爸让他签时，他沉默了一会说：'我要是签了的话，还是你爸吗？'"

　　这个考察队最初组建时有20名学生成员，而到最后真正成行的，只剩下7名。

开始关注和思考许多现象和事物

　　在此次湿地使者行动中，考察活动只是其中的一小段。在此之前，有很多没有参与考察的队员利用课余时间做了大量工作，繁忙而辛苦。白天买东西，晚上做计划，一些同学连续两三个晚上都不能睡觉。

　　大三学生马超专门负责拉赞助。他说，过去自己是一个饭来张口衣来伸手的人。通过这次活动，他明白了一个道理，那就是，在一个人的身上，可能潜藏着自己以前从来没有发现的一些能力和禀赋；而在社会中通过一些活动，你会发现自己不可估量的能力。活动前期，他负责拉赞助，尽管他辛辛苦苦跑了一个月却一分钱也没拉到，但他认为自己仍然收获了很多。因为他每次都要做策划、定计划，"其实是手里拿着厚厚的一本书出去进行这项工作的。"为了拉赞助，马超跑遍了兰州市大大小小的角落，接触了众多的媒体、纪念地、企业等等，"这是一个多方面的了解和积累。而且，我也从中深切地体会到，说话也是一门艺术，和不同层面的人用什么样的交谈方式。"

经过大量的准备工作，2004年5月，兰州大学达尔文协会终于在激烈角逐中胜出，成为澜沧江—湄公河国际湿地使者队伍中的一支。当时申请的队伍有60多支，而最后只有3支队伍入选。在活动全程负责许多重要事务的李杉说："其实在竞争团队中，我们肯定不是排在第一，甚至不大可能排在前三位，但是我想，之所以能得到这次机会，可能是因为世界自然基金会考虑到我们是西北地区唯一申请的一支团队吧。"项目申请下来之后，兰州大学生命科学学院给予他们很大支持，拨款两万元钱作为活动经费。学校的各个有关部门也都积极地支持了他们的活动。

除此之外，同学们还坚持锻炼身体，为即将到来的高原之行做充分的准备。从2004年4月开始，他们每天很早起床，7时准时练习爬山，从不间断。李杉说，走出校园，进入社会，到自然中去体会和感受许多东西，将书本中学到的知识在实际中得以运用；可以培养吃苦耐劳的精神，锻炼意志与品质以及对于苦痛的忍受和处理能力。当然，因为占用学习时间较多，包括事先的筹备、活动的整个过程以及活动结束之后的整理资料和写报告等，所以对学习有一定影响。但是总体来说在大学时代能有这样的一次经历是非常难得和有意义的。

从拉萨回来的张健说，在过去的许多年里，自己是一种事不关己、高高挂起的状态。而出去以后，与外界交流的机会明显增多，看到、听到许多事情，认识了不少人，他开始关心周围的人与事，开始关注和思考许多现象和事物。

"我们相信，做比不做好，想比不想好。"

考察活动的直接成果是，使者们将考察结果汇集成了一本长达26页的《澜沧江：从高山到大海——2004兰州大学湿地使者行动报告》，内容包括此次活动的方方面面。其中在"发现"和"讨论"两个部分，是他们利用专业知识对考察当地环境保护问题的思考和探讨。比如，在玉树地区，他们关注的不仅仅是滥挖冬虫夏草的问题，还有伐木、偷猎、过度放牧、鼠害、旅游开发及水电站建设等等对当地环境保护带来的影响。对拉鲁湿地，他们认为，尽管近几年的保护工作做的很好，但是仍然面临着面积锐减、植被退化、污水排放等一系列问题。在"建议"部分中，他们列出了自己对这些问题的独特思考。这些内容，虽然可能存在各种不全面、不完善、不深入的地方，但仍可以引发专业或非专业人士对这些问题进一步的思考。

在使者们所经之途，他们不但亲身宣传，还积极联络当地报纸、电视台，通过媒体报道扩大宣传范围。有多少人通过他们的活动了解了湿地，点燃了绿色的意识和信念，很难计算。梁艳说："我们就是希望通过我们自己的行为，来带动和影响周围的每一个人。"她说在她的朋友中间几乎已经没有人使用一次性的卫生筷了，他们出去吃饭都带着自己的餐具。"虽然目前还不能做到完全杜绝使用，但是我相信，只要我们始终这样想，这样做，就是好的。我们相信做比不做好，想比不想好。"

同学们说："我们完全是凭着信念而做，没有任何利益的考虑。作为湿地保护使者，主要任务是理念和观念的传播，让所到之处的人们和职能部门了解湿地的概念和保护湿地的意义，以及湿地对于我们自身生存的意义。通过这次活动，还是把我们的宗旨贯彻下去了。""我们希望兰州大学能在西北引领环保潮流，通过这样的组织和活动，带动西北的学生，进军国际上的活动。这样西北的学生活动就发展起来了。"

梁艳说："世界自然基金会已经在长江设立了办事处，我们希望在黄河也能设立。长江黄河同是母亲河，为什么长江就可以有，黄河就没有？我们想，一方面可能是他们关注得少，另一方面我们自己也应该反省：是不是我们自己的呼声不够？在湖北等许多省份，这方面的网络交流平台都非常的活跃，也确实起到了难以估量的作用。而甘肃至今还没有这样一个平台。"

"我们走出去代表的是西北，是兰州大学。我们希望通过自己的努力，联合更多的高校、更多的同学，产生更大的影响，让未来的大学生这一个层面都建立起保护湿地这样的思想观念。我们希望能够建立一个平台，在一个大的环境下，让学生发出一种响亮的声音。要有更多的人来参与环保事业，关注甘肃、关注西北、关注黄河。"

主编点评：

关于"湿地"，一些材料上的定义是：不问其为天然或人工、长久或暂时性的沼泽地、泥炭地或水域地带、静止或流动、淡水、半咸水、咸水体，包括低潮时水深不超过6米的水域。

关于"湿地使者"，湿地使者们的说法是：我们把环保理念带进我们所经过和到达的每一个地方，同时把生活在这些地方的人们的生态观带出来。

18天的行程，还算不上漫长；18天的生活，还算不上深入。但这18天的经历，足以让我们理解人与环境的关系，也足以让我们体会到人与生态的冲突……

宁县人在神户

尚德琪

柴生芳很早就想出国留学。

1990年,北京大学毕业后,分配到甘肃省文物考古研究所工作。

1996年5月,经朋友的朋友引荐,柴生芳认识了当时正在甘肃访问的日本神户大学文学部教授、著名敦煌学家百桥明穗先生。

1996年9月,百桥明穗到西安访问,柴生芳专程赶到西安。就是那一次,百桥明穗同意收柴生芳为弟子。

柴生芳的一生中,于是有了一段特别的经历——

2001年3月末,记者随甘肃对外文化交流代表团去日本。在神户地铁车站,我们认识了柴生芳,一位来自甘肃宁县的中国留学生。

9月份,柴生芳回到兰州。离兰返日前夕,我又一次见到了他。

柴生芳在日本的生活细节,使我想起两部电视剧:《北京人在纽约》和《上海人在东京》。

要想像个留学的,先得像个打工的

1997年5月5日,柴生芳独自一人,从天津港踏上了东渡的旅程。5月7日下午3点,经过整整两天,终于漂到了日本神户港。

他提了两个特别大的箱子,还有疙疙瘩瘩的小包和塑料袋。过日本海关时,检查人员以十分质疑的眼光注视他,并示意他打开箱子、解开袋子接受检查。

榨菜,豆瓣酱,麻辣酱,日本人可能都没有想到,里面会有这样的东西。鞋,毛衣,铺盖,不远万里带这些东西出国,也让日本人觉得有些怪。一位年轻的检查人员好像是第一次遇到这样的出国者,拿起一个问一个。

那个时候,柴生芳只认识写出来的日语,说出来的日语一句也听不懂。柴生芳紧张得不知如何是好，只好目不转睛地注视着对方。

他突然产生了一种逃荒的感觉。所有的人，都很快通过了，只有他还留在那里。

一会儿，来了个年龄较大的，可能对中国留学生有所接触吧，只管埋头看东西，就是不抬头看人。半小时后，柴生芳和接站的人接上了头。

那一天，大雾弥漫。依山傍水的神户，让柴生芳摸不着深浅。他不知道神户是一个大平原，还是一个漂在大海上的小岛。当天晚上，在神户有名的大荣商场9楼，柴生芳第一次吃意大利空心面，也是第一次吃自助西餐。

就是那一次，他学会了怎样把一根长长的面条缠在叉子上，用正宗的西餐吃法吃面条。

不过他说："学会吃饭是很简单的，难的是怎样才能有饭吃。"

柴生芳是停薪留职后自费留学的。

到日本的第一要务，其实是找到一份能挣钱的工作。

刚去的时候是预科生，住在神户大学国际会馆。他天天打电话找工作。一天打四五十个电话。电话里的声音，他四分之三的话听不懂。有时，他刚想好怎么说，结结巴巴还没说完，对方就再见了。他说："找工作那一阵子，我猛学日语，进步确实不小。"

不久，经人介绍，他在神户著名的铃木搬家公司谋了一份临时性的差事。据说，到日本打工，没有文化和技术的，到搬家公司是挣钱最多的地方。柴生芳是北京大学考古系毕业的高材生，在甘肃省文物考古研究所工作期间，先后参与、主持过敦煌悬泉置遗址、酒泉西沟魏晋壁画墓、天水礼县大堡子山秦公大墓、敦煌佛爷庙湾晋唐墓葬群遗址的发掘工作，属于"有文化"和"有技术"的人，但对他来说，搬家仍是最挣钱的差事。柴生芳到搬家公司，老板知道他是留学生，谈不上尊重，但比较爱惜和照顾。轻的，软的，安全的由他搬；重的，硬的，有危险的都由自己的工人搬。搬一次家只需要3个小时的时间，他就能挣1万日元的工钱，公司还管一顿午饭。

他一共搬了10次家，挣了10万日元。

但日本的东西，尤其是生活必需品特别贵，随便吃什么，不说吃好，就是饱饱吃一顿，也得一两千日元。挣钱的时候，他想日本真是挣钱的地方；花钱的时候，他想日本真不是花钱的地方。

这一年的7月19日，到日本的第73天，经北京一名访问学者的介绍，柴生芳找到一份"正式"的工作。柴生芳也说得很正式：

上班地点：神户市南京街粤菜馆琼爱饭店4楼。
从事工种：洗碗工。
上班时间：每晚5：30—9：30。
工资待遇：每小时850日元。

琼爱饭店的施老板是华侨，那里客人特别多，洗碗的还有两个福建小伙子。碗一茬一茬进来，一茬一茬出去，他们埋头干活，有时一个小时不抬头。日本人重工序，柴生芳给他们的"工种"编制了六道工序：

一、把电梯上运来的碗抱下来放在水池子里；

二、把操作间里送来的菜挪到电梯上；

三、把在水池子里冲过的碗再放进自动洗碗机里；

四、把洗碗机洗过的碗拿出来摆好；

五、有空的时候抓紧盛几碗米饭；

六、挤出一些时间做一些生菜包。

那些日子里，洗碗的时候他流汗，碗洗完了他流泪。有时，他会想很多："父母养活了几十年，国家培养了十几年，说起来也是世界名牌大学毕业的，也是出国留学的，干不上啥体面活，天天钻到饭馆里给人洗碗。"他不觉得累，就是觉得有些亏，亏得一个人流泪。

1997年8月19日，他不辞而别。10天以后，他才打电话给施老板，正式辞了工作。

他已经在神户物流中心上班10天了。在那里，他负责清理商场里的纸箱子，属于清洁工一类。同样，这里也有工序，先拆开，再压平，然后摞起来，再拉到仓库。活虽体力一些，但干得相当快乐。有了干，没有了可以转转；累是累，却是很自由的。而且，砸纸箱子的声音，谈不上优美，但浑厚有力，节奏清楚。与他一同拣纸箱子的是一位山东小伙子，姓刘，长得像著名歌星刘欢，人也乐观。在日语中，纸箱子读作"当宝鲁"，他们就说他们的工作是"当宝鲁之歌"。

这里，工作时间稍微长些，每天9小时，但工资相对也高，一小时1000日元，加上路费补助，再除去自己的饭钱，一天能净落8800日元左右。

9月9日，他大致算了一下账，19天时间里，他从那里一共净挣了17万日元。他心里觉得自己的劳动还是挺值钱的。但就在这一天，他又辞了工作。

因为他有了更好的工作。

这一次是当老师。学生两个人，一个叫吉村，一个叫小山，都是日本关西大学毕业的，当时都是中学老师。

他给他们教汉语。上课是单对单。每人每月教 4 次，一次两小时，每次 4000 日元。他是从 b、p、m、f 开始教的。当了十几年学生，现在突然让他当老师，再简单的东西，他都觉得特别难，而最难的，是有点难为情。他教得很费劲，他们也学得很费劲。这份工作是日本的朋友找的，吉村和小山则是朋友的朋友。

上课时，他能明显感觉吉村和小山有些心不在焉。他意识到，他们并不是为了学汉语，而是想通过这种方式很体面地资助他——他们的朋友的朋友。

这是最稳定的一次工作。他一共教了他们 21 个月。1999 年 5 月份，他有生以来办的第一个汉语班"结业"。

他从吉村和小山那里学成了日语，也与他们成了要好的朋友。1998 年 8 月份，吉村和小山到中国旅游，柴生芳全程作陪。到北京，再到洛阳，再到上海。1999 年 8 月份，吉村又一个人到中国来，他还是专职导游，他们到了青岛，到了连云港，到了南京，到了上海。

两次中国行，吉村和小山用中国话联系食宿，用中国话讨价还价。听着他们说中国话，柴生芳说他很有成就感。

从 1998 年 10 月份起，由于开支增大，柴生芳打了"昼工"，又到大阪尼崎 24 小时超市打夜工。每周两次，星期五、星期六晚上 10 点到次日凌晨 6 点在岗，每岗 9000 日元。

老板把他安排到了"收银台"。北京大学的毕业学生给收钱，老板觉得非常自豪。他经常站在收银台旁边，没顾客的时候与柴生芳闲聊，有顾客的时候把柴生芳介绍给顾客。

在那里，他一直干到 1999 年 5 月 13 日。

1999 年 10 月份，他的第二个汉语班开班了。这一次是三个学员。一个老头儿，两个老太太。他们是同一个中学的退休老师，对中国文化很感兴趣，学得自然也比吉村和小山用心。柴生芳教得也用心。他选用了北京出的专门的汉语教材《新中国语》。每月上两次课。三个人一齐来。一节课两小时，每节课 7500 日元。

每次上课，他都要强调："说是最主要的。"但结果是，"他们说得不行，写得却挺好。"

柴生芳一直让他们写日记。桥本是教哲学的，日记写得特别好。那几本日记，柴生芳都保存着。他说："可能的时候，我要出版。"看得出来，他是要以这种方式记录自己的一段历史。

今年3月份，第二个汉语班圆满结束了。

他没有考虑再找什么活干。找上门来的活他也可能干。

在中国留日学生中间，在商场、饭店打工的人私下都叫他们"地下工作者"。

这个称呼有一个不大不小的背景。在日本，对饮食业的要求特别严格，奶制品、肉制品等等，必须当天进货，当天卖完，否则就得倒掉；生鱼片、寿司、便当等饭店自己制作的成品半成品，也必须当天售当天的货。

如果饭店晚上9点关门，8点的时候，就要开始大降价，以便迅速处理掉明天就要过期的东西。很多留学生都自己做饭，有自己的冰箱。对饭店的料盘来说，有些东西明天就过期了；对留学生的冰箱来说，同样的东西后天可能还是新鲜的。在大降价的时刻买东西，其实最划算。但这样的信息从哪里来？就得找在饭店打工的留学生。时间长了，相互之间都有了"秘密"的沟通方式。"地下工作者"也就应运而生了。

商场里也一样。日本人虽然富，但也常常排出龙一样的长队买降价货。中国留学生常常到一些大商场"游弋"，先打探谁是"自己的人"，然后作为"地下工作者"，经常保持联络。市民还不知道降价信息的时候，他们已经早早知道了；市民排长队的时候，他们最多只排排短队。

1999年底，柴生芳第一次回家。那时候，电视上放完了《北京人在纽约》之后，又放了《上海人在东京》。家里人看电视的时候，就想他在日本的日子怎么过。

他承认他受了好多苦，有时活得不那么潇洒，但他说："再脆弱的人，也会因此坚强起来。"

既然出去了，就该多串几个门

2001年9月份，柴生芳回到兰州。他已经是神户大学文学部博士三年级学生了。他是回来联系工作的。

中国驻大阪总领事馆专门给他写了一封很长的推荐信。从那封信中，我看到了另一个柴生芳。

1998年，柴生芳以其在1997年中国留日学生庆祝香港回归晚会上的杰出表现，当选为神户地区中国留学生学友会副会长。

柴生芳极大的爱国热情和杰出的组织能力马上得到展示。长江流域大水灾，台湾地区大地震，柴生芳都在第一时间，在神户组织了募捐活动。柴生芳抱着纸糊的箱子，在川流不息的人群中，一直是最活跃的一员。为长江洪暴灾区，他们募集了170多万日元；为台湾地震灾区，3个小时，就募集了45万日元。他说："我们不是乞求日本人的怜悯，而是要表达我们中国人的感情。"

2000年2月，日本右翼分子否认南京大屠杀。柴生芳和学生会其他成员一起，到警察局申请后，组织留学生举行集会，进行强烈抗议。那一天，大雨滂沱，留学生们每人一把雨伞，那种阵势，就像是举起了一个个盾牌。

2000年，他"官"至神户地区中国留学生会会长、全日本中国留学生学友会理事，同时当选为神户地区华侨总会理事。以留学生身份进入华侨总会当理事，柴生芳是唯一的一个。

当年7月30日的"神户节"上，在柴生芳等的筹划下，中国留学生组织了200多人的游行队伍。这是神户有史以来，中国留学生第一次组织起来在"神户节"上亮相。200多人穿各民族服装，狂舞中华龙，劲擂黄河鼓，浩浩荡荡，十分引人注目。游行队伍经过观礼台时，解说员激动得都有些失控，连续喊了6次"中国留学生队伍走过来了"。

那一天，他们一直走了两公里。走到哪里，日本人都是夹道欢迎，争相观看。

他们把龙舞得海涛般狂，他们把鼓擂得震天价响。

中国驻大阪总领事对此给予了高度赞扬。日本各大媒体对此都进行了大篇幅的报道。

作为经常性的活动，学生会还在神户中华会馆七楼大厅举办了"快乐星期天"活动。为搞好活动，他们专门在大连买了一台卡拉OK机，将电压改成110伏，运到神户，装在中华会馆。

2000年10月1日，正好星期天。当天晚上，80多名留学生在那里举行了庆祝国庆专场晚会，中国驻大阪总领事馆专门派人来讲了话。

他们包饺子，做红烧肉，炒青椒土豆丝。他们唱《我的中国心》，唱《我爱你中国》，唱《十月是你的生日》。

柴生芳是指挥。他说："好多人都唱哭了。在国外，一点小小的事情，都让人想到爱国。"

一位学生会干部的生日在10月2日。晚上10点的时候，中华会馆快下班了。十几个人决定挪个地方，给他过生日。他们没有唱《祝你生日快乐》，而是一遍一遍地合唱中国《国歌》。十几个人不知唱了多少遍，一个个热泪盈眶，一个个热血沸腾。

然后一起表决心，一定要为祖国强大出自己的力，流自己的汗。场面严肃得像上战场前的宣誓。

2001年2月11日，以"敦煌·丝绸之路的伙伴们"命名的日本国际绿化组织企划委员会在神户成立。柴生芳是该组织的委员长。其他成员都是志愿者，先期投入都是个人出的钱。那篇报道说：该组织将"发起募捐和到敦煌莫高窟植树的活动，并计划在植树区域内开设'功德林'、'希望林'两块林区。"

日本媒体报道这一消息时，用的标题是《给大地更多的绿色》。柴生芳的名字几次出现在那篇报道中。

2001年10月12日，日本神户华侨总会"中国西部大开发考察团"一行，结束了甘肃行程，他们考察了甘肃的生态和旅游，并表明了寻求经济、文化合作的态度。当天，全体成员专程到兰州王家坪每人栽下了一棵树。

整个考察过程中，那个忙左忙右搞翻译的小伙子就是柴生芳。为了这次考察的成行，柴生芳也费了不少心血。开始在神户政界、学界酝酿，有些眉目了，才在华侨总会的例会上提出来讨论。这次考察的难处在于，所有成员的花销都是个人自费，柴生芳也一样。

柴生芳说，考察团的18名成员中，有8名是华侨，10名日本各界人士，具有很强的代表性。回去以后，考察团要倡议一个活动——"向甘肃献一棵树"。这次栽下的十几棵树，算是这个活动的正式启动。

到日本几年，柴生芳东奔西跑，一直很忙。他说："既然出来了，就多串几个门。"

1997年到1998年，他在神户大学文学部进修。同时，他又在神户大学文学研究所攻读美术史学专业，并获得硕士学位。之后，又在神户大学文化学研究所攻读文化构造学专业。他说："不论什么领域，只要涉足，就会发现自己的另一些能力和另一些素质。"

很自信地出去了，就不能把人丢到外面

在日本，柴生芳可以说是居无定所。他像个候鸟一样，一次次地挪窝。

1997年刚到日本时，柴生芳住在神户大学国际会馆。整个会馆住90多人，其中50多人是中国留学生。那时候，他没有一分钱的奖学金。买不起饭，要么

吃面包、方便面，要么就得自己做。会馆里，每个单元有一间公用厨房，投币式煤气灶。他只能烙个饼子，炒个鸡蛋西红柿之类。做饭时，他精打细算，甚至用到统筹法。一日元一投，算计好了，八日元可以做一顿饭，五个硬币烙饼子，三个硬币烧两个素菜。

除了吃饭，他什么副食也吃不起。一个苹果300—500日元，一个西瓜3000日元左右。1997年9月，天津一位朋友回国，他想，无论如何也应该破费一次了。

他咬牙买下了两个菠萝，每个380日元；一个西瓜，980日元。他是在一个卖菜的摊点买的，因为是"兼营"水果，水果的质量是最次的，也是最便宜的。所有他认识的和朋友认识的中国留学生都请来了，菠萝一人一小块，西瓜一人一小牙。好多人吃得津津有味，好多人则很不好意思吃。

1998年4月，他很幸运地住进了大阪尼崎市的大学生公寓。经营大学生公寓的是一家大企业集团，为表明其对大学生的资助态度，给神户大学一个入驻名额。学校共提供了9个人选。没办法，只得抽签看运气，柴生芳一签定音。算是优惠，柴生芳每月交3万日元，一日两餐，食宿全包。

在日本，这种公寓叫做"寮"。整个寮里，中国留学生就柴生芳一个人。本来，他可以一直住到2000年4月份，但1999年5月，他就主动搬了出来。搬出来的原因，柴生芳说有四条：

一、离学校太远，坐车要一个多小时路程。

二、当时，他的奖学金每月只有3万日元，和这里的优惠价刚持平，支撑不下来。

三、太寂寞，一年多时间里，只有一个中国留学生来他的住处。

四、生活方式也不太适应，寮里的所有设施都是日本式的，读书看电视都要堆在榻榻米上。

他如同一个异类，每时每刻都有一种排遣不了的压抑。

这一次，他搬到了神户市兵库留学生会馆。正式住进去的那一天是5月14日。这是他住得最长的一个地方。

从此以后，柴生芳的生活也拐了一个"大弯子"。这个大弯子有两个含义——

一、他的花费急剧上升。

除了房费、水电费、伙食费等相对固定的费用以外，每月还有大约1.5万日元的电话费，5000日元的交通费，2万日元的交际费。每月花费平均在11

万日元以上。他说，该花的钱一定要花，钱花完可以再挣，但花钱的机会有时不会再来。

支撑开支的，除了打工收入以外，还有两个来源。一是奖学金。1999年，他的奖学金是每月7万日元，2000年增加到8万日元，2001年猛升到15万日元。二是学业方面的收入。1998年4月，京都大学人文科学研究所著名的汉学家冨谷至先生开始资助他，他凭借他的专业特长，帮助冨谷至整理居延新、旧简牍的有关资料，冨谷至先生从他的研究经费中每月拿出3万日元作为酬劳。其后于1999年3月，又受聘为京都大学人文科学研究所的"非常勤"，即兼职讲师，每月有3万多日元的收入。2001年4月，经过严格选拔，又受聘为京都大学人文科学研究所研究助手，收入是兼职讲师的两倍，6万多日元。

1998年5月份，柴生芳借了神户大学30万日元的学费，学校一直在催，他一直在拖，一直到2000年4月份，才还清了这笔债务。还了账，累到极点的柴生芳说，他才知道什么叫"无债一身轻"。

二、为了一种尊严，他变得很"神经"。

兵库留学生会馆里，中国留学生大约占三分之一，是个很大的群落，但往往被会馆的管理人员小看。

一次，会馆的管理人员说了句"中国人脏"，柴生芳就怒气冲冲上去质问："谁脏就谁脏，不能说中国人！"并发出警告，"再这样，我就去告你。"事后，会馆一名副馆长出面向他道了歉。

会馆里有什么事，都要贴通知。柴生芳说，刚住进去的时候，好的消息，比如有什么活动，办什么讲座之类，都用日语书写；警告的内容，特别是厨房里的油瓶子放得不是地方，菜刀应该放在什么位置等等，则用汉语书写。一次，厨房里贴了一份日中两语通知，一位北京来的女孩马上打电话给柴生芳说，日语和汉语之间用语不一样，有歧视中国人的企图。柴生芳立即赶到现场，向会馆管理人员提出交涉。开始，管理人员不承认，柴生芳表示要马上打电话叫新闻媒体曝光，会馆才软了下来。这一次，不是副馆长出来道歉，而是馆长直接出面向中国留学生赔情，并指示管理人员，立即将层楼所有的通知撕下来。

也是这一次，柴生芳以神户地区中国留学生会会长的身份与兵库留学生会馆达成一项协议：以后出通知，不管什么内容，有日语的，就要有汉语的；涉及中国留学生的所有文字，不管日语还是汉语，都必须经柴生芳把关后，才能公开张贴。

柴生芳说，留学生好像都很敏感，一听日本人说"中国人"，就提高警惕，竖起耳朵,听其中有没有歧视或不友好的用词。

我注意到,柴生芳是把维护自己的人格和维护中国人的尊严看成一回事了。2002年3月份,柴生芳提前获得神户大学文学博士学位。

他说:"在日本的酸甜苦辣,都是我的经历,并可能影响我的一生。"

主编点评:

留学是有吸引力的,留学生是有吸引力的。但这并不表明,留学是一个很舒服的差事;也不表明,一个人能很容易地成为一个留学生。

柴生芳的留学经历,让我们看到了留学的艰辛,这不仅仅是关于学习的,也是关于生活的。为了继续学习,他得打工维持生活。在学习与工作的双重压力下,他坚持了下来。

他的经历,不仅证明他是一个顽强的人,也证明了他是一个自尊的人。

非洲有多远

杨世智

安平回国休假了。

1975年，一批甘肃医生到了遥远的印度洋岛国——马达加斯加民主共和国，当地人称他们为"中国医生"。几十年来，"中国医生"去了又来，来了又去，从未间断。

安平是中国援助马达加斯加第12批医疗队的第二任队长，第13批和第14批医疗队的队长。她游走在各个队员的家庭，来时把队员的礼物送到每一家，走时把家人的礼物带给队员。人们常问她，非洲怎么样？非洲有多远？

她说，在真正踏上非洲的土地之前，没有一个人能够知道，心里的非洲到底有多远。

初识马岛

2000年7月，中国第13批援助马达加斯加医疗队，从祖国大陆乘飞机，途经香港、毛里求斯，辗转奔赴马达加斯加。

1972年，我国与马达加斯加建交，1975年国家决定由甘肃省向其派遣援助医疗队。截至目前，甘肃省共向马达加斯加派遣出14批医疗队，419人次。

马达加斯加共有6个省，援助医疗队分布在其中的4个省的4家医院：

马义奇医疗点，地处马达加斯加中部，距首都塔那那利佛40公里。医疗队称之为"首都点"，是医疗队总部所在地。

桑巴瓦医疗点，地处北方省份迭果省，称为"北方点"，距首都1500多公里。桑巴瓦县因盛产瓦尼拉香草闻名，是马达加斯加北部经济中心，人口22万左右。

昂布翁贝医疗点，中国在马达加斯加设立的第一个援助医疗点，位于马岛最南端，属土利亚省，称为"南方点"，距首都1600多公里，是马达加斯加经济最不发达地区。

瓦图曼医疗点，东部偏远小镇，称为"东方点"，属塔马塔夫省，距首都300多公里。

杨兰，医疗队的翻译之一，出国之前是兰州医学院第二附属医院的口腔科医生，被派往桑巴瓦医疗点。她写了篇《初识马岛》，发表在医疗队创办的内部刊物《医疗队在马岛》的第一期：

"非洲，对我来说，是个随时都有可能发生许多意想不到事情的、充满神秘色彩的地方，马达加斯加更是让我在脑海中描绘了一遍又一遍。当波音737在目的地上空盘旋时，俯瞰下去，只见翠绿之间露出的是红红的土地，中部丘陵此起彼伏，岛周围是一望无际的大海。向前看去，海天一色。这就是我即将生活两年的地方！想到此，不禁有些怦然心跳。等待我的将会是什么？

当飞机平稳地降落在桑巴瓦机场，走出舱门，一眼就看到'热烈欢迎第十三批中国医疗队'的大横幅，周围是熙熙攘攘的人群，耳畔传来阵阵歌声。循声望去，只见身着节日盛装的棕黑色皮肤的姑娘小伙们有节奏地载歌载舞。一群姑娘上前为我们戴上漂亮的鲜花环。这是他们迎接尊贵客人的仪式。这一刻，我实在按捺不住激动的心情，也走进了跳舞的人群，跳了起来。进入市区，奇花异草争芳斗艳。椰树、芒果树、荔枝树、香蕉树、马岛特有的旅人蕉，还有各种各样不知其名的热带水果和树木花草，都像刚刚用水洗过似的，油绿发亮。蓝天白云下，空气中飘散着阵阵清香，令人陶醉。"

没有身临其境，无法想象

因第12批医疗队队长患病需回国治疗，安平提前接任，成了中国援马第12批医疗队的第二任队长，比第13批队员提前3个月到达马达加斯加。

"那是非洲呀，很苦的，你细皮嫩肉的受得了吗？"熟识的人为她担心；"代表国家出去的，都是一些有资历的人，你行吗？"很多人心存疑虑。安平说，男同志能克服的困难，我也能克服；论资历，我也有9年副处长的经历了。出国之前她是甘肃省卫生厅外事处副处长。

其实，她心里也没多少底。尽管已经走访了很多援马的老队员，但在2000年4月她真正踏上这片红土地才发现，当地的情况比她想象的还要糟。

霍乱是一种甲级传染病，在我国已经被消灭了很多年，而马达加斯加的四个医疗点都设有霍乱病房，有的已收住了霍乱病人。马达加斯加还有不少热带传染病，有一种阿米巴痢疾是接触性传染，包括握手、接触患者使用过的东西等等，让人防不胜防，首都点的12个队员中有8人得了阿米巴痢疾。还有一种脑型虐疾，靠蚊子传播，在马岛的中资公司曾有职员因此丧生，而首都点的12名队员全部得了此病。

四个医疗点，药品缺乏，医疗条件还达不到省内一般乡镇卫生院的条件。条件最好的首都点，除了B超、胃镜、心电图之外，没有其他的医疗设备；东方点无影灯只有一只灯能亮；手术室没有窗户和麻醉床，有窗户的房间没有纱窗，没有纱门，南方点病房的屋顶被台风刮掉了。四个医疗点中，就东方点瓦图曼吃水还过得去。首都点原来吃水靠的是一个能聚集雨水的坑。等她到的时候，水泵坏了，连坑里的水都打不出来；南方点，生活用水要从50公里以外拉，而且拉来的水绝对不是干净的，得等到澄清了再喝。

"你想想，都2000年了，医疗点连个电话都没有，当地人也没有人会安装电话；没有电话也就罢了，两个医疗点连电视都看不上。这样的条件，却要让我们的省级专家在那儿干两年，信息闭塞的两年下来，队员都呆傻了。我很吃惊，我很吃惊。"

安平眼睛湿润，声音哽咽，"让人哭的事我还没给你们说呢，"她说，"与国内反差太大，队员简直没法工作，这些事都是马国政府应该管的事呀。""长期远离祖国亲友，又处在一个封闭的环境中，是个人思想都会动摇。""没有身临其境，你们没法想象。""我到南方点去，机场里最破的车肯定是接我的，弹簧上铺一块木板，上面再铺一块毯子就是坐垫"。

在这种情况下，首当其冲的工作就是：稳定人心，从思想上迎接困难；自力更生，抓硬件，为队员正常工作创造环境。在3个月时间内，安平深入各医疗点，协助队员解决遗留问题，完善规章制度；理顺医疗点内部和对外的关系；督促马方提取了滞留港口9个月的药品，组织队员们完成了药品的分装、运输、捐赠仪式等工作，指导第12批医疗队财产清理、工作总结及个人鉴定工作；落实新老队员交接经费，重新调整老队员回国路线，组织新老队员顺利交接……圆满完成了第12批医疗队的收尾工作。

有了在第12批医疗队中的经历，等13批医疗队员到达时，安平从容很多，她积极争取我驻马大使馆的支持和当地华侨的帮助，先后在4个医疗点安装了电话，从大使基金中解决了瓦图曼、昂布翁贝医疗点收看电视问题。据说，当瓦图曼和昂布翁贝医疗点的曲线天线架起来后，当地老百姓聚集在医疗点看电视时有两种感慨：一是中国对医生真关心，这么贵重的设备都运来了；二是电视里的中国真美丽，经济很发达，中国真了不起。

假如你要认识我，请到医疗队里来

著名歌唱家关牧村唱过一首歌，名叫《请到青年突击队里来》。这首歌在医疗队里却改成：假如你要认识我，请到医疗队里来。

小故事一：270 比 3

李光迪是中国第12批援马医疗队队员。他说，出国前，同事见面也只不过是打个招呼，话不会说很多；在医疗队，远离祖国和亲友，语言不通，信息闭塞，工作环境恶劣，再加上气候炎热，会引发人们更为强烈的思乡之情。为了排遣寂寞和孤独，同事之间几乎把一辈子说的话都说完了。同时，每个人的缺点也会不同程度地表现出来，容易产生摩擦。

《医疗队在马岛》是第13批医疗队到马达加斯加后创办的内部小报，16开四版，每个季度一期，队员人手一份，并向中国卫生部和甘肃省卫生厅以及队员派驻单位邮寄，安平和各医疗点的点长都是编委。小报上刊登有各医疗点的工作动态、技术交流、工作心得、医疗点的故事。这个小报是难得一见的各医疗点队员"见面"的地方。这个小报成了我国卫生部向各援外医疗队推荐的样板，每批医疗队出国前都要印发学习。安平则利用"见面"，开了一个专栏——《队长和队员谈心理》。

安平说，思想工作是心与心的沟通，是情与情的互动。为此，她不仅给每个队员写信谈心，给队员的家人和原来所在的单位写信，及时通报队员在马岛的近况。逢重大节日，安平则给各医疗点写慰问信。两年多时间里，安平给队员和队员家属写了270多封信，而给她的爱人却只写了3封信，而且每次都是回信。

小故事二：天水

蔡曦光，首都点的负责人，称为"点长"，他讲了一个"天水"的故事。马义奇医院地处马岛中部山区，海拔1500多米。2000年7月我们到时，正逢旱季，几个月几乎不见一滴雨。医疗队和医院用水，全靠附近的一口机井。水泵坏了，我们每天晚上都要到10多公里外去拉水，仅能解决吃饭喝水，每人房间放一个小水桶，只供少量水洗漱，至于洗澡根本谈不上。将近12月，水泵才换了新的，但由于旱季地下水位下降，常常断水，我们都期盼着雨季的来临。

雨季终于来了，几乎每天都有雨，但我们的心情却高兴不起来。马义奇井井口封闭极差，下雨时，泥浆和着雨水直往井里灌，井水也成了泥水，放一两天也不能澄清，放两三天才能用。我们试着往水里加入明矾，但效果不佳，用这样的水洗衣服，白衣变成了黄衣。有天中午，天气闷热。一阵炸雷，暴雨倾盆而下。望着院子里迅速涨起来的水，屋檐上流下的水柱，麻醉师大叫一声：哎，喝"天水"不是很好哟！听到这话，大家醒悟了，七手八脚搬出大水桶放到屋檐下。我们驻地屋顶是铁皮，经雨水冲刷很干净，加之马义奇空气没有污染，从屋檐流下的雨水非常清洁。不到5分钟，100多公斤容量的水桶满满当当全是清水。骨科医师赶快打了一壶烧开，沏上几杯清茶。嗨！这"天水"比井水香甜多了！以后的日子里，我们每天都用水桶、脸盆接"天水"，不仅解决了吃饭喝水，就连洗衣服也不用愁了。真是：天水好甘霖，伴我度雨季。

小故事三：做的都是菜

桑巴瓦的菜少是出了名的，不仅少还得冠一个"小"字。西红柿、土豆，个个只有乒乓球大，胡萝卜才长到手指般粗细，芯就硬如柴梗了。绿色蔬菜很少见到，见到的也是叶子被虫子啃噬得像鱼网一般。

杨世刚，桑巴瓦的一级厨师，经常遇到的问题是如何做"无米之炊"。有一天，大家下班后高高兴兴地喝着刚刚砍开的椰子，他望着白嫩白嫩的椰肉，突然灵机一动——这不就是一道菜吗！大家一听椰肉还能做成菜，都来了兴趣。外科大夫像做手术一般，把椰壳里的椰肉一个个完整剥下。经过一番加工，一道色、香、味均佳的菜肴——奶油扒椰肉上桌了。大家争先恐后地品尝，一时间，"嚓拉，嚓拉白（好，好极了）！"的叫声不绝于耳。从此，人人开始动脑筋想办法，还真发掘出了不少新鲜好"菜"。中秋节到了，经过一番忙碌，看着红黄白绿，令人垂涎欲滴的一道道"菜"，大家不约而同地说，谁说北方点菜少，这不，金黄香甜的炸香蕉，雪白爽口的奶油扒椰肉，酱红酥脆的炸虾头，酸甜清香的菠萝梭果汁，个个都是我们"家宴"上的风景。

我是中国医生

何天有，桑巴瓦医疗点点长。他说，医疗队员在马达加斯加的经历达到了上面所说的要求，越是艰苦的地方越能锻炼人，援马医疗是人生的一笔宝贵财富。如果还有机会，他还愿意再次去非洲。

桑巴瓦医院是桑巴瓦县最大的，但也只有2名内科医生，6名护士。中国医生每人负责一个科室和门诊及住院病人。马达加斯加经济落后,民众生活贫困,马国政府实行医疗全面收费之后,仅挂号就要5000马法郎(相当于6元人民币),给患者看病带来了沉重的经济负担。因此,何天有和同伴展开一场"假如我是一个马国病人"的专题讨论——如果我们缺乏高度的责任心和深厚的同情心,不能想方设法为病人精心治疗,千方百计为患者减轻痛苦,为马国人民提供服务就是一句空话。讨论到最后,"使病人满意,让病人放心,替病人着想"成了"中国医生"在异国他乡的工作宗旨。

2001年2月10日,桑巴瓦发生1起特大交通事故,3辆汽车相撞,造成1人当场死亡,11人受伤,其中8人重伤的严重后果。当时正值中国传统的元宵佳节,沉浸在节日欢乐中的医疗队员紧急出动,投入抢救。

医疗室外,是当地政府官员、警方人员和上千名闻讯赶来的群众。医疗室内,躺满了浑身血迹、痛苦呻吟的伤员。经检查,8名重伤人员生命垂危,其中2名脑挫伤,3人休克,1人昏迷。所有的人都为他们祈祷。

清创缝合。止血包扎。实施手术。进行输液。医疗人员挥汗如雨……经过一夜的紧张救治,所有伤员全部脱离危险。而此时,医疗队员们筋疲力尽,头晕眼花。目击了抢救过程的一位县长深情地说:中国医生为抢救马国人民生命不惜一切,真了不起!此事经当地媒体报道后,引起了社会广泛关注,从此,找中国医生的病人络绎不绝。

急病人所急,谋病人所求,不仅是桑巴瓦医疗点的做法。有一位病人患镰状细胞性贫血,高血压并胆结石,曾到塔马塔夫省立医院求治,医院惧怕手术麻醉带来的风险和术后并发症造成的后果,拒绝救治。患者到瓦图曼寻找中国医生,外科医生王世文毅然接诊,为患者成功地实施了手术。同时,王世文还在医疗设备相当简陋、工作条件十分不利的情况下,创造条件开展了当地医院过去从未开展过的6种新术式,在马国产生了广泛影响,医疗工作量逐月攀升。

中国医疗队在马达加斯加的医风医德和高超的医术,使"中国医生"成了马国的"白求恩",受到各方人士的尊敬。2002年,马达加斯加因总统大选而发生了长达7个月的政治动乱。在7个月当中,商店关门,工厂停工,电讯、邮政、航空、交通中断,政府部门陷入瘫痪。一时间,物价飞涨,货币贬值,物资供应短缺。军队封锁了各交通要道,对过往车辆和行人进行搜查。作为中国医疗队的负责人,安平惦记着各医疗点的队员,无奈通讯中断,只能靠汽车奔波。每次路过关卡,安平总会亮明身份,"我是中国医生,中国医疗队队长。"对方总是很礼貌地放行,连汽车都免查。而在桑巴瓦地区发生的激烈的枪战中，当地医院均停业，医生拒绝出诊，只有中国医生坚守岗位。荷枪实弹的士兵抬着伤员直往医疗点送，医疗队员们细心救治。最后连反对派的指挥官都感动了，说，中国医生真了不起。动乱过后，当地政府、卫生局官员和医院院长联合签名，特意为每位队员颁发了写着"为桑巴瓦人民的健康作出出色贡献"的荣誉证书。

比大使多一笔的天使

　　援外医疗是一项特殊的工作，既要为当地患者解除病痛，还要为外交服务。因此，在救治民众的同时，如何扩大医疗队的影响，一直是摆在每一批医疗队员面前的问题。第13批医疗队决定，在做好为普通民众医疗服务的同时，触角向上层社会延伸，加强与马达加斯加各级政府的联系，加大对当地群众和华侨的宣传，在更大范围内树立中国医疗队的形象。

　　2001年，塔那那里佛省省长到基层考察农业生产。安平和翻译顾福卿赶了几十里山路，不请自到。省长正在讲话，把安平两人安排在会场的第一排就座。讲话持续了3个小时，安平认真听了3个小时。省长非常感动，安平则趁机向省长通报了医疗队的情况和对马达加斯加农村医疗问题的一些看法。同时，安平还提出通往马义奇医疗点的一条道路不畅，严重影响周边群众前往就医。这条路，马方院长跑了很多次，最终也没有把路修好。没想到，安平拜见省长的第二天，马方就派人开始修路了。

　　安平拜见的不仅有省长，上至总统、总理、卫生部长、外交部长，下到卫生厅长、局长、县长、镇长都将她视为座上宾。2001年，中国医疗队通过交涉，使马方利用半年时间改建了瓦图曼医疗点。11月17日，工程竣工，瓦图曼医院铺上了红地毯，拉齐拉卡总统和夫人、总理一行乘坐直升机亲自前来剪彩。总统为一个小医院剪彩，这在当地历史上是第一次。2002年，马达加斯加新一届卫生部长上任后，在短短的几个月时间内就约见安平7次。其母去世，安平代表中国医疗队亲自前往吊唁，教堂内数百人起立迎接中国医疗队代表，依次与安平握手。

　　除了正式拜访之外，医疗队还利用各种宣传形式，利用一切机会向马国政府官员、民众和当地华侨宣传。2001年世界卫生日那天，医疗队第一次举行了一个中马医疗合作图片展。当展版抬到会场时，吸引了上千名观众。在那些早年出国的华侨眼里，中国还是几十年前的样子，医疗队员们便利用各种场合向他们讲中国改革之后的变化，勾起了华侨的思乡之情，回国人数越来越多。亲眼目睹了祖国的变化后，华侨感慨地说，祖国强盛了，我们这些游子的腰杆也硬了。

以前中国医疗队所在医疗点的器械和药品都是我国无偿援助的，结果造成当地医院对中方的过度依赖，形成了一种"医疗器械靠赠送，看病吃药不花钱"的思想，使得真正的病人领不到药，没病的人却装病取药的现象时有发生。这不仅加大了我国的援外成本，也不利于当地医院的发展。第13批援马医疗队通过系统的调查，决定在各医疗点试行医疗收费制，从全面无偿援助向部分有偿援助过度。这种做法，一方面可以杜绝冒领药品现象的发生，医疗点能更好为群众服务；另一方面收费所得还可以促进医疗点的发展，创造良好的医疗条件，更好地树立中国医疗队的形象。马国政府事先不理解，通过中国医疗队的解释和试行，马国卫生部对此项改革大加赞扬。从2000年至今，各医疗点药品收费返款达40多万元人民币（不包括马方提取的30%）。用这笔钱，队部为各医疗点购置了一批必要的设备器械和药品，改善了医疗基础设施，有效缓解了医疗工作的紧张局面，还为国家节约了援外经费。

同时，医疗队还结合马达加斯加实际，积极探索医疗方式的改革。我国医疗队拥有的各科专家仅20多人，且分布在4个医疗点上，技术力量和药械设备比较分散，使有限的卫生资源不能得到优化组合，各医疗点都难以形成医疗技术和药械设备的综合优势，不利于疑难危重病人的诊治和重大手术的开展。为了使医疗队有限的人力、物力发挥最大作用、最大效能，2001年底，医疗队在各医疗点做好正常医疗的同时，对医疗队的技术力量、医疗设备、诊治时间实施"三集中"，到技术力量相对薄弱而医疗需求迫切的桑巴瓦地区，与医疗点队员和当地医院联手，展开为期一星期的联合诊治活动，为当地官员和民众进行体检和疑难病会诊。由于各医疗点专家联手作战，优势互补，诊断准确率和治愈率均明显攀升。当地政府和医院联名向马国卫生部写信称赞中国医疗队的做法。

从2000年7月至2002年9月，中国医疗队共接诊了各类门诊患者108712人次，收住院治疗8792人次，抢求急、危、重病人1204例，开展各类手术5699例，针灸治疗38784人次，开展检验、心电图、B超、胃镜、肠镜等各项检查11624例；配制常用药剂26种。在这些病人当中，有马达加斯加民主共和国总统府总局长、外交部秘书长、教育部长、经贸部长、农业部长、三军参谋长、马中友协主席、前驻华大使以及各驻马外国使节等。

原中国驻马大使马学志风趣地说，"天使"比"大使"多一笔，说明中国医疗队在马达加斯加的贡献比我这个大使还多。现驻马大使许镜湖女士也称赞说，大使和天使都是使者，但天使起到了大使起不到的作用。2001年8月，我国卫生部考察团到马达加斯加考察医疗队工作，评价说："马达加斯加医疗队在艰苦的条件下，创造条件，扎实有效地开展医疗合作任务，与考察团此行考察的其他医疗队相比，成绩尤为突出。医疗队班子团结、齐心协力，管理工作规范有序，入情入理的思想工作收到了实际效果，体现出了医疗队的整体形象。"

2001年8月，我国卫生部考察团到马达加斯加考察医疗队工作，评价说："马达加斯加医疗队在艰苦的条件下，创造条件，扎实有效地开展医疗合作任务，与考察团此行考察的其他医疗队相比，成绩尤为突出。医疗队班子团结、齐心协力，管理工作规范有序，入情入理的思想工作收到了实际效果，体现出了医疗队的整体形象。"

2003年我卫生部代表团11人，赴马岛考察了第14批医疗队之后，卫生部副部长王隆德说："援马达加斯加医疗队的工作有创新之举，值得向其他医疗队推广。"

主编点评：

非洲离我们确实有点远。但从1975年以来，甘肃的数百名医生先后走进非洲岛国——马达加斯加。那是一个完全不同的地方。虽然走进了非洲，但离非洲仍然很远。他们生活在难以适应的自然环境里，生活在难以克服的寂寞孤独中……

但是，他们仍然是胜利者，他们以自己的全部努力，注解了"天使"这一神圣的称号。原中国驻马大使马学志风趣地说，"天使"比"大使"多一笔，说明中国医疗队在马达加斯加的贡献比我这个大使还多。原中国驻马大使许镜湖女士也称赞说，大使和天使都是使者，但天使起到了大使起不到的作用。

他们是健康的天使，友谊的天使，更是快乐的天使。

有一种健康叫不屈

風俗通義校釋一

半个老师和一所学校

先朝阳

石道峰只能算半个人。他身体的左半边已经瘫痪了,是脑血管阻塞引起的。他依靠拐杖和轮椅站立和行走,用右半边身子拖着左半边身子生活。

其实,二十几年前,石道峰不是这样子的。那时候,他是全村最聪明、最能干的小伙子,是被村支书从学校里请回来教书的"先生"。

但病魔把一切都改变了。招聘从教3年后,他躺在炕上与病魔抗争了9年。挺过来后,自己办起了一所幼儿园。19年里,幼儿园既是他的栖身之处,也是他真正的精神家园。

在合水县肖咀乡政府所在地往西约3公里的老庄村,有几间砖木结构的瓦房,被农田民舍包围着,更像一处农家宅院。走进深蓝色的大门,院子里既整洁又清静,这就是石道峰2001年多方筹资新建的启明幼儿园。校园很小,打扫得却干干净净。教室门前,贴着可爱的卡通图画,大门两侧是砖围的花园,东面靠墙的地方,有两副用树桩、麻绳和小木板做的秋千,另一旁的墙角下整齐地放着铁环、沙包、毽子和几个花花绿绿的儿童球。

不用说,正在教室里给孩子们上课的那个人就是这所幼儿园里唯一的老师石道峰了。一会儿工夫,拄着拐杖、半身僵硬的他从教室里挪着出来了,他非常的瘦,脸型窄小,个头突出,以至于像是严重缺乏营养的那种。他看了看手表,吹响了带在胸前的哨子。下课了,孩子们像出巢的小鸟一样快活地飞出教室,蹦蹦跳跳去抢自己心爱的玩具。这时候,石道峰就坐在院子里的凳子上,歇缓自己,注视着孩子们。

1960年2月,石道峰出生在肖咀乡老庄村一个贫苦的农家。那时正是生活困难时期,石道峰的父亲由于饥饿惹疾,在石道峰还不满一岁的时候就早早地离开了这个家。父亲走了,留下幼弱的他和三个年纪尚小的哥哥,与母亲过着相依为命的生活。转眼到了上学的年龄，可是家里连学费都交不起，每当看见村里的伙伴去上学，石道峰就羡慕极了，他经常偷偷地跟着别人家的孩子到学校去，老师讲课的时候，他就趴在窗外专心地听，老师给学生布置作业，他就用手在地上认真地写。一次，他大着胆子溜进教室，夹在孩子们当中听课，被老师发现了，当场给他提了个问题，没想到他的回答令老师十分满意，于是破例把他吸收为正式学生，并给他垫付了一切学习费用。从此，石道峰开始了他梦寐以求的学生生涯。

1978年5月，正当石道峰满怀希望地打算报考庆阳师范时，村支书找到石道峰说，村里缺一名代课教师，看他能不能回去。听了老支书的话，石道峰心里有点矛盾，从心底里说，他怎么也不愿放弃这次机会，然而一想到那些曾经和他一样渴望求知的孩子们，一想到辛苦的母亲和贫穷的家境，他没有再说什么，很快办理了离校手续，回到了生他养他的小山村。

石道峰代五年级的语文、数学和全校的音乐课。由于对教育事业的热爱与执著，石道峰很快就熟悉和适应了校园生活，成了孩子们的好朋友。他的教育教学方法，一段时间还被全地区推广运用。

1980年9月的一天，石道峰正在给五年级学生上语文课，突然，他感到一阵剧烈的头痛。从那以后，他的头痛得越来越厉害，而且次数增多，有好几次昏倒在讲台上。家里人意识到问题的严重性。督促他向校长请了假，前往兰州查病。在兰州一位亲戚的帮助下，经过全面的检查，诊断为脑血管阻塞，大夫说，还有引起脑溢血的可能，严重的时候会导致全身瘫痪。面对这个结果，石道峰说什么也不信，他也不愿意让家里人信，医生再三劝他住院治疗，他却执意不肯，只是让医生给他开了点药。

石道峰最终没能逃脱命运无情的安排，1980年10月14日，这一天他的病情并没有什么新的征兆，还在兰州亲戚家的石道峰只觉得天似乎有些异常的热，就在他跟着表嫂上街买菜时，走着走着突然感到天旋地转，眼前一片漆黑，很快就什么也不知道了……当他再次清醒过来时，发现自己躺在医院里。朦胧中他看见二哥和省城的几位亲戚都围在自己身边，抹着泪水。石道峰用尽力气试图翻个身，可是他试了几次，左半面身子一点也动不了，他这才知道自己已经瘫痪了。大夫的回答很明确：这种病目前还不可能治愈，只能用药物控制。无奈，家人只好买了些药，带他回家了。

瘫痪后的石道峰有一段时间脾气变得怪怪地，不是大哭，就是狂笑，甚至连一口饭也不想吃，谁也不愿意见。老母亲说起那段日子，看到儿子这个样子，都不知道接下来该怎么活了，她为自己和小儿子捏着一把汗，把泪水硬往肚子里咽。

一天，石道峰向三哥提出要到村里的学校去看看，三哥就用架子车把他拉了去。老师和孩子们见他来了，都围了过来，有的孩子拉着他的手呜呜地哭起来。从学校回来，石道峰的精神状态更糟了。整天关上门，钻在被窝里，不吃也不喝，沉默不语。一天，他挣扎着抽出裤带，一头系在炕栏上，另一头套在自己的脖子上，刚要滚下床……却被细心的母亲发现了，母亲一把推开门，惊叫道："娃，你怎么这么傻……"母子俩哭成了一团。

在经受了痛苦和寂寞的煎熬后，石道峰渐渐走出了内心的阴霾，变得坚强起来。平时他除了读书看报，听收音机外，还帮着母亲做一些力所能及的简单农活。1985年，石道峰的病情开始有所好转，能独立下床拄着双拐走路了。为了不让自己彻底瘫痪在床，他努力锻炼四肢，每天在母亲的陪伴下，坚持拄着拐杖走四五个小时的路。有时母亲太忙了，他就一个人出门，为这，他时常摔得头破血流，而他从来不吭一声。

那几年，石道峰挪动的足迹踏遍了老庄村的每条小路和每个角落。就是在这不停的练步中，石道峰一遍一遍地回味着人生，思考着自己未来的路。

1988年秋天，邻居家的一个小孩子因家人忙于农活无人照管，在村口的池塘边玩耍时不慎掉入水中丧生。这件事深深地刺痛了石道峰那颗已经受伤的心。那天夜里，他辗转反侧，怎么也睡不着。他想，自己还能干点什么呢？如果自己能够站起来，为村里的乡亲们解除点麻烦，那不也是找到了自己的位置吗？他又想到了以前在学校的一幕幕情景，蓦然，他的心头一亮，对了，何不把村里所有的学前儿童集中起来，创办一所幼儿园，既圆了自己当老师的心愿，又给乡亲们帮了忙，这是多么好的事啊！

令石道峰万万没有料到的是，他的这个想法首先就没能在家里通过。听了他的设想，母亲担心起来：你这身子，连自己都照顾不了，咋教育那帮孩子？你又不是正式老师，招不下学生咋办？再说，你到哪儿办学校？大哥、二哥更是反对，石道峰把最后的希望寄托在三哥身上，他想三哥会理解他的，那知，三哥也说："你有什么需求就干脆告诉我，有我照顾，饿不着你，就不要惹是生非了，办学校哪有你想的那么简单！"

石道峰的心里很不是滋味。他想，自己不过就是想干点力所能及的事，为乡亲们解决点忧愁和负担，又不跟谁讨要多少，可这事咋就这么难？

就在这时候，一个人站出来了，他对石道峰说："娃，我知道你是闲不住，想弄个事干哩，你这样的状况教书是个最好的事，不怕，只要你想干，叔帮你！"这人是石道峰的堂叔石清廉。石清廉虽然识不了几个字，但他明白侄子的想法，也能体会到侄子的苦处。有了堂叔石清廉的帮助支持，石道峰来了精神。石清廉帮他联系，把村里的旧祠堂整修出来做学校，然后又自己动手铲除杂草，清扫院落。卫生拾掇好了，但还缺乏一些必要的硬件设施。石道峰又向二哥石生祥求助，想用二哥用来做门扇的木板改制课桌凳。看到四弟那么执著，再加上有堂叔石清廉的动员，二哥亲自请师傅给弟弟做好课桌，送到了幼儿园。有了课桌，还缺凳子，石清廉再次帮着一把泥一把草地用土坯做成了大大小小十几个墩子，晾干后又用报纸糊上外表，这样就算解决了没凳子的难题。

望着叔父哥哥们帮他筹建的幼儿园，石道峰心里升腾起了美好的希望，他知道，从此自己将有一份心爱的事业，孩子们也将拥有一个简陋的课堂了。一切，都将从明天开始，为此，他给幼儿园起了个充满朝气的名字：启明幼儿园。

1989年的4月，石道峰开始了他的第二次教学生涯。那天，肖咀乡的大街小道和村头巷尾张贴出了本乡第一个幼儿园——"启明幼儿园"的招生简章。字是石道峰自己用毛笔写的，内容是石道峰自己草拟的。他除了说明本园开始招生授课外，还诚恳保证，既不收幼儿的任何学杂费，又会负责地把孩子们教好、带好，不出安全事故。

可是，这样一份满含真诚的招生公告，却并没有打动乡邻们的心。第二天，等在幼儿园给孩子们报名的石道峰一直守到日落天黑，也没有等来一个孩子。第二天、第三天，还没有人来。石道峰除了失望之外，甚至开始怀疑自己的想法是否正确。

不想放弃的石道峰开始向乡亲们争取，他逐家上门做工作，挨家挨户打保票。有人见他确实诚恳，又三番五次地上门，就把孩子送来了，"权当免费托人照管吧"。最后，石道峰终于以书本费全免为代价招收到了8个学生。启明幼儿园开学了。石道峰露出了久违的笑容。

在农村，那些年，幼儿园还是很新颖的一个概念。初次开学，乡亲们一有空闲，都来幼儿园看石道峰怎样给"小不点儿"们上课。就这样，幼儿园里是石道峰和孩子们，园外是孩子们的爷爷奶奶们。令乡亲们吃惊的是，平日里撒野疯跑的娃娃，到了石道峰那里，竟然变得很乖巧。第二学期，连石道峰也没有想到，他的幼儿园竟然一下子来了85名学生。

学生多了，石道峰却犯愁了。因为老祠堂年久失修，窑顶已经裂开了又长又大的缝子，让这么多的孩子挤在祠堂里很危险。于是，他只好把孩子们带到院子里上课。夏天好说，到了冬天，课也就没法上了。石道峰又一次陷入了难堪的境地。

幼儿园刚有了点起色，怎么忍心停下来呢。无奈，他只得向乡亲们求助。这时，村里的余占勺、姜月玲、石林虎、石天宝等好心人站出来了，他们先后腾出了自家的窑洞，把启明幼儿园搬到各自的家里，并给石道峰提供一日三餐。这样着，幼儿园在随后的几年时间里，先后搬迁了十多次，辗转了十多户人家。

石道峰义务办学的事渐渐传遍了乡里，受到了许多热心人的关注和帮助。素不相识的宁县盘克中学教师刘志学在听到石道峰的事迹后，每学期按时给他送来粉笔、墨水、教案本。卓堡村的退休中医李毓秀经常免费给他治病送药。合水县残联还为他送来了一辆轮椅，当地的电视台还对他的事迹进行了采访报道。仿佛是黑暗的世界里突然点亮了一盏明灯，石道峰孤寂没落的心一时间热乎起来。

从 2000 年 8 月开始，石道峰开始为筹建一个有场所的幼儿园奔走，他首先找到村干部，向村上提出了校址申请，随后，他又找到了乡里。在多次努力后，问题仍没能得到解决。经过几天的考虑，石道峰决定去县上。这一次，石道峰心里仍然没底，但他却抱了很大的希望。当他走进当时主管教育工作的县委副书记黄耀龙的办公室时，黄耀龙不仅热情接待了他，更给他吃了一颗定心丸。不久，合水县委、合水县人民政府就向全县发出倡议，为义务办学的石道峰集资捐款献爱心。接着，石道峰又东奔西走，争取一些企业给他帮助。肖咀砖瓦厂厂长卢造金听了石道峰的事迹后，毫不犹豫地捐出了 7 万块砖，西华池镇樊洼子瓦厂董事长胡应和也捐来了 2800 页瓦；肖咀乡个体户丁根存自费为他做了教室门窗。庆阳市妇联也捐助了 20 袋水泥，县残联、县妇联为他募捐来 4850 元钱。对这些关爱和支持，石道峰说，自己永世也忘不了。

但建一所学校，仅靠这些捐助还远远不够，石道峰又几乎磨透了鞋，磨破了脚，磨干了嘴，磨短了拐杖，从乡上信用社贷来了 1.5 万元的建筑款。

动工不到半个月时间，石道峰的幼儿园就建成了。县幼儿园的几位老师还专门赶来，给启明幼儿园的墙壁上绘制了精美的卡通图案。2001 年 8 月 24 日，肖咀乡老庄村"启明幼儿园"迎来了隆重的剪彩挂牌仪式。县、乡、村领导和社会各界人士及村民 300 多人参加仪式，县委副书记黄耀龙、副县长苏秀霞还分别在庆祝仪式上讲了话，对石道峰义务办学的感人精神给予了充分肯定。老庄小学秧歌队还带着他们精心编排的节目赶来助兴，锣鼓喧天，鞭炮齐鸣。

能得到社会如此广泛的认同，如今，石道峰仍会激动得泪水盈眶。

石道峰是一名幼儿老师，他深知老师这个称呼的含义。为了提高自己的业务能力，他自己花钱购买了《美育》、《认知》等教育书籍，精读细学，认真研究，先后做学习笔记30多本。他还经常去附近的学校，学习他们的先进教学方法和幼教措施，到市里的职业幼师学校、庆阳师范接受培训，不断吸收新知识、新经验。他把历史地理、环境保护、德育教育、科学发展等知识理念贯穿于幼儿教育之中。

2002年，一位乡亲给他捐来了一台旧电视机，他便为孩子们安排了电教课，让孩子们收看教育电视台的节目，他还借来幼儿教育的ＶＣＤ光盘，利用自造的先进电教方法培育孩子们的认知能力。他又发明制作了儿童识字卡片，借助图片图像等形象教学法，创造出和谐美妙的氛围，寓教于乐，开发和拓展了孩子们的创造性思维。2001年，由石道峰亲自指导编排的文艺节目还获得了学区汇演一等奖。

石道峰没有结过婚，没有孩子，但他把幼儿园的孩子们都当自家孩子看，在教学上与学生打成一片，在生活和沟通上，他与孩子们更是亲密无间。哪个孩子缺课了，石道峰就会拄上拐杖，一瘸一拐地赶到家里去叫；哪个孩子生病了，他就会把早就准备好的煮鸡蛋拿给他吃；哪个孩子的脸没有洗、头发没有梳、衣服没穿好，他就会帮他们收拾好。

当一切看起来都有好转的时候，石道峰再一次遇到了艰难的抉择。石道峰一直以来是住在三哥家的。三哥的孩子长大了，要结婚了，这就意味着孩子得拥有自己的生活空间了。看到三哥左挪右腾着房子，石道峰便在三哥的一再挽留下坚决搬出了家。搬进了他的"启明幼儿园"。石道峰一走，80多岁的老母亲流泪了，尽管她已经说话不利索了，可身体残疾儿子是她割舍不了的牵挂。随后，母亲也搬了出来，和儿子住到了幼儿园。

相依为命的母子俩突然陷入了绝境，他们的生活出现了严重困难。独自生活后，石道峰名下的那几亩薄田都是靠左邻右舍帮着耕种，基本上没有收成，生存成了最大的难题。自己是个病身子，平时少不了询医用药，而年事已高的母亲，更是少不了药物的陪伴，这就难倒了石道峰。几乎在每个礼拜，石道峰都要央求路人给他母亲捎带着买药，但每次他只能告诉人家："你给药铺说，是我欠的，我哪天上街了再还他。"好在大家都知道他的艰难，有时是捎药的人自己付了钱，有时就是药铺免费了，反正，石道峰的日子就这么苦苦地挣扎着。

尽管这样，石道峰的地还要种，学还要教，生活还要继续。由于他的半个身子不能活动，挖玉米秆、捶黄豆时，他只能坐在凳子上；没有水喝，他就用瓦罐提。干上一会儿农活，他就汗水淋漓，心跳加速，难以坚持。

石道峰母子俩居住的幼儿园那间"家"里，除了一张土炕和几件灶具，连一个像样的吃饭桌也没有。这些石道峰并不在意，让石道峰感到沉重的是，他的"启明幼儿园"出现的新困难。村小学开设了学前班，因为那里有着先进的幼儿教育设施，村里的家长们纷纷把孩子送进了村小学，"启明幼儿园"的生源一下子被截断了，先前的几十名学生剩下了几名。

在"启明幼儿园"的另一间房子里，堆放着十多个粮袋，这就是石道峰去年全年的收成，包括小麦、玉米、黄豆。石道峰指着唯一的那袋黄豆说，他赶紧要卖了去，还得添置一些办公用品呢！他说他还有两个想法，一个就是再筹些钱，给幼儿园增添些电视机、ＶＣＤ、秋千、滑梯类的先进设施，继续把幼儿园办下去，一个就是聘请专业教师或者把幼儿园转让给别人……他说这些话的时候，明显内心是痛苦的。

谈到目前艰辛的生活和随之面临的孤独日子，石道峰显出了一脸的惆怅和无奈。母亲已经86岁了，操劳了一辈子，已经风烛残年了，还不能真的把眉头舒展开来。就连他自己，也已经是年近半百，两鬓白发。

石道峰显然再也干不了别的了。但是，他义务办学的路是否还能继续走下去，这条路上他还会遇到多少风雨？石道峰一直没有说，他是有意回避了吗？

主编点评：
　　一个人患有残疾，这是命运的不幸；一个有残疾的人仍坚守着理想，这是人性的崇高。

石道峰生活的合水县肖咀乡，是相对偏远的穷地方。他有过身心俱贫的童年，也有消除这种贫穷的心愿，但命运颠覆了他的逻辑，给了他一道以穷治穷、以弱扶强的命题。他的生活基本无法自理，他的家用难以为继，他一直生活在病痛折磨和穷困逼迫的边缘，但他抗争着、坚持着。在将近20年的办学生涯中，他周围几个村子里，上百名青年和孩子，都在他的学校里接受过启蒙教育。

他靠这所自办的幼儿园，帮助乡亲，奉献社会，同时，也在极力地挽留自己。启明幼儿园之于石道峰，是他精神的寄托，也是他活着的意义。

用真诚创造完美

秦 娜 王琰田

2007年年初，在第二届"甘肃省十大杰出残疾人"的颁奖典礼上，出现了一个天水人熟悉的身影，他就是天水市天祥水泥有限责任公司的董事长范天通。领奖席上的范天通显得很淡定，这样的场合他也不知道参加了多少回了。"全省自强模范"、甘肃省"公益之星"、"甘肃省十大优秀残疾人"……这些头衔让范天通体会到更多的是责任。

从去年开始，老范过得比较清闲，厂里的大事小事他有意地放了放手。闲暇的时候，他喜欢在厂里的园子里打理那些各种各样的树。

前几天有件事让老范有些想不通，有一天他去车间转悠，可是他在车间里来回转了好几圈，车间负责人和员工居然没有一个人和他打招呼，老范心里有点失落。回到家老范对妻子说了这件事，还告诉妻子觉得自己现在没有"价值"了。妻子笑笑说："你就偷着乐去吧。"老范一寻思，对呀，这不就说明了现在一切都上了正轨，没有什么可以汇报的事情，大家各司其职，这是个好兆头。范天通想起现在的清闲，回头再看来路时，自己都觉得难以想象。

向命运的第一次挑战，他创造了生命的奇迹

有人说，范天通能活下来本身就是个奇迹。其实，是他用非凡的意志战胜残疾重塑了自我。

1953年，范天通出生在天水市北道区一个普通的工人家庭。他排行老四，上面有两个哥哥和一个姐姐。母亲没有工作，全家仅靠父亲每个月40多块钱的工资维持生活。尽管如此，父母对这个生下来白白胖胖的儿子十分疼爱，取名"胖胖"，希望儿子能顺顺当当长大，有个好福气。

在小天通满3岁的时候，因家庭生活困难，母亲不得不把他一个人放在家

里而自己外出找活干，以此来维持日益增加的家庭开销。为了防止儿子乱跑出什么意外，母亲用绳子将小天通拴在家里仅有的一张桌子的腿上。在活动范围不足1米直径的空间里，小天通往往是玩累了哭，哭累了睡……

春去冬来，疾病的恶魔终于向小天通扑来。

在他将要满5岁的时候，有一天晚上，母亲帮他脱衣服的时候，突然发现儿子胸前和背后长出两个坚硬的骨头尖，当小天通被送到医院检查后，父母被告知小天通得了严重的佝偻病。父亲背着小天通走遍了天水市大大小小的医院，但都没能挡住儿子日益隆起的胸和背。

就在小天通过早结束他美好的孩提时代时，更大的灾难又一次向这位不满10岁的少年袭来，佝偻病并发骨髓炎将他击倒在地。

病情来势凶猛，他一下子就卧床不起了。不久，两条大腿开始溃烂穿孔，带血的脓流淌不止，两条腿很快变成了"麻秆"，经络也一天天萎缩，腿也渐渐地伸不直了。面对孩子如此严重的病情，父母最好的选择就是让他住院治疗，可是，住院所需的3000元钱和500斤粮票，却很难筹齐。

老范回忆说病倒的那些日子里他经常是从一阵阵剧痛中惊醒，情况最不好的时候曾经10多天没有说一句话。父母看着天通，忍不住暗自流泪，在他们看来天通很可能挺不过去了时，他们几乎都绝望了。也就是这个时候天通表现出了坚定的求生愿望，他开始偷偷咬紧牙关，努力试着伸直双腿，一次、两次、千百次……

一个多星期后，天通终于爬下了病床。一天中午等全家人回来时，他居然奇迹般拄着木棍站在外屋的中央，这让家里人高兴不已，而这距离他病倒已经有10个月了。

这次与死神的擦肩而过让天通比同龄孩子想得更多，他想：死都经历过了，以后就没有什么可怕的了。14岁那年继发性骨髓炎又一次发作了，但这次病魔没有把这个坚强的少年击倒。他以顽强的毅力、不屈的抗争，一步一步地走出了儿童与少年时代的"沼泽地"，迎来了生命的春天。

向命运第二次挑战，他成为生活的强者

1973年4月，初中毕业后待业在家的范天通在有关部门的安排下，进了国营天水市北道钟表社工作，成了一名工人。要知道在那个年代能成为一名国营企业的职工是令多少人羡慕的。那时一般单位的供应粮是28斤，钟表社可以达

到31斤。

对于这份工作，范天通非常珍惜，只有1.46米高的他第一次站在比自己个子矮半头的柜台里时就暗下决心：一定要像正常人一样，在这三尺柜台前大显身手，回报社会！对工作的热爱使得范天通认真钻研起技术，白天他做好修配眼镜的工作，晚上他又主动跟着师傅值夜班修钟表。那时国营店铺的生意好，范天通总是忙个不停，不久，他就成了钟表社的多面手，由于他技艺精湛、服务态度好，很快就成了小有名气的眼镜、钟表师傅，结下了很好的人缘。到20世纪80年代中期，范天通的工资已经达到每月70多元，这在当时已经算不错的收入了。

范天通努力地工作，在他看来身体的残疾带给他的不再是自卑，而是继续奋斗的动力。在他27岁那年，他得到了一个身高1.63米的农村姑娘王月华的爱情，组建了一个幸福温暖的小家庭。没过几年，他们就有了一对健康可爱的儿女，范天通深感幸福。

1988年是范天通在钟表社工作的第15个年头，这一年，市场经济继续深入，作为垄断行业的钟表业也面临着前所未有的困境，生意一天比一天冷清。范天通连续两个月只领了21元工资，这对于一个四口之家来说已经很困难了。

那些天，范天通一直在思考一个问题：是继续呆在钟表社里守住"铁饭碗"，还是另谋出路。最后他做出了一个令很多人感到意外的决定，主动向单位申请下岗，打算自己办个经营眼镜和手表的小摊子。此决定一出，周围传来一片反对声，家里人劝他认真考虑，因为毕竟一大家子要靠他养活；领导狠狠地"批评"他，说他一个残疾人下岗了自己干哪有那么容易……最终范天通还是成了天水市第一批下岗的国营单位职工。

于是他到处借钱，凑了1万元去南方进来了各式眼镜、手表，在钟表社附近的市场租了一个摊位准备开张了。1988年6月2日一大早，妻子王月华帮他推着小车，里面摆放着各式眼镜和手表，那辆小车还是当年父亲退休后卖烧鸡用过的。妻子推着车在前面走，范天通则是远远地跟在后面，因为北道二马路那条街他太熟悉了，是他上班的必经之路。小车摆在了地方上，妻子站在车前等待客人，这时的范天通却躲在不远处的一根水泥柱后面。说真的，他总觉得从一个体面的国营单位工人变成了一个街头个体小商贩是件挺丢人的事，他生怕在那条街上遇到熟人。通常都是有客人来了，范天通才从水泥柱后面走出来。当卖出第一副石头眼镜时，范天通难以掩饰心中的喜悦，因为这副眼镜居然挣了80多元，这可比他以前一个月挣得还多，从此范天通克服了心理障碍。由于老范手艺好，所以来修眼镜、手表的人也多了起来。有时候，如果有的人付不起钱，他就免费给修理，就这样他的好名声传开了。到现在有时在街上还会有人给他打招呼，还是叫他"范老板"，他们都记得当年的"范记眼镜店"。

眼瞅着眼镜店的生意越来越好，老范瞅准时机，又开了一家烟铺，生意依旧很好。到1992年马路拓宽、摊位取消的时候，范天通的家底已经从最初起家时借贷的3万元变成了60万元，这在那个年代是个"天文数字"，够全家人"躺着吃"了。

为证明残疾人的人生价值，他成了私营企业家

钱，不同的人对它有着不同的理解。

精神的矮子一旦有了钱，便意志消沉，开始贪图享乐，过一种"猪栏"式的生活；而胸怀大志积极向上者有了钱，往往把其视为成功的开始，把钱当作向更高目标攀登的阶梯，一步步走向更大的成功。

范天通虽然体有残疾、身材矮小，但他属于后者。

"我要办个私营企业。"停不下脚步的范天通又做出了人生的第二次重大抉择。其实初衷很简单，有一次，范天通和朋友去几十公里外的村子里办事，大中午太阳晒在身上火辣辣的，他看到在对面崎岖的山路上有一群背矿石的农民，一打听才知道这些农民背50多公斤的矿石，爬5公里多的山路，用2个多小时才最多能挣3毛钱，这件事深深刺痛了范天通的心，农民的劳动力价值太低了。他走在山道上，心里不停地琢磨：如果能在这个山沟里建个厂子，这些农民不就有个挣钱的地方了吗？不就少受点苦了吗？

老范这么想了，就开始动作了，经过四处考察后，他决定利用当地资源优势办个水泥厂。

消息传出，招来周遭许多人的冷嘲热讽。连一向深知丈夫性格的王月华也憋不住了，她对丈夫说："你现在已经是40岁的人了，还是残疾人，咱们有这60万元存在银行里也够我们下半辈子花了，现在国家的工厂都那么难过，咱身单力薄的个体敢干这么大的事吗？"范天通平静地对妻子说："人活着不能光坐着吃，要做成事，不冒险怎么行，当初我主动要求下岗不也有风险吗？你就让我再称称自己的半斤八两吧！"妻子又一次被他说服了。

对于范天通想办水泥厂的想法，他所在的北道区委、区政府大力支持，他们对这位紧跟时代步伐、身残志不残的个体户在选址、批地、办证等方面大开

绿灯。

　　创业艰难，一个水泥行业的"门外汉"要办水泥厂，其中艰辛可想而知，更何况是个残疾人。最初在范天通的印象里，办个水泥厂几十万元足够了，所以他去银行只贷了45万元。谁知事情远没有那么简单，"我攒的60万元扔进去，连个响声都没听见"老范这样说道。后来他又陆续从银行贷款200多万元。水泥厂的厂址就选在当初看到农民背矿石的那个山沟里。水泥厂开工的第一天，范天通就卷起行李住进了临时搭盖的一间只有一个旧沙发的简易工棚里，他在这个工棚里一住就是2年。建厂时唯一的交通工具还是那辆他骑了多年的自行车，山路不好走，再加上老范的身体状况，他骑着这辆破旧的自行车常常在这条山沟里摔得鼻青脸肿。

　　采访中，范天通的一位朋友对老范的一句话记忆深刻，他说他也常常用这句话激励自己：不管遇到多大的困难，一觉醒来，又是阳光灿烂。这句话也成了范天通朋友圈子里的经典名言。在建厂之初，范天通就是用这种乐观的人生态度和坚韧不拔的毅力克服了被人瞧不起、合伙人中途撤股以及资金、技术上的一个又一个难题，经过400多个日日夜夜的操劳，水泥厂终于在1994年4月建成了。

　　建一座工厂，富一方百姓。范天通创办的天祥水泥厂，使这个穷山沟旦的100多名农民进厂当了工人，40多名残疾人在厂里得到安置，10多名下岗职工在这里实现了再就业。几十辆拖拉机和汽车给厂里跑运输干劳务。范天通成了这条沟里有史以来最大的纳税人。他生产的羲皇牌水泥除满足当地需求外，还俏销周边地区⋯⋯

　　但是好景不长，范天通的人生之路好像总是充满了坎坷。就在老范高兴于生意越来越好的时候，1997年他的水泥厂遭遇了前所未有的困难。那一年受大气候影响，水泥行业跌入低谷，但很多人仍在一拥而上地投资水泥业，最多的时候天水市就有大大小小20几家水泥厂，市场竞争变得日趋激烈，很多水泥厂都"死"了。老范的厂子虽然在竞争中胜出，但随着企业规模的扩大，引进的设备增多，厂子在技术和管理上遇到了"瓶颈"。最惨的时候，曾经有好几个月都出不了产品，企业一度欠款700多万元，几乎走到破产的边缘。妻子王月华说那个时候老范经常是好几天躺在床上，不吃不喝，全家人都吓坏了，幸亏妻子一直不停地开导老范，从不说一句埋怨泄气的话。每次说到这个话题，三月华的眼里总是闪着泪光。

　　在那最艰难的日子里，范天通甚至动过自杀的念头，想到厂里的职工们尤其那些残疾人、再想到家人，经过反复地思想斗争，老范终于挣扎着爬起来了。他开始从自身找毛病，他带着几个人出发先后去陕西、河南、山东等地去寻找出路。当他们一行到山东时，联系到当时建材设计院的一位院长，正好山东方面有帮扶贫困地区企业的项目，双方一谈即合。每年给山东方面20万元，由山东的大厂负责派技术和管理人员帮老范办厂，这对老范来说无疑是雪中送炭。请来了人才，改进了技术，提高了机立窑产品的安定性，同时，引进了模拟市场的内部管理模式。也就从那时开始，企业步入了规范化发展的轨道。老范又痛下决心，彻底抛弃了过去那种家族式管理的模式，对企业实行了现代股份制改革，给职工配股分红。和他一路打拼过来的妻子就是这时候正式退出了企业的管理层。

就这样从1999年到2006年，水泥厂的产值一直在稳步增长，过去厂门外拉水泥的卡车排成长队的场景又重现了。过去的简易工棚变成了如今气派的办公大楼，年产量和产值都在逐步增长……

回报社会，他成为残疾人的杰出代表

不知从什么时候起，老范就被当成残疾人的先进典型经常出去作报告，有一句话是老范每次都要说的：身体残疾更要追求心灵的完美。事实上老范也一直用这句话来要求和激励自己。他说现在的他感受更多的是责任，对家庭的责任，对员工的责任，对社会的责任……这么多的责任让他的身份也多了起来。

前几天，老范接到一个电话，电话那头问"是范校长吗？"老范当时纳闷：哪来的范校长，是不是打错了？最后再一确认来电果然是找老范的。其实老范是附近张家河村天通小学的名誉校长，老范一时还没反应过来。1998年老范出资23.4万元对天水市北道区罗家沟张家河村小学进行了修缮。以前的校舍一共有四间平房，而且教室都已年久失修，学校的围墙也是低低矮矮的土墙，很多人用"烂墙烂院"形容这所小学。为解决山里孩子的上学难问题，老范出资给学校盖起了一栋700多平方米的"豪华"教学楼，还对学校进行了绿化，买来了篮球架，每年定期对学校进行维护，2005年还给学校打了一眼机井。现在小学由过去的100多人增加到300多人，附近几个村的学生到三年级后都得来这个学校上学。老范开玩笑说："既然给人家当了校长，就得把事情办好"。对于学校的事老范一直很上心。

多年来，老范做了多少好事他自己都记不清了，周围的人都知道他头上的光环越来越多,对于这些荣誉,老范看得淡,他说荣誉是政府给的,对自己来说关键还是要把人做好,因为"人品重于产品,做事始于做人嘛",即使不给他任何荣誉,那些善事他还是要做的。

2006年9月,天水市有户单亲家庭,父母离异后,母亲带着女儿生活,女儿得了尿毒症,没有钱换肾医治。老范得知后,毫不犹豫地给这对母女捐了1万元,当时当地媒体要求对老范进行报道,被老范婉言拒绝了,老范说:"我帮她们就是为了救命,又不是为了出名。"一次,天水市秦州区妇联找到范天通,说有个"救助失学女童"的计划,一名女童一年100元,老范当场决定出2万元,他说:"一人100元,我们少吃一顿大餐就出来了,钱一定要用在该用的地方上。"对于水泥厂的一些年轻员工们来说,范天通有时是老师,有的时候则更像家长和亲人。职工小赵在16岁时,先后失去了双亲,父亲生前就是水泥厂的员工。无依无靠的小赵当时正在建材学校上一年级,没钱继续学业的他准备去外地打工,老范知道后,承诺供小赵继续上学,毕业后小赵就在水泥厂上班了。还有一个孩子,父母离异后没人管他,老范资助他在建材学校上了三年学,又把他留用了。老范这些年前后共资助了9个孩子上学。对于在职的员工,老范经常鼓励他们多学东西,按照自己的兴趣发展,学费和书费都是厂里给出。老范还愿意出钱让中层管理人员出去旅游考察学习,他说让他们多出去走走,可以开拓他们的眼界,他们只要从外面学到一点有价值的东西那对厂子发展也会起到重要的作用。

在范天通的办公桌上摆着两本词典,这让记者很费解,难道他平时还要学习字词?原来在水泥厂里老范除了董事长的身份外,还有一个身份就是老师。现在水泥厂里共有40多名残疾人,由于残疾人文化素质相对较低,厂里为他们配发了词典,每周都要组织他们学习两次文化课,而老范也当起了老师。老范一般每两周都要给残疾人员工上两次课,他大多讲的是做人的道理,他怕一些字词拿不准,所以也要时常翻翻词典。

老范走在厂子里,经常和一些有语言障碍的残疾人员工进行着简单的手语交流,老范说经常和他们打交道,自然也学会了些手语。在水泥厂里的几个残疾人现在都组成了家庭,老范看着他们工作努力,家庭美满,有一种说不出来的幸福感,他说员工的家庭稳定幸福了,厂子也就有了凝聚力,能更好地发展。

扶弱济困、捐款修路、资助教育事业、捐助残疾人事业……这些现在成了范天通日常生活的一部分,他总是把这些事当成份内的事,每次都慷慨解囊。

创业，仍是他最大的梦想

在老范的办公室墙上，醒目地挂着一张条幅：天行健，君子以自强不息。老范把先哲的这句话当作自己的座右铭。

现在，成了大老板的老范，生活仍然十分简朴，他穿的衣服很少有超过百元的，衣服上的花销加起来不值1000元。他经常说："我生来命苦，不抽烟不喝酒，一碗面条足矣！"但是老范在事业上却不满足于现状，他说："国家现在鼓励发展民营企业，这么好的时代让我赶上了，事业上没有起色怎么行！"最近几年他认真研究国家关于水泥工业"上大压小、淘汰落后、调整结构"的产业政策，不断调整企业的发展思路和理念，他以对商机超人的洞察力和胆识，提出了建设先进的大型新型干法水泥生产线的设想，目前他已经做好了矿山资源和市场的规划工作，正积极招商引资，寻求合适的合作伙伴。他准备把企业一直做下去，做大做强。他要实现人生更大的跨越。对此，他有着坚定的信念。

主编点评：

很多人说范天通是个有钱人。但第一次见他的人不会觉得他是个有钱人，他比一些有钱人少了些许"气势"，多了些平和。

范天通是个热心的人，他有很多朋友。他在开烟铺的时候，周围经常有个16岁的小乞丐，老范那时常常给小乞丐一些好吃的，有时他们家烤个土豆也要叫小乞丐一起吃。渐渐地他和小乞丐也成了朋友。有一次，一个人趁老范不注意偷走货架上的一条烟，幸亏小乞丐及时提醒，老范才把烟追回来。

老范说当你真诚地对待一个人，和他做朋友，往往会换回别人的真心，得到意想不到的回报。

心灵的力量

赵俊华

2006年8月底的兰州市安宁区科教城，花木葱茏绿意盎然，一套看上去和其他民居没什么两样的一层楼房，室内景象却是别有洞天。陈设比较简单，但董事长室、总经理室、咨询室、办公室、会客室等一应俱全，这是甘肃政法学院教师赵红的家，也是她所创办的兰州方舟心理咨询服务有限公司的所在地。还有一处明显的不同，全部的台阶都被改作坡道——因为主人的出行工具是轮椅。

10年前的一次意外事故改变了她的命运

董事长室内，声音清晰宏亮的赵红仰卧在床上，床边是她的轮椅，这样的生活已经陪伴了她10年。噩梦始于1996年8月3日，此前事业学业一帆风顺的她，怎么也没想到，在刚刚经历了婚姻失败的打击之后，另一场不可逆转的巨大变故正在悄悄临近。

赵红很想忘记那个飘雨的黄昏。作为学院的团委书记，在把参加完社会实践的学生送上回程之后，准备参加当地团组织活动的她去游泳，就是这次纵身一跃，改写了她的人生。瞬间她的眼前变成了无尽的黑暗，双腿渐渐变得轻飘，旁人看到漂在水上的她，以为她在锻炼泳技，直到看到殷红的鲜血在水面上四散开来，人们才发现她出事了——赵红也是事后才知道，自己的头部重重地撞击了游泳池底。在被送往医院的路上，学过运动医学的她，清楚地意识到自己将面临着什么，对身边的同事说了一句"我可能瘫痪了"，就再次晕了过去。当她重新睁开眼睛，胸部以下已经失去知觉，感到的只是双臂灼伤一样的刺痛，看到的是被剃得精光的脑袋和近20斤重的头部牵引……五六颈椎粉碎性骨折，六七颈椎环脱，脊髓横贯性损伤，第二胸肋以下高位截瘫，医学专家甚至断言，她最多只能生存10多年！

　　手术后的赵红，一度处在生理和心理的双重昏迷之中，脑子里近乎空白，不知该从何想起。是小时候练体操、到体校打篮球、考上师大体育系，是到政法学院当老师、组建教研室、当上院团委书记，还是历经千辛万苦考取了北京大学行政学专业的硕士研究生？所有的梦想就此破碎，原本绚烂的未来转成未知。本该在一个月零三天之后就坐在北大新生开学典礼的某个座位上，却不得不将自己的后半生放在轮椅上！赵红说自己连悲伤都感觉不到了，在很长一段时间里不曾有一滴眼泪，但这与坚强无关，她已经绝望到了极处！曾经活泼开朗、在运动场上身轻如燕的她，不知该以怎样的心情去面对这突如其来的打击。她想得更多的是，即使留住了生命，也将终生成为社会和家人的累赘，而她，宁愿选择生命的质量！在术后并发症不断的情况下，她开始和医生讨论有关安乐死的话题……当然，这完全没有可能，牵挂她的亲友、幼小的女儿，使她除了忍受和面对，别无选择。

　　夏末秋初本是天高云淡的好时节，无数次，病床上的赵红无力地呆望着窗外。婆娑的绿叶尽情展示着旺盛的生命力，而她，几近僵死的心却怀着彻骨的冷意。医院一住就是几个月，季节更替，转眼间冬去春来，赵红依然没有出院的可能。病友从外面折回的一枝报春花，让久违了生机和活力的她心里一动。然而，第一次坐上轮椅走出病房的赵红，迎着扑面的春风却无意欣赏春景，注意力不由自主地被一双双自如行走的腿和脚全部吸引了去。那一刻，于她而言，人生的幸福只是能够正常地指挥自己的肢体，而这却成了永恒的奢求。

一本书和一部电视剧开启了她人生另一扇大门

　　因为境遇不同，在病床上重读海伦·凯勒的《假如给我三天光明》的时候，赵红在更深层面理解海伦能将人的能动性发挥到极致的不易与坚强之外，更对一个被海伦称为"再塑生命的人"——她的老师安妮·莎莉文的付出充满感动和敬意！赵红生命中也有很多以各种方式帮助过她的人，至今，赵红对他们的感激仍是溢于言表，其中包括一个叫陈华的姑娘。她是赵红前夫的妹妹的同学，当时在北京大学心理学专业攻读硕士研究生，素昧平生，但在得知赵红的不幸后，给她写了一封热情洋溢的信，劝慰她笑对人生，更重要的，陈华向她推荐了北京大学心理系应用心理学专业的函授学习，并建议她将来做一名心理咨询师。用赵红的话说，陈华的启迪，让她看到了希望，给她指明了生活的方向，促使她走出了生命中重要的一步。因为,为了爱她的人,赵红必须活下去,并且,不想成为他们的累赘,要让他们看到一个快乐的自己。心理学,无疑是一门"自救救人"的学科。

当然,心理学之于赵红,也是早有接触。20世纪80年代初,赵红的大学时代,国门顿开,一部美国电视连续剧《豪门恩怨》登陆中国,其中一个心理医生的形象曾给她留下深刻的印象。到学院团委工作后,赵红也深深感到学生思想工作已经走到一个比较狭窄的境地。她曾有机会代表甘肃政法学院参加省内心理卫生协会的年会,聆听过很多在心理学研究方面颇有造诣的专家学者的报告。后来在中央团校学习期间也听了很多心理学讲座,更认识到心理健康教育对高校团工作和学生工作的重要性,就想到要将心理学渗透到自己的日常工作中来。在她自己婚姻出现问题的时候,也曾经关注过心理调适。所有这一切,都让她早就有过学习心理学的念头,而陈华的信,让那些曾经在脑海里一闪而过的念头重新清晰起来。

1997年,因为身体原因不得不放弃北大研究生学习机会的赵红,终于成为了北大的一名函授学生。最初的学习异常艰难,她的胳膊根本就没有力量,常常是刚刚举起来就会重重地砸到自己的额头上。经过艰苦的锻炼,胳膊慢慢可以抬举了,但是手指头不能弯曲,她只好靠两个腕关节夹着书看,翻页也只能靠别人帮忙,作业则通过口述由他人代笔。就这样,忍受着病痛的折磨,一直住院的赵红凭着顽强的毅力,依然以较高的成绩完成了各门功课的学习。1998年6月,出院两个月后,赵红终于取得了北大心理系的结业证书。

回首来时路,赵红不知道,命运给她的究竟是一种馈赠还是一种不公,也许真是应了那句老话:"上帝为你关上一扇门的同时,也为你打开另一扇门。"在那一年半的时间里,在一点一点吸取专业知识的同时,赵红也渐渐吸收了能够滋养自己生命的养分,她的不平静终于开始趋向坦然和从容,生命的意义在她的意识里有了新解,那就是人生的努力本身!经过函授学习的赵红,期待着重新实现自己的价值。

心理咨询中心让她漂泊的心有了归属感

1998年4月,在结束了长达一年零八个月的医院生活之后,赵红终于出院了。熟悉的校园让她倍感亲切,并再一次为她提供了生存和发展的空间。成立一个大学生心理咨询中心的想法,在她心中已经酝酿许久,也得到了院领导、同事和朋友的大力支持和帮助。经过半年的筹备，1998年10月27日，甘肃政法学院大学生心理咨询中心正式成立了。作为中心的辅导员，赵红从此开始了一种新的生活，曾经因受伤而沮丧、而漂泊的心也重新有了归属感。

多年的学生工作经验加上专业的心理学知识，赵红发现，大学生的心理问题有规律可循，她的心理咨询很快受到了学生们的欢迎。孩子们被赵红的精神和行动感染着，不管是情感问题、人际关系问题、强迫心理问题、还是学业上的困难、就业的压力、甚至是恋爱中的性行为、大学生的责任意识……个性的、共性的，公开的、私密的，他们向可亲可信的赵老师敞开了心扉，赵红也尽可能地用自己的真诚帮助着他们。一个笔名为草青青的在校学生，上大学之前是一个以学习为唯一使命的孩子，高考的失误使她不得不进入自己并不喜欢的学校和专业。就在学业刚刚有了起色的时候，和一个男孩的邂逅让她坠入暗恋不能自拔，但男孩对她的情感很朦胧，焦灼的女孩在向男孩坦白之后却遭到了他的婉言谢绝。草青青陷入了深刻的痛苦中，非常看中考试和成绩的她无心学习，更无法面对现实，出于逃避，她想到了退学。抱着试一试的态度，草青青把希望寄托给最后一种自救，她向赵老师倾诉了自己的烦忧。赵红凭借自己独特的方法，循循善诱地解开了她的心结。一年以后，一个充满自信的草青青出现在赵红的面前，她们成了生活中的朋友。草青青把和赵红的谈话，当成了一种享受。而她的成长和蜕变，也让赵红由衷地高兴。

现在，逢年过节，赵红依然能够收到很多学生祝福的电话、信件和鲜花。他们中间，有的曾经在她的帮助下走出了阴影，也有的曾经在她的指导下在大学的社会实践中培养了能力。杨靖，原甘肃政法学院公安分院98级侦查专业学生，是赵红指导的学生心理互动组织"成长你我他"工作站《成长》报的第一任编辑，毕业后只身一人赴天津求职，被天津铁路公安局录用，后来又考入铁道部做了一名宣传干部。他在给赵红的信中写道："从您的身上，我能看到一个女人的坚韧、勇气、执著和耐性，总能从您的身上学到很多"，"失意的时候，总会想起赵红老师亲切的微笑和鼓励的眼神，使我鼓起勇气坦然面对眼前的一切。"

8年了，心理咨询中心的工作有声有色，前来咨询的学生越来越多，许多校外的人也因为各种各样的心理困扰慕名而来。"成长你我他"工作站，也作为一个成功的学生社团一直保留了下来。深感精力有限、时间有限的赵红，在忙于应付日常工作的同时，也对自己、他人和社会进行了冷静的思考。她在想：人活着总得有一些超越物质的支撑。既然自己的二次生命是他人和社会拯救和给予的，就应该努力去做一些对他人和社会更有意义的事情。坦言说，过去选择心理咨询师这个职业，可能更多地是为了以后的生存，但几年以后这个职业的价值在她心目中已经得到了升华。无数的个案告诉她，人际关系、亲子关系、夫妻关系以及个人的生命意识、生活态度直接关系到一个人、一个家庭乃至一个社会的和谐、发展与稳定！这个神圣的职业，应该让更多的力量来参与。一个新的理想产生了，赵红，她要以残缺之躯加速这个进程！

创办心理咨询公司，轮椅上划出一叶心舫

尽管身体残疾了，赵红却不允许自己的头脑也跟着残疾。由于行动不便，她总是尽可能地读书看报，了解外面的信息，让自己的思维保持活力。事实证明，10年来，从偏向体力的劳动者到纯粹的脑力劳动者，赵红的思想不仅没有停滞反而更加条理清晰。豁达的她也曾说过，或许这并不是一件太坏的事情，而是一种提升。

接触网络是比较早的事情。2003年，经常上网的赵红发现了华夏心理网，了解到心理咨询师作为一种全新的职业，已经于2001年被国家劳动和社会保障部列入《中华人民共和国职业大典》，并正式开展了国家职业资格培训工作。而为了最大限度地共享教育资源、降低教育成本，国家劳动和社会保障部授权华夏心理教育中心为心理咨询师国家职业资格远程培训唯一技术支持单位。赵红眼前一亮，远程教育，不正是适合她的最佳学习方式吗？她立即跟华夏的老师进行了电话沟通，在专业老师的建议下，赵红决定亲赴北京进行全方位的学习。

可是，就在她准备启程的时候，突然出现了别的事情。2004年，她的身体健康状况又亮起红灯。2005年初，科教城的新房到手，赵红又忙着装修。于是，到北京学习的事情就只好一次次搁浅了，但通过华夏给她邮寄的教学光盘，赵红的心理学知识再一次有了全面的提高。2005年4月，赵红第一次来到了装修完毕的科教城，130多平方米的敞亮新房，让她突然意识到，多年来她希望把心理咨询这个职业从学校推向社会、让更多的人加入其中的梦想可能会因此而实现。加盟华夏心理，推动甘肃的心理咨询师培训，让她再次产生了创业的激情。

2005年7月，在亲朋好友的支持下，赵红正式注册了兰州方舟心理咨询服务有限公司。而学校的心理咨询中心，仍然在她的主持辅导下，扫除着同学们成长道路上大大小小的绊脚石。在此期间，学校给了她很好的发展空间。但天

不遂人愿，2005年9月，就在她满怀希望准备将公司的业务全面推开的时候，赵红突发脑血管破裂，在医院一住又是半年，总算死里逃生捡回了一条命。家人都劝她不要再折腾了，但在身体状况稍稍稳定之后，赵红又把精力投入到了公司的运转中。2006年4月28日，方舟公司终于成功加盟北京华夏赛科技发展有限公司心理咨询师国家职业资格认证远程教育。

目前，参加方舟公司心理咨询师培训的人员已达到19名，报名的人员中有各级各类学校的教育工作者，有医院的医生，也有准备将来做职业心理咨询师的，还有少部分学员纯粹是为了学习心理学知识、改善自己和家人的生活状态，他们中年龄最大的已经67岁了。赵红的公司为他们搭建了一个便捷的学习平台，通过特定的账号，学员可以在任意时间任意地点上网，任意次数地点播学习系统中的任意内容，并借助全程全真模考系统、多样化实习系统、专家督导系统、执业支持系统等模块系统学习心理咨询师的有关知识。取得不同级别的资格证书后，可以在全国范围内从事心理咨询师的工作。灿烂的职业前景，简便随意的学习方式，特别适合那些心怀职业理想却抽不出固定学习时间的人。尤其省内地市的不少学员，对这样的学习高度关注，咨询学习事宜的电话不断。武威市凉州区更是有10名学员一次性集体报名。此外，身心保健、恋爱艺术、亲子沟通、人际关系、企业员工心理、职业英语、仪容仪表等各类短线培训，也受到了越来越多学员的欢迎。

除了学习培训，心理咨询仍是赵红公司的另一大业务。儿童心理、学生心理、应考心理、抑郁治疗、情感婚姻、催眠、身心健康等方面的咨询都是公司的长项。2006年5月20日，方舟公司正式成立的新闻发布会举行后，向赵红求助心理问题的人更多了。一对心急如焚的父母给赵红打来了电话，原来，他们的儿子乐乐于2004年考到了湖南的国防科技大学，由于在人际交往上的心理障碍，被迫于大二时退学回家。心理问题严重的他不想复读，要求出去打工，父母千方百计说服儿子答应参加高考但无济于事。了解到乐乐的问题后，赵红很想帮他一把，她真不忍心这样一个本来有可能实现更大抱负的孩子就此断了求学之路。几次电话谈心之后，乐乐感到和赵红很谈得来，并在她的推荐下开始看一些心理学的书籍。又经过了一段时间的自我调整，乐乐终于登门来找她。在赵红和公司员工的努力下，乐乐最终答应去参加高考。但就在考试的前一天晚上，乐乐又打来电话，他说自己担心在考场上思维又会回到过去上大学的情景。熟谙心理辅导方法的赵红告诉他，不要去刻意复习，不妨把胳膊上拴一条小皮筋，当他感觉到自己思维有漂移的时候，就把皮筋扯两下。虽然纯粹仅仅是一种心理暗示和安慰，但在赵红的安抚下，乐乐放心地走进了考场，这个办法还真的帮他考出了好成绩。在报志愿选专业的时候，赵红又给他介绍了专业的老师进行指导。现在，乐乐走进了南京航天航空大学的课堂。到公司来归还《基础心理学》书的时候，乐乐和几个月前已经是判若两人的样子，还提出要到公司来见习。这个从前跟人打交道存在不少问题的孩子，在经过专业的心理指导后，逐渐修复了自信，迎接他的将是崭新的生活。

多年的心理咨询一线工作，赵红阅人无数，形形色色的心理疾患让她走近了很多别样的人生，也促使她对今后的工作目标有了一个完整的规划。在不久的将来，通过个体咨询、团体辅导、开办讲座、电话咨询和网络咨询等方式，建立起旨在提高母亲素质的母亲培训学校、为用人单位和大学生构建心理测评系统、帮助青年人进行生涯规划、组建一个讲师团进驻高校……让心理学走进每一个人的生活，走进每一个未来心理咨询师的心田，直指人心中的脆弱，给社会注入一线阳光。赵红的心愿，就是自己的工作能有一块"砖"一块"瓦"的作用，哪怕只有一个人、一个家庭因为她的努力而获益，她的存在也就不显得虚无！

10年来，赵红觉得去日是那么的漫长，尽管直到现在，在遇到困难的时候她也依然难免消极和沮丧，但再也不会轻易绝望。正在从事的事业，给她的人生赋予了新的使命和意义，更让她的坚持有了强大的理由。"用各种各样有意义的工作战胜世界的不圆满和不如意"，这是她和命运抗争的武器；"化解自己的痛苦，也帮助别人消解痛苦，并一起共享快乐人生"，这是她的力量源泉。赵红的方舟公司，就是她从轮椅上划出的一叶心舫，是给心灵的一个诗意栖居的地方。不敢奢望像诺亚方舟那样，能够拯救人类的苦难，也要让疲累的人们放逐于山水、拥有一个停泊疗伤的港湾。如同北京颐和园长廊尽头的那座石舫，它突出水面昂首翘望，恰似龙舟乘风破浪，焕然一新的景色，常常使走到长廊尽头的人，产生"山重水复疑无路，柳暗花明又一村"的意境。如果有一天人的心情走到了山重水复，赵红希望她和她的方舟公司，也能让人远离灰暗和阴霾，体会到柳暗花明。

 **主编点评**：

无望的疾病和无休止的疼痛，难以摆脱的折磨一点一点吞噬着她的健康，更消磨着作为一个人需要不断建立的快乐和勇气。在这样的境遇中，再多一些焦躁不安、再多一些悲观厌世，都是人之常情。

但是，赵红不一样。在她的心被这样那样的挫折击打得七零八落的时候，她还要去关注别人的心情，并把抚慰他人视作生命的要义。不知她那颗敏感柔软的心里，蕴藏着多么坚硬的力量。

一个老生常谈的话题是，境遇无从选择。只要动用心灵的力量，为自己寻找一种更有意义的支撑，生命的质量就如酿酒，越酿越醇。

在文学的路上

先朝阳

电话预约采访吴东正时,他显得十分激动,话筒里的声音有些发颤——他说他是那样的渺小平凡……

在西峰市区北头的解放路上,有一条很小的巷子,小到没有名字。后来一户浙江人在这里开了一个张三家具店,人们便叫他张三巷。吴东正就租住在张三巷里面的一个大杂院里。在盛夏一个酷暑难耐的下午,记者走进吴东正那间逼仄狭小、阴暗潮湿的屋子。这时从桌子后面走出一个瘦削的青年,用他两个并不规则的"拳头"硬梆梆地捧起我的手,算是"握手"迎接。

吴东正留一头长发,习惯从额前的头发下面警惕而戒备地看人。穿一身牛仔衣,脸庞黑瘦,头发枯黄,一身行头都显出沧桑——只是双目透着一股虽显茫然但很执著的澄澈。或许正因为此,在他残疾人的生活里,在这个喧嚣的世界里,他把持住了自己的命运也拥紧了绚丽的梦想。

吴东正正忙乎着即将出版的第三部散文集《上路者》的整理工作。在正式采访之前,他胡乱地收拾着面前的纸笔。他匆匆地把一只"手"伸向桌上的圆珠笔,把手臂扭过去,让整个拳头的虎口对准笔身,然后熟练地夹起来送到下颌,很灵活地一蹭,笔便紧紧地卡在蜷起来的拇指和手掌之间。卡好笔,他接着写下这段话:"我又一次紧紧地裹着衣服,漫天的雪花沸沸扬扬。离开坟场,我用冻僵了的双脚一拐一瘸地丈量着这片古老的土地。我感到留在雪地上的脚印是那样的渺小。"这是他的集子"后记"中的一段。在抬起头来的一瞬,他很歉意地一笑。他熟练的抓笔、流利的书写,和这一笑,与他自认为的"渺小"一起,深深地烙在我的心头。

吴东正拿出已设计好的《上路者》封面说,把它设计为纯黑色,并不是想刻意追随时下流行黑色设计的潮流,而是想寄寓自己曾经走过的路。书名"上路者"是吴东正自己手书的,字呈白色,看上去苍劲有力。从他简约的谈话中,从他那双再也不能伸直而弯曲的手中，从那色彩单调而寓意丰富的封面设计中，我看到了一个残疾青年对人生之梦的执著。

不幸的遭遇

　　1976年是十二属相中的龙年，农历二月初二又是民间传说"龙抬头"的日子，在陇东，人们给这一天赋予了过多的神秘和期冀。吴东正就是在这一年"龙抬头"的日子里出生于庆城县土桥乡西掌村一户贫苦农民家里。在山大沟深，生存条件恶劣的环境里，农村人盼望的是家中有充足的劳动力。吴东正的降生，便给家里带来了快乐和希望，几十亩山地的收种有了盼头，父母亲觉得，哥哥和小东正两人将来一定能改变贫穷的家境。

　　但是，对于山坳里的吴家来说，并没有天随人愿，而降临到他家的却是厄运。1982年农历二月，一直疼爱吴东正的祖父，带着他和哥哥第一次出远门到西峰董志镇的老家去探亲。从山里出来的小东正第一次见到变压器，还没有弄清楚立在高台上的这个物件是什么东西，只顾争先的他在和哥哥比赛爬高的时候，无意中爬到了一座变压器上。一股火焰冒出，哥哥慌乱中抓住弟弟的裤子，把他从变压器上拽了下来。这天是吴东正7岁生日的下午。

　　吴东正在医院度过了他7岁的生日，经过努力，他活了过来。

　　7岁生日那天发生的，是吴东正悲剧生活的开端。他原本完好的双手从此便再也没有伸直过。在几乎半年的打钢针、换药、拆线、石膏固定、感染、又换药、又拆线之后，他肢骨变形、肌肉萎缩的双手还是定型成了两个"拳头"。

　　为了给吴东正看病，短短几年时间里，父母变卖了家里几乎所有能换钱的东西，还欠下了一屁股债。可怜的母亲每天一边给孩子喂饭一边流泪，并用祈祷般的语调喃喃念叨："娃呀，你这一辈子可咋办啊……"

　　望着自己一双不再灵活自如的手，曾经活蹦乱跳的吴东正一句话也没有了。在那段连自己生活都无法料理的岁月里，小小年纪的吴东正需要面对的是：看到自己喜欢的东西，他本能地伸出去的手却往往让自己一惊，僵在了半空中；衣服上的一个扣子，自己老半天却扣不上也解不开；身上一点痒痒，别人很随便地挠几下就过去的事，自己却够不着、挠不上……看着母亲和家人代替他做这做那，吴东正更多的是学会了沉默。

　　也就是从那时起，他幼小的心灵深处萌生了倔犟和无畏。家人不在时，他自己偷偷地练习抓筷子、抓铅笔、端碗吃饭……由于残疾的双手不能灵活操作，他不知打碎了家里的多少碗，倒掉了多少饭。吃饭时，他只能用两只拳头笨拙地捧起一个馒头，直到馒头啃完了，才能腾出手再抓筷子吃一口菜。

艰难的求学

对孩子来说，不幸是稍纵即逝的事，而快乐永远是他们的天性。但吴东正不是。从病中恢复过来的吴东正走进伙伴中间，受到的是无知孩子们的嘲讽和戏弄，哪个孩子如果不高兴了，就会拿他撒气，学他拿东西的样子，给他起很难听的绰号。但真正刺疼他的还远不是这些。有一天，他忽然发现和自己每天一起玩耍的伙伴们一个个都不见了，连平时最爱欺负他、故意刁难他的"坏孩子"也不见了。在茫然袭来的孤独寂寞中，他悄悄地盯梢伙伴们的行踪。原来伙伴们都一个个上了学堂，他们身后鼓囊囊的书包随着高兴的奔跑一跳一跳，吴东正的心里突然有了一种从未有过的失落。

不能和其他孩子一样上学，这还不是最要紧的，吴东正这样回忆说，当时他们那个山区，如果没有一个健康的身体，不能参加体力劳动，那就是一个彻底被生活抛弃的废人。也就是从那一瞬起，吴东正更体会出了自己的"与众不同"。一辈子一字不识的父母也犯了难，靠孩子继承祖祖辈辈农耕生活的希望已经破灭了，让孩子上学念书吧，又怕更难为了他。但是好强的吴东正尽管呆在家里，还是偷偷用铅笔练习写出了歪歪斜斜的字，开始构思自己的上学梦。对这些，父母是看在眼里，急在心里，最后还是一咬牙，把他送到了学校。

在学校这个陌生的环境和陌生的人群中，吴东正的加入无疑成了孩子们的乐子，大家有意和他接触，想方设法碰一下他的手，或者以偷看他双手取乐；而他则勾着头，听着同学们的窃窃私语，红着脸艰难地写下一个又一个字。

尽管随着时间的推移，孩子间的童真慢慢消解了对残疾的歧视，但他的整个求学之路，依然充满了艰辛。在小学三年级那年，一次由于端水时没有捧稳，他的"手"被开水烫伤，无法抓住毛笔，大楷作业没有及时完成，吴东正被老师用尺子在脸上狠狠地拍了几下。忍受着极大委屈的吴东正一句话也没有解释，他只是暗暗发誓，一定要写好毛笔字。不足十岁的吴东正硬是忍着满手烫伤钻心的疼痛，紧紧握住毛笔，临摹字帖，一个字一个字地写下去。日积月累，一支笔一支笔地变秃了，他写过的纸摞也越来越厚了，废弃的毛笔攥起来足有一大把，而他的右手虎口处，竟让笔靠出了一道深深的沟痕。

自强的人最不愿意服输。自尊心很强的吴东正陷入对往日深深的回忆中时，他自言自语地引用了巴金的一句话:"生活要我们来做什么?为的是来征服他!"还是在小学的时候,有一次,他因为写字慢,作文没能按时完成,不仅被语文老师叫到黑板前批评,还用书在他残疾的手上抽打了几下。老师无意的行为对吴东正的心理造成了很大的伤害,眼泪在眼眶里打转,可他硬是一声不吭地回到座位上。他没有怨老师,也没有怨自己,只是在心里暗暗地下了一条死决心:这一辈子一定要写出好的文章来。

  吴东正开始注意阅读课外书籍,只要听说谁有小说之类的文学书籍,他总要千方百计借来读一读。凡对借来的书,吴东正历来都视若至宝,小心翼翼地捧着,一页页轻轻地翻,看完后仍保护得完好无缺。那时候,尽管许多字还不认识,许多词句无法理解意思,但借助一本小小的《新华字典》,吴东正还是吃力地阅读了许多书籍。那时候,吴东正压根只是为了争口气,可正是这种不屈服于生活,不屈服于现实,总要和正常人争口气的性格造就了他执著追求的精神。由于他靠手背翻书,翻得一勤,本来被割掉皮的手背上就渗出了殷红的血丝,但吴东正似乎从书中找到了自己的快乐。小学毕业时,吴东正已经成了他们那个山村公认的代人提笔写信的"先生"。

  1993年,吴东正要到县城去上农广校了。这是他第一次离开父母只身一人生活。父亲把菜粮换来的500元学费塞给他,还是担心他无法料理自己的生活,便请一位堂兄替他背上一袋面粉送他去学校。

  那一次,吴东正带走了全家半年的收入。回想起这,吴东正说,这个包袱,现在还在他心头压着。那次他翻过山梁,回头望见半山腰中自家破烂不堪的院落,当时只想哭。那时,对自己命运还无法把握的他,觉得自己欠父母和这个家庭的实在太多了,这个寒酸的家已经无力支付他的学费。他甚至想到了放弃学业,已经懂事的他开始想自己的出路在哪里……

  在县城上学的开销更大了,为了减少父母的忧虑,不给穷困的家庭再增添负担,吴东正从来不把缺衣少吃的境况告诉家人。深知他上学境况的舅家表妹,经常在信封中偷偷地给他夹寄自己积攒的三元五元的零花钱,帮助这位好学的表哥。每次收到表妹的信,吴东正的心里总是感到无名的压力,他担心的是自己将怎样去回报那些好心帮助自己的人。困惑、矛盾、徘徊,唯一可想的办法,就是去县城各个角落的书店中看书,用读书来缓解那种愧歉造成的压抑失衡的心绪。

  为了在生活拮据的情况下继续学业,吴东正必须每隔几周就回一趟家,每次擦黑进家后,一放下背包,就连夜到别人家去借学费、生活费,左邻右舍,亲朋好友，凡是能借到学费的地方，他都得去跑，在他们那个贫穷的山梁沟岔里，有时奔波大半夜，也借不到几十元钱。生活的辛酸和凄苦就这样一点一点地磨练着他。县农广校毕业那年，因双手残疾，吴东正无缘进入大学继续深造，站在人生的十字路口，吴东正却别无选择，希望似乎已经破灭了。

执著的追求

　　由于既不是合格的体力劳动者，自己又不愿让父母养活，学校毕业后，吴东正只身来到西峰寻找打工谋生的路子。初来乍到，在西峰人生地不熟的吴东正，到处求职，但别人看到他的那双手，都纷纷摇头。四处碰壁的吴东正彻底心灰意冷了。

　　1995年的冬天，吴东正在回家前，有幸认识了庆阳市文联的《北斗》文学杂志副主编贾治龙，经他指点，在这年，他的一篇短篇小说《猎狐》在《北斗》上发表。这对吴东正的触动很大。小说的发表，就像黑暗里忽然亮起一盏明灯，新的希望来到了正处于绝望中的吴东正面前。

　　这之后，在大山围裹的老家那只乌黑窄小的窑洞里，吴东正开始了他的小说写作。白天，他与羊群为伴，晚上一边聆听着院外呼呼的北风叫嚣，一边爬在煤油灯下苦写。

　　1996年春，《北斗》杂志在"小说专号"的头条位置刊发了吴东正长达2万多字的中篇小说《鬼怪沟的故事》。在这篇小说里，年纪轻轻的吴东正用饱醮风霜的笔触，营构了一个偏僻封闭的山村"鬼怪沟"，村子里生活着许多心理不健全的人，在一种神秘的氛围里，围绕这个充满淫邪、荒蛮和愚昧的村庄，故事塑造了一个童年出走、又在暮年返回的人物"黄老邪"。黄老邪并不是一个被颂扬的人物，但他在痛苦的挣扎中与这个村子发生的一切矛盾和冲突，形成的反叛和牵绊，都表明他是这个愚腐的小说世界里的唯一清醒者。小说渗透着吴东正对这个村子"怒其不争"的关爱。小说关注的是一个"类"的生存状态，而这对于吴东正、对于他的生活现状，或许是一种更为内在的诠释。虽然此后吴东正的创作势头越来越猛，稿件数量越来越多，然而，文学创作并不是谋生的手段，单纯依靠它也不能带来多少收入，况且对于写作刚刚起步的吴东正来说，创作和吃饭还是水火互不相容的两码事。吴东正又一次陷入了困境。

　　想搞文学，而他连起码的笔墨纸砚都买不起，他的家境难乎为继。吴东正的母亲也是一位患有骨节症的残疾人，双臂弯曲不能伸直，体弱多病；他的哥哥由于不满家徒四壁的窘境，好几年出门在外，打工谋生，但多数情况是连自己都难以维持。老实巴交的父亲把自己跟庄稼一样，栽在几十亩山地上，庄稼一年一茬地割，而父亲却年年苦熬在地里，过度的劳累已使不到50岁的他满头白发，一身病症。每况愈下的家境不光影响到人的面貌，他家的窑洞也因无力修葺，五孔窑洞三孔坍塌，只有两孔可以让父母勉强栖身。吴东正上学时所借的学费也被连连催要，这个家眼看摇摇欲坠了。

在无所适从的现实面前，吴东正不止一次地问，自己的路到底在哪里？

那几年，为生存所迫，吴东正满街跑着找工作，但常常遭到别人白眼。有一次，当他找到一家印刷厂，提出自己想打工的想法后，老板娘盯着他瞅了好一阵，掏出10元钱扔给他，再没有说一句话。还有一次，饿了一天的吴东正揣着3元钱走进一家面馆，要了一碗炒面，结果老板只给了他一碗两元钱的烩面片，当吴东正试图纠正时，老板制止了他，还说："你一个要饭的，吃烩面片我损失得少些。"特别让他痛苦的是，西峰举办96中国陇东诗会，由于交不起20元钱会务费，诗会马上就要开了，他还在会场外干着急。一桩桩、一幕幕的难肠和尴尬，正如一首诗中说的："坐在往事的角落里，所能握住的，竟然满把都是泪水。"

1998年，也就是吴东正22岁那年，在经过激烈的思想斗争后，他决定再次出外谋生。他给自己定下目标，找不到工作，绝不回家。在西峰，他最初借住在一个同样是出来打工的朋友所租的小屋子里。那是一间只有一张冷炕，既没火炉也没暖气的屋子；窗户玻璃缺损，冷风直往里钻，雪花只往里飘。吴东正白天出外寻找工作，晚上爬在冷炕上点上一支蜡烛坚持创作。

那段艰苦生活，对吴东正来说是刻骨铭心的。临离家时他只借了10块钱路费，此外身无分文，生活全靠一些熟人周济。他饿着肚子，忍受寒冷，一边奔波，一边大脑里构思小说的情节。一天夜里，一整天没有吃饭的吴东正正打算又要度过这个饥饿的夜晚时，出外给别人家做临时工的朋友回来了，并从怀里掏出一个馒头塞给他。吴东正问："哪来的？"朋友说："我知道你一天没吃了，趁他们不在的时候，我从厨房里偷的。"在和着泪水咽下那个馒头的同时，吴东正也咽下了自己生活的所有滋味。因借住环境太过简陋，冷酷的寒冬给吴东正本来就残疾的双手增加了累累伤痕，疮疤加上脓血，使他抓笔都很困难。

这时候，第一次帮助吴东正的贾治龙再次伸出援助的双手。看到这种情况，贾治龙干脆让吴东正搬到了自己家里。这一借住就是两年。在这期间，吴东正受到了许多当地文学界老师的精心指点，给他补充了许多文学知识，他的知识结构有了全面提高。

由于没有任何经济收入，吴东正却又产生了一个当时来说并不可能实现的大胆想法：他要出书！

没有找到固定的职业，吴东正不得不过乞讨般的生活。他拿着自己的书稿，开始一次次地寻求各级领导和有关部门。也是从这时起，许多读过吴东正作品的人才逐渐认识了这位身残志坚的年轻人。谁也没有料到，这个发表了不少作品的作者竟然是一个双手残疾的青年农民。吴东正记得，1998年夏天的一个下午，他敲开庆阳地委副秘书长王钊林先生的办公室，和这位和蔼可亲的领导面对面谈了没几句，王钊林先生就激动地拍着吴东正的肩膀说："好精神！好精神！好精神！"随后，王钊林将自己随身带的40元钱全部递给了吴东正。

吴东正的小说逐渐被更多的人阅读，吴东正的情况逐渐被更多的人所了解，庆阳市许多文化及行政部门的领导都给予吴东正以极大关怀和鼎力帮助。1999年前季，庆阳市文联筹划出版"北地风文学丛书"，吴东正作为参选年龄最小的作者，他的书稿被正式摆到了桌面上。然而，由于没有任何经济支持，面对6000元的出版印刷费，吴东正傻眼了。怀着对文学的执著，吴东正决心"为理想碰头"，他找到了庆阳市残联。他的请求得到了各级领导的支持，经过协调，庆阳市残联在办公经费十分紧缺的情况下，筹出了6000元的印刷费。1999年后季，吴东正的第一本小说集《太平日子》飘着清新的墨香由甘肃文化出版社出版了。艰辛的付出终于换来了丰硕的成果，作为一个残疾人文学爱好者，吴东正的《太平日子》受到了各界人士和广大读者的认可与肯定，他自己也因此找到了可以糊口的工作。走过沙漠的人，喝一口苦水，他会告诉你水是甜的。吴东正就是这种走过沙漠的人，一旦有了工作的环境和机会，所爆发出的激情和光热是超常的。2000年，吴东正利用在某小报打工的机会，为庆阳市委党校采访编辑了《庆阳农村明星党支部》一书，并担任该书副主编。随后，他又参与编写了《陇上丰碑》、《改革丰碑》、《建设者的足迹》、《中国庆阳颂》等书的大量稿件。2001年10月，考虑到作为失去双手的残疾人，靠打工度日有诸多不便，也为了给吴东正创造更有利于发展的条件，在原庆阳市残联理事长钟文录等领导的提议下，庆阳市决定特事特办，解决吴东正的工作问题。不久，吴东正由一个农民一跃而变成了国家干部，由一个普通残疾人变成了一位残疾人工作者，有了稳定的工作基础。

2002年8月，新华出版社出版了他的第二本小说集《红太阳下的白土地》。今年6月，当吴东正为出版他的散文集《上路者》而奔波经费的消息传到甘肃省副省长罗笑虎耳朵里时,他当即作出批示,让省残联既要帮助吴东正解决出书经费困难,又要联合有关部门做好对他这种生活勇气和精神的宣传,使这位残疾青年健康成长。

吴东正说:"每个人都会经历不同的灾难,但只要坚持到底,任何灾难也都无非是一种更为深刻的人生阅历。"吴东正说,他现在最向往的就是上学,他急需提高自己,虽然写作几年了,到今天书也出版了三部,可总觉水平不高,归根结底是因为自己从没有经过系统的正规学习,文学知识底子太薄,他还想上学……

不过,对吴东正来说,人生道路还很漫长,所有梦想来终究会实现的!

 主编点评:

吴正东出过一本散文集,叫《上路者》。关于书名,吴东正有自己的解释,他说,对于生活,自己多舛的遭遇和社会的关爱,给他留有许多的辛酸和感动;而对于写作,自己还是一个跋涉在文学道路上的学生,他有理由也有责任做一个"上路者"。

这条路并不平坦,但他坚持着,努力着。他被自己感动着,自己的精神是自己在文学道路上前行的动力。他也感动着别人,他的精神也成为别人在不同的道路上前行的动力。

后 记

经过两年多的艰苦努力,《和谐甘肃读本》丛书终于面世了。有一些幕后的情况,尚需交待几句。

关于甘肃省近些年来发生的深刻变化的报道浩如烟海。对这些文章加以精心挑选,利用图书的形式集中起来,分门别类编辑成册,既有宏观展示甘肃改革建设大局、传递最新信息、鼓舞人民士气之功用,也是为后世的研究者保存了一份鲜活的史料,为此我们才策划了这套丛书。本丛书的启动,得到了甘肃新闻出版局局长张余胜,原省局副局长、现任中共甘肃省委宣传部副部长管钰年,省局副局长李玉政、袁爱华四位领导同志的热情支持。他们或亲任主编、撰写总序,给予编辑思想上的指导,或肯定这套丛书在政治方面的价值,或支持这套丛书在甘肃"农家书屋"中推广,深入千家万户。没有他们的鼎力相助,这套丛书是很难成功出版发行的。

甘肃文化出版社社长谢国西是本丛书的策划者。他提出了选题,构想了各分册的布局,并全面主持了丛书的组稿计划、版式设计、出版、发行诸项工作。他的事业心和责任感,精细缜密的谋划能力,经验丰富的组织协调能力,使这套丛书的运作得以有条有理的平稳推进,终于如期出版。作为助手和丛书计划的执行者,副社长管卫中具体做了各分册主编遴选、各册内容布局设计,学术和文字、结构把关乃至大量的选稿、改稿工作。编辑部主任原彦平担负了繁重的编辑工作。文化社副总编车满宝参与了本丛书的策划。副社长王奕承担了繁复细碎的出版程序安排和发行协调工作。副总编温雅莉承担了丛书版式设计联络工作。编辑陶伟等人以篦子梳头般的精细完成了书稿的编校工作。

这套丛书的完成,与诸位主编的努力是分不开的。总主编之一玄承东和各分册主编多为资深记者。他们目击和见证了甘肃这些年在方方面面发生的深刻变化,以及党和人民的奋斗过程。因此,在编书时就胸有成竹,把握得当。

丛书出版之日,向上述同志谨表谢忱!

和谐甘肃读本丛书编委会
二〇〇九年九月二十日

图书在版编目（CIP）数据

和谐甘肃读本．多彩生活篇/张余胜，玄承东主编；尚德琪分册主编．—兰州：甘肃文化出版社，2009.9

ISBN 978-7-80714-836-4

Ⅰ．①和… Ⅱ．①张… ②玄… ③尚… Ⅲ．①甘肃省—概况②人物—生平事迹—甘肃—现代 Ⅳ．①K924.2 ②K820.842

中国版本图书馆CIP数据核字(2009)第179311号

和谐甘肃读本·多彩生活篇

尚德琪　主编

责任编辑 /	原彦平
责任校对 /	杜军辉
装帧设计 /	锐园设计　史春燕
出版发行	甘肃文化出版社
地　　址 /	兰州市曹家巷1号
邮政编码 /	730030
电　　话 /	0931-8454870
网　　址 /	www.gswenhua.cn
经　　销 /	新华书店
印　　刷 /	兰州新华印刷厂
厂　　址 /	兰州市七里河区硷沟沿115号
开　　本 /	787mm×1092mm　1/16
字　　数 /	232千
印　　张 /	14.5
版　　次 /	2009年9月第1版
印　　次 /	2009年9月第1次
印　　数 /	1—8 200
书　　号 /	ISBN 978-7-80714-836-4
定　　价 /	26.00元

本书如存在印装质量问题，请与印厂联系调换

版权所有　违者必究